Der Weg des Menandros

Marschstrecke des Menandros

1 Burg des Segestes 2 Burg des Arminius
3 Opferstätte (Externsteine) 4 Paderborn

Hans Dieter Stöver

Die Akte Varus

Hans Dieter Stöver

Die Akte Varus

»Una salus victis nullam sperare salutem.«

*

Die einzige Rettung für die Besiegten ist,
auf keine Rettung zu hoffen.

Vergil, Aeneis 2, 354

Die Deutsche Bibliothek - CIP-Einheitsaufnahme

Stöver, Hans Dieter:
Die Akte Varus / Hans Dieter Stöver.
3. Aufl. - Würzburg: Arena, 1993
ISBN 3-401-04315-3

3. Auflage 1993

Schutzumschlag: Alexander Schütz
Karten: Hans-Herbert Römer
Lektorat: Stefan Wendel
Gesamtherstellung: Chemnitzer Verlag und Druck GmbH
Werk Zwickau
ISBN 3-401-04315-3

Plinius hat ein Problem

I

Plinius seufzte, lehnte sich zurück und fuhr sich mit der Hand über die Stirn. Sie war feucht. Er atmete schwer. Wie in jedem Frühjahr fiel ihm die Umstellung auf die plötzlich hereinbrechenden heißen Tage schwer. Das Asthma, verbunden mit Atemnot und Schwindel, suchte ihn heim, besonders, seit der feuchtwarme Wind aus dem Süden herüberwehte und sich die drückende Schwüle zwischen den Häusern breitmachte. Heute morgen lag auf den Fenstersimsen, den Blättern der Sträucher und den Platten des Innenhofes eine hellbraune Puderschicht feinsten Sandes, und er wußte, der Wind hatte ihn aus dem fernen Afrika herübergetragen. Die Luftfeuchtigkeit hatte im Laufe des Tages zugenommen und wirkte lähmend auf Körper und Geist. Dennoch hatte er sich nicht der Muße hingegeben, sondern mit der ihm eigenen Disziplin das Pensum an Arbeit erledigt, das er sich vorgenommen hatte.

Er griff nach dem weichen weißen Tuch und tupfte sich Hals, Wangen und Stirn ab. Er hatte angeordnet, alle Türen und Fenster weit zu öffnen, damit der kühlere Hauch des Abends durch die Räume streichen konnte. Und während er auf den erfrischenden Luftzug wartete, wanderte sein Blick über die Schriftrollen auf der großen Platte seines Arbeitstisches, streifte die Berge von losen Papyrusblättern und Wachstafeln, die zu Codices

gebunden waren. Er war ganz und gar unzufrieden. Stundenlang hatte er die Berichte gelesen, hatte sich Notizen gemacht und Stellen, die ihm besonders wichtig erschienen, wörtlich herausgeschrieben. Er griff nach dem Blatt, auf dem er einige Sätze aus der Schrift des Velleius Paterculus notiert hatte, und las sie noch einmal:
»Quinctilius Varus stammte aus einer angesehenen, wenn auch nicht hochadligen Familie. Er war von milder Gemütsart, ruhigem Temperament, etwas unbeweglich an Körper und Geist, mehr an müßiges Lagerleben als an den Felddienst gewöhnt. Daß er kein Verächter des Geldes war, beweist seine Statthalterschaft in Syrien, denn als reicher Mann verließ er eine arme Provinz . . .«
Er starrte auf die Sätze und grübelte. Velleius machte es sich etwas zu einfach. Immerhin hatte Varus das Vertrauen des großen Augustus besessen. Die Kritik des Velleius traf darum indirekt die Maßnahmen des Augustus. Varus war, ehe er nach Germanien ging, Statthalter in Syrien gewesen, der wichtigsten Ostprovinz des Reiches. Dort hatte er sich bewährt. Der Vorwurf der Bereicherung wurde fast jedem Provinzstatthalter gemacht, und im nachhinein war es einfach, einen Mann anzuschwärzen, der sich nicht mehr rechtfertigen konnte.
Dennoch – wie war es möglich gewesen, daß ein so erfahrener Praktiker im Norden gescheitert war? Immerhin hatte man es in Germanien mit Barbaren zu tun, ungebildeten Wesen, die in losen Verbänden lebten, von denen es hieß, daß es ihnen besser gelinge, sich untereinander zu zerfleischen, als gemeinsam gegen einen äußeren Feind zusammenzustehen. Drei Legionen, zwanzigtausend Mann, waren in drei Tagen vollkommen vernichtet worden! Von Germanen! Er konnte es nicht fassen. Seit fünf Jahren saß er an der selbstgestellten Aufgabe, die Kriege Roms mit den Germanen darzustellen. Noch am Rhein, im Kriegslager, hatte er damit begonnen, und bisher war er Schritt für Schritt den Ereignissen gefolgt, ohne auf Schwierigkeiten zu stoßen. Die Kämpfe gegen Cimbern und Teutonen vor 150 Jahren hatte er an den Anfang gestellt, hatte Caesars Berichte studiert und seine beiden Rheinübergänge geschildert und dabei

eigene Beobachtungen über das Leben dieser östlich des Rheins lebenden Völkerschaften eingebracht. Es folgten die militärischen Aktionen, die Augustus in die Wege geleitet hatte, deren Ziel es gewesen war, die Grenze nach Osten bis an die Elbe vorzuschieben. Schritt für Schritt war er dem Geschehen gefolgt, hatte sich so dem Höhepunkt des Dramas genähert, den er in einem umfassenden dramatischen Wurf darstellen wollte. Der große, wortgewaltige Livius* war sein Vorbild, aber er wollte ihn übertreffen in der Wucht der Darstellung, der Berücksichtigung eigener Beobachtungen und der Zeichnung der Charaktere.

»Die Leute dort aber« – las er weiter – »sind bei aller Wildheit äußerst verschlagen, ein Volk von geborenen Lügnern . . .«

Das war Unsinn. Er selbst kannte viele germanische Führer. Die römischen Kriegslisten konnten es mit den germanischen ohne weiteres aufnehmen, übertrafen sie oft an Skrupellosigkeit und kühler Berechnung. Nein, man konnte die Niederlage des Varus nicht mit der Verschlagenheit seiner Gegner entschuldigen. Immerhin hatten ihm drei Legionen, zwanzigtausend Mann, zur Verfügung gestanden. Die besten, die es damals im Reich gab. Kampferprobte Einheiten mit großer Erfahrung im Umgang mit Germanen, geführt von fähigen Generälen, den besten der Armee!

Längst war er sich darüber klar geworden, daß er zuwenig wußte über diesen Publius Quinctilius Varus. Wenn er noch lebte, könnte er zu ihm hingehen und ihn ausfragen, so, wie Pomponius Secundus, seinen ehemaligen Vorgesetzten, über den er eine kleine Abhandlung geschrieben hatte. Natürlich hatte Pomponius ihm gerne Rede und Antwort gestanden. Aber Pomponius war nicht Varus, er hatte nicht die größte Niederlage der neueren Geschichte des Reiches zu verantworten.

Er wußte, die Gründe für die ungeheure Niederlage würde er nicht finden, wenn er sich auf die Person des Varus beschränkte. Es galt, ein möglichst genaues Bild seines großen Gegners zu entwerfen: Arminius. Aber auch er war längst im Reich der Schatten. Die Hunde der Geschichte hatten ihn

* Der römische Historiker *Titus Livius* lebte von 59 v.Chr. bis 17 n.Chr. In dem Riesenwerk »Ab urbe condita« (Von der Gründung der Stadt an) stellte er in 142 Büchern die Geschichte Roms dar.

eingeholt, als er, Jahre später, nach der königlichen Macht in seinem Volk griff. Er war einem heimtückischen Mord zum Opfer gefallen, als er sich auf dem Höhepunkt der Macht wähnte.
Plinius seufzte. Er würde es an diesem Abend nicht erzwingen. Tief atmete er die kühle Abendluft ein und sagte: »Genug für heute.«
»Recht so!« hörte er hinter sich die Stimme Timons, seines Sekretärs, der leise eingetreten war und sich daranmachte, die Papiere auf dem Tisch zu ordnen.
Doch Plinius fuhr ihm dazwischen: »Nichts anrühren! Alles muß so bleiben, wie es ist. Was wie Chaos aussieht, ist alles wohlgeordnet.«
So beschränkte sich Timon darauf, die Steine, die zum Beschweren der losen Blätter dienten, mitten auf die Stapel zu legen, damit nicht ein Luftzug die wichtigen Unterlagen durcheinanderwirbelte.
Diese Steine hatte Plinius eigenhändig gesammelt, aufgelesen bei Spaziergängen in der Nähe Roms, in den Albaner Bergen, am Meeresstrand, am Ufer des Tibers, aber auch in entfernten Gegenden des Reiches. Und es waren auffallend schöne Exemplare darunter, solche, die, mit Kristallen versetzt, im schrägen Licht der untergehenden Sonne glitzerten, andere, die in allen Farben des Regenbogens schillerten.
Die kostbarsten Stücke wurden in besonderen Regalen verwahrt; sie waren beschriftet, trugen den Namen ihres Fundortes und das Datum, an dem Plinius sie entdeckt hatte.
»Es wird Zeit, Herr!« mahnte Timon, doch Plinius begriff nicht, worauf sein Sekretär hinauswollte.
»Wofür denn?«
»Es liegt eine Einladung vor von Menandros.«
»Für heute abend?«
»So ist es.«
»Du sagst ›Menandros‹ – aber du meinst doch den Antonius Castor!«
»Gewiß, es ist derselbe.« Aber dann machte er noch den Zusatz: »Auf der Einladung steht ›Menandros‹ und nicht ›Antonius Castor‹.«
»Seltsam. – Aber warum hast du mir nichts davon gesagt?«

»Die Einladung kam vor drei Tagen, Herr, und ich habe das Schreiben zu deiner Post gelegt.«
»Ich habe es nicht gelesen. Was schreibt er denn?«
Plinius hatte vor Timon in bezug auf seine Korrespondenz so gut wie keine Geheimnisse.
»Er schreibt, daß er sich außerordentlich freuen würde, dich, seinen ehemaligen Schüler und nun erfolgreichen Beamten und Autor historischer Schriften nach so langer Zeit endlich einmal wiederzusehen.«
»Du hättest es mir sagen müssen!«
»Du hattest den Brief, Herr!«
Plinius, der sehr wohl den leisen Vorwurf seines Sekretärs heraushörte, enthielt sich jedes weiteren Tadels. Er korrespondierte mit hundert und mehr Männern, lebte in regem Gedankenaustausch mit ihnen, und so konnte es schon einmal vorkommen, daß ein Brief zunächst in den Bergen von Notizen, Schriften und Rollen unterging, um dann irgendwann, wenn er nicht damit rechnete, wieder aufzutauchen.
»Wie alt ist er denn jetzt?«
»Er steht im sechsundsiebzigsten.«
»Dann dürfen wir ihn nicht warten lassen. Bereite alles für den Aufbruch vor. Wir nehmen den Wagen . . .«
Timon hatte die Tür schon erreicht, als Plinius ihn zurückhielt: »Sag mal, war er nicht unter anderem der Hausarzt der Quinctilier?«
»Ja. Aber er stand zu seiner Zeit auch dem Hause des Augustus nahe und war mit Germanicus befreundet.«
»Warum hast du mir das nicht schon früher gesagt?«
»Du fragtest nicht danach.«
»Nun gut. Nimm Schreibzeug und Notizblock* mit! Du wirst alles Wesentliche unseres Gesprächs festhalten . . . Warte! Dies noch: Besorge ein hübsches Kästchen und ein kleines Seidentuch zum Einpacken! Und schick mir den Philon her, daß er mir beim Anlegen der Toga hilft!«
Während Timon sich beeilte, die Dinge zu besorgen, trat

* Zum Schreiben benutzte man Rohrfedern. Die Tinte wurde aus Pflanzensäften, Ruß und Gummi Arabicum hergestellt. Der ›Notizblock‹ bestand aus gebündelten Wachstafeln, in die man mit einem metallenen ›stilus‹ (Griffel) ritzte.

Plinius zu dem Regal mit seiner Steinsammlung, suchte eine Weile und griff schließlich nach einem faustgroßen Bergkristall, wog ihn in der Hand, prüfte die Brechungen des Lichts und legte ihn auf die Tischplatte. Er besaß mehrere schöne Exemplare dieses lichtdurchlässigen Gesteins, die er vor Jahren bei einer Reise über die Alpen von einem dortigen Kenner erworben hatte, so daß er den Verlust dieses einen verschmerzen konnte. Dennoch, es gab nur wenige Menschen, denen er ein solches Geschenk zu machen bereit war.

II

Eine halbe Stunde später verließ ein leichter Wagen bei der Porta Collina, dem nördlichsten Stadttor, das ummauerte Areal der Urbs* und folgte der Straße, die in einem Bogen um den nordöstlichen Teil der Mauer führte. Der Wagen passierte die Via Tiburtina, die bei der Porta Viminalis nach Osten abzweigte, rollte dann in südlicher Richtung parallel zur Mauer; doch ehe er das nächste Tor, die Porta Esquilina, erreichte, bog der Wagen nach Osten auf eine Nebenstraße ab. Längst hatte sich die Stadt außerhalb der uralten Servianischen Mauer ausgebreitet, ohne von einer neueren Begrenzung geschützt zu sein. »Die Provinzgrenzen sind unsere Mauern«, hatte Plinius einmal einen Senator sagen hören, und damit hatte dieser gar nicht so unrecht gehabt: Rom war Herrin der Welt, seine gefährdeten Grenzen lagen nicht mehr in Italien, sondern an den Rändern der Provinzen, Hunderte von Meilen entfernt.

* *Urbs* ist eigentlich jede größere Stadt; der Römer meint damit aber stets Rom, die Hauptstadt des Reiches.

Längst hatte die Dämmerung eingesetzt, Pinien und Zypressen hoben sich düster und geheimnisvoll gegen den Abendhimmel ab. Hier und da schimmerte das Weißgrau herrschaftlicher Villen durch die Schatten der Bäume. Dieses Gebiet, die Fortsetzung des Esquilinus außerhalb der Mauer, war schon seit Jahrzehnten ein bevorzugter Ort, an dem sich wohlhabende adlige oder ritterliche Familien niederließen. Hier, auf dem Campus Esquilinus, hatte der große Pompeius, bevor ihn Caesar in einem schrecklichen Bürgerkrieg niederrang, einen weitläufigen, parkähnlichen Garten besessen, der später in den Besitz des Generals Marcus Antonius übergegangen und nach dessen Entmachtung unter Octavianus Augustus zu kaiserlichem Eigentum erklärt worden war.

Das Schicksal nimmt oft seltsame Wege, dachte Plinius, denn trotz der gewaltsamen Veränderungen der Besitzrechte hatte man Menandros am ererbten Platz inmitten des herrschaftlichen Parkes wohnen lassen. Er trug eigentlich den römischen Namen seines Vaters, der einer der hochgebildeten Sklaven des Marcus Antonius gewesen war und von ihm wegen seiner Verdienste als Arzt und Botaniker freigelassen und mit dem anmutigen, pavillonartigen Haus inmitten des schönen Hains beschenkt worden war. Und auch nach seinem Tod tastete niemand dieses Recht an; so kam es, daß Menandros-Antonius gleichsam in einer Enklave inmitten des nun kaiserlichen Besitzes wohnte, und niemand wäre auf den Gedanken gekommen, ihm dies streitig zu machen.

Der Wagen hielt. Die beiden begleitenden Sklaven, die mit Fackeln vor ihnen hergelaufen waren, hielten die Tür auf, Plinius und Timon stiegen aus, und Philon legte noch einmal die Falten von Plinius' Toga in die vorgeschriebene Norm, während sein Kollege den Kasten mit dem Schreibgerät und das in Seide gewickelte Kästchen trug. Gemeinsam näherten sie sich auf dem Kiesweg dem Haus, erreichten nach etwa fünfzig Schritt das quadratisch angelegte Gebäude, zu dessen Eingang eine flache, dreistufige Treppe führte.

Timon ging voraus, betätigte den Klopfer, und nach wenigen Augenblikken wurde geöffnet. Timon gab dem älteren Sklaven, der die Gesichter der Fremden in der Dunkelheit nicht erkannte, Bescheid, sie wurden eingelassen und in den eleganten Innenhof des Atriums geführt.

»Welch eine Überraschung! Ich hatte kaum damit gerechnet, daß du der Einladung eines alten und unbedeutenden Mannes Folge leisten würdest.«

Im Licht einiger an den Säulen des Innenhofes hängenden Öllampen näherte sich die große und sehr schlanke Gestalt eines alten Mannes, der sich trotz seiner Jahre sehr aufrecht hielt.
Nun blieb er einen Schritt vor Plinius stehen, hob beide Arme, trat ganz nahe an ihn heran und rief, während er ihn herzlich umarmte: »Plinius, mein lieber Junge!«
Auch Plinius drückte die hagere Gestalt fest an sich, gerührt von der Zuneigung des Greises, der eine wichtige Rolle in seiner Jugend gespielt hatte.
Dann lösten sie sich voneinander, auch Timon wurde begrüßt, und Menandros gab seinem Hausmeister Anweisung, sich um das Gefolge der Besucher zu kümmern, während er sie selbst in das mittelgroße Speisezimmer geleitete, das bereits festlich geschmückt war. Die Polster der drei Clinen* waren mit seidenen Decken überzogen, auch die Stützkissen schimmerten seidig. Nur der Tisch in der Mitte mit seiner polierten Marmorplatte war unbedeckt.
»Ich weiß, ich weiß«, erklärte Menandros, nachdem sie Platz genommen hatten, »der Raum ist für mich und meine nun doch sehr eingeschränkten Bedürfnisse zu groß. Und es ist lange her, daß er so hergerichtet worden ist.«
Plinius blickte in die Runde und erwiderte freundlich: »Aber es ist wichtig, daß du ihn, wenn du willst, so herrichten kannst.«
»Ja«, nickte der alte Mann. »Ich weiß, was du meinst. Alte Gewohnheiten helfen uns, die Beschwerden des Alters zu ertragen. Ich lebe ja nun hier wie in einer Einsiedelei, obwohl alles im Umkreis von fünfzig Schritt dem Kaiser gehört.«
»Was stört es dich! Man läßt dich in Ruhe, und du wirst von den Stürmen draußen nicht berührt.«
»Dafür danke ich den Göttern täglich. Aber nun wollen wir ihnen geben, was ihnen vor einem Mahl mit lieben Freunden zukommt.«
Er ließ von einem der bedienenden Sklaven Wasser und Wein mischen, in die Becher einschenken und schüttete dann ein paar Tropfen auf den

* *Cline* (griech.) ist das Bett zum Ausruhen, auf dem man auch bei den Mahlzeiten im ›triclinium‹ (Drei-Clinen-Raum) lag.

Boden, wobei er leise eine uralte Gebetsformel sprach, deren Sinn kaum noch zu verstehen war.
Das Essen war, gemessen am Aufwand des kostbaren Geschirrs, in keiner Weise luxuriös. Und dies weniger aus Gründen der Sparsamkeit – Menandros galt als vermögend –, sondern wie in allem andern hielt er auch im Essen Maß, setzte dies auch als selbstverständlich bei seinen Gästen voraus, und Plinius hatte nichts anderes erwartet. Es gab wenig Fleisch, um so mehr verschiedene Gemüse und Rohkost, Salate, etwas Gebackenes und einen exzellenten Wein, einen weißen Falerner aus dem Süden, der, in Maßen genossen, die besten Voraussetzungen für ein angeregtes Gespräch bot.
»Was macht deine Arbeit?« fragte Plinius.
»Nun«, meinte Menandros, »ich habe mich in meinen späten Jahren wieder dem zugewandt, was mich schon mein Vater lehrte, der Aufzucht, Pflege und Veredelung gewisser Pflanzen. Leider ist es nun schon zu dunkel. Du mußt einmal bei Tage kommen, damit ich dir meine neuesten Rosen zeige.«
»Gerne. – So praktizierst du also nicht mehr als Arzt?«
»Es ist mir allmählich zu beschwerlich geworden, Patienten in der Stadt aufzusuchen. Aber ich behandle durchaus noch Fälle, wenn sie mich interessieren.«
»Auch bei Hofe?«
»Nein. Schon lange nicht mehr. Das überlasse ich gerne den Jüngeren, die meinen, so eine schnelle Karriere zu machen.«
Er lächelte seinem Gegenüber zu.
So ging das eine Weile hin und her, bis schließlich Menandros unvermittelt fragte: »Wie alt bist du denn nun eigentlich?«
»Ich stehe im dreißigsten Jahr.«
»Oh, wie jung! Aber du bist zur Zeit ohne öffentliches Amt?«
»Ja, und das ist bei den derzeitigen Verhältnissen der beste Weg, noch ein paar Jahre leben zu können.«
Plinius hütete sich jedoch, vor den bedienenden Sklaven über die politischen Verhältnisse eine anzügliche Bemerkung zu machen, denn es war

nur zu bekannt, daß Sklaven als Zuträger für den kaiserlichen Spitzeldienst tätig waren. Zwar glaubte er kaum, daß in diesem Haus Verräter auf der Lauer lagen, dennoch war es seine Gewohnheit geworden, beim Reden außerhalb der eigenen vier Wände vorsichtig zu sein. Menandros hatte ihn auch so verstanden und nickte.
»Und womit verbringst du deine Tage? Ich kann mir kaum vorstellen, daß mein Plinius ohne Arbeit ist.«
Plinius lächelte über das Lob und kam endlich zur Sache: »Nun, ich beschäftige mich schon seit vier, nein fünf Jahren mit einer Darstellung der Kriege, die Rom mit den Germanen geführt hat.«
»Oh, ein interessantes Thema, zumal du dabei gewiß auf eigene Erfahrungen zurückgreifen kannst!«
»Das ist richtig. Aber es tauchen neuerdings Probleme auf.«
»Probleme? Welcher Art?«
»Ich stehe vor der Schilderung der Ereignisse im Saltus Teutoburgiensis.«*
Menandros merkte auf: »Und was ist dabei so schwierig?«
Es entging Plinius nicht, daß in dieser Gegenfrage leichter Spott mitschwang.
»Mittlerweile sind seit den Ereignissen dreiundvierzig Jahre vergangen, aber die Zeit hat nicht dazu beigetragen, eine glaubhafte Erklärung für die Katastrophe zu finden.«
Menandros betrachtete die Linien seiner rechten Hand, ehe er das Gespräch wieder aufnahm: »Es kommt ja wohl darauf an, welches Ziel du anstrebst mit deiner Darstellung. Wenn du, wie die Annalisten** früherer Jahre, einfach die Daten der Ereignisse aneinanderreihst, dürftest du keine Probleme haben.«
»Das ist mir zu einfach. Ich will die Wahrheit! Es muß möglich sein, hinter das vordergründige Geschehen zu blicken. Ich will wissen, *wie* es war und *warum* es so und nicht anders ablief.«
»Lieber Freund ...« Ein kluges Lächeln spielte um Mund und Augen des

* Mit dem etwas ungenauen Begriff *Saltus Teutoburgiensis* faßte man mehrere Gebirgszüge in Südost-Westfalen zusammen. Der heutige Teutoburger Wald hieß bis ins 18. Jh. Osning.

** Die römischen *Annalisten* faßten die politischen und militärischen Ereignisse der römischen Geschichte in Jahreslisten (annales) zusammen, worin die Ereignisse nüchtern aneinandergereiht wurden.

erfahrenen Arztes und Menschenkenners. »Du rührst da an die geheimsten Dinge der menschlichen Geschichte. Wahrheit ... Was ist Wahrheit? Du müßtest die Antriebe aller Beteiligten kennen, müßtest in ihre Haut schlüpfen, müßtest wie sie denken, empfinden, leiden – mit anderen Worten: Du müßtest schon ein Gott sein, der in die Herzen der Menschen blickt und Schuld und Verdienst gegeneinander aufrechnen könnte.«
»Genau das will ich!« Plinius hatte die Stimme erhoben, und seine Augen leuchteten.
Menandros schaute ihn sehr lange an und erkannte in dessen entschlossenen Zügen den unbedingten Willen, den Dingen auf den Grund zu gehen. »Was aber wäre«, fuhr Menandros fort, »wenn dir das gelänge? Wer sagt dir denn, daß man in dieser Stadt an der Wahrheit interessiert ist? Du würdest, falls es dir gelingt, den gordischen Knoten zu entwirren, auf Handlungsstränge stoßen, die unmittelbar die Interessen des Palastes berühren! Und vergiß nicht: Damals, in den letzten Lebensjahren des erhabenen Augustus, wurde geradezu ein Verbot ausgesprochen, den Namen Varus jemals wieder zu erwähnen.«
»Augustus ist seit achtunddreißig Jahren tot und unter die Himmlischen versetzt worden. Was sollte er noch dagegen haben?«
Doch Menandros ging auf die Ironie nicht ein, sondern fuhr ernst fort: »Das Herrscherhaus ist stolz darauf, von Augustus abzustammen. Sie alle, Tiberius, Caligula und nun auch Claudius, rühmen sich der Abkunft vom göttlichen Augustus. Mehr noch, Agrippina, seit kurzem selbst Augusta und Kaiserin, ist die Tochter des Germanicus! Und Germanicus schlug sich jahrelang mit den Barbaren zwischen Rhein und Elbe. Seit seinem seltsamen Tod gehen immer noch die abenteuerlichsten Gerüchte inner- und außerhalb des Palastes um.«
»Aber Claudius ist ein Sohn des Drusus!«
»Drusus? Der steht heute im Schatten seines Bruders Tiberius, der ihn überlebte und Nachfolger des Augustus wurde. Wir könnten fortfahren, die komplizierten Verwandtschaftsverhältnisse aufzuzählen, doch am Ende kämen wir immer zum gleichen Ergebnis: Falls du Wahrheit, wie du sie

willst, offenlegst, stößt du in ein Schlangennest. Niemand möchte heute an die Katastrophe erinnert werden. Sie ist geschehen. Man hat Konsequenzen daraus gezogen. Germanien bleibt außerhalb der Reichsgrenze. Punktum! – Wenn du es wagst, an dieses Tabu zu rühren, beginnst du ein Spiel mit dem Feuer. Vielleicht ist die Zeit noch nicht reif, daß sie die ganze Wahrheit ertragen könnte. Was sind vierzig Jahre! Vielleicht müssen weitere vierzig Jahre vergehen, wenn andere die Macht haben, die es ertragen können, über die größte Demütigung Roms in der neueren Geschichte ohne Angst und Erregung zu reflektieren.«
Plinius dachte eine Weile über das Gehörte nach. Dann setzte er sein wichtigstes Argument dagegen: »In vierzig Jahren würde niemand mehr unter den Sterblichen sein, der mir Auskunft geben kann – falls ich dann überhaupt noch lebe. Aber noch gibt es die Möglichkeit, aus dem Munde von Beteiligten den genauen Hergang zu erfahren, ihre Urteile über die Verantwortlichen, und sei es Augustus selbst! Die nach uns Lebenden haben ein Recht zu erfahren, wie es gewesen ist. Und ich glaube – nein, ich bin überzeugt, daß ich sehr wohl die Voraussetzungen biete, eine Schneise durch das Dickicht von Lüge, Verleumdung und Entstellung zu schlagen, weil ich die Personen ohne Vorurteile in den Blick nehmen werde.«
Menandros nahm einen Schluck Wein zu sich. Lange schwieg er. Er wußte aus früheren Begegnungen, als Plinius noch sein Schüler war, daß er schon damals nie lockerließ, wenn er einen bestimmten Gedanken verfolgte, wenn es darum ging, einem verworrenen Sachverhalt nachzugehen und die verborgenen Dinge zu ordnen, damit man sie überblicken, bewerten, beurteilen konnte. Schließlich nickte er mehrmals bedächtig, und Plinius deutete es als Zustimmung, wenn auch mit Vorbehalten.
Menandros faßte zusammen: »Gewiß, ja, du bietest allerdings gute Voraussetzungen für ein solches Unternehmen. Schon früh erkannte ich deine Neigung, das weit Verstreute zu sammeln und es einer Ordnung zu unterwerfen. Ich kenne ja auch deinen Plan, irgendwann einmal alle Erscheinungen der Welt in einem großen Sammelwerk zusammenzutragen. Aber ich glaube, es ist etwas anderes, die Welt nach kosmologischen,

geographischen, naturwissenschaftlichen oder anderen sachlichen Gesichtspunkten zu ordnen als nach politischen. Doch zu beurteilen, warum ein Mensch sich so und nicht anders entschieden hat, ist immer eine Sache, die man von zwei Seiten betrachten kann. Du siehst, mein Freund, wir kommen auf den Anfang unseres Gesprächs zurück. Doch meine ich deiner leidenschaftlichen Beweisführung zu entnehmen, daß du sie mir nicht ohne Grund darlegst . . .«

»So ist es«, nickte Plinius mit einem gewinnenden Lächeln. »Ich bin der Meinung, daß du mir dabei helfen könntest, etwas Licht in das Dunkel zu bringen.«

»Ich?« Menandros öffnete überrascht den Mund. »Ich bin Arzt, Botaniker und vielleicht Philosoph aus Neigung – aber kein Historiker!«

»Du warst der Arzt des Quinctilius Varus!«

Ihre Blicke trafen sich, und Plinius sah, wie der seines alten Freundes durch ihn hindurchging in weit zurückliegende Räume und Zeiten, und erst nach ein paar Augenblicken antwortete er: »Wenn ich dich recht verstehe, erwartest du von mir einen Bericht, nein, ein Urteil über meinen damaligen Patienten Publius Quinctilius Varus . . .«

»Nein. Kein Urteil! Nur das, was geschah, was du mit deinen Sinnen wahrnahmst. Nicht mehr und nicht weniger.«

»Das ist viel, das ist sehr viel, das ist ein Leben!«

»Genau das will ich«, beharrte Plinius. »Was für dich vielleicht eine unbedeutende Beobachtung war, kann für mich der Schlüssel zu Größerem sein.«

»Du verlangst viel, mein Sohn. Ich bin ein alter Mann. Meine Kräfte, auch die des Geistes, lassen nach. Wie wollen wir das machen?«

»Wenn es dir recht ist, könnten wir uns einige Tage lang hier treffen, zu einer Zeit, die dir genehm ist. Sobald wir merken, daß deine Kräfte nachlassen, werden wir das Gespräch abbrechen. Du bist es, der Zeit und Dauer bestimmt!«

Leise antwortete der Greis: »Es käme in der Tat auf einen Versuch an. Und ich muß gestehen, daß es mir nicht unangenehm wäre, durch diese weit zurückliegenden Zeiträume zu streifen, durch Jahre, die in gewisser Hinsicht die lebhaftesten und interessantesten meines Lebens waren . . .« Er schwieg eine Weile, und verschüttete Bilder und Szenen zogen an seinem inneren Auge vorbei. Dann rief er munter: »Gut denn, aber wie willst du das alles im Kopf behalten? Ich bin ein alter Mann mit der ihm zustehenden Geschwätzigkeit, und vieles von dem, was ich sagen werde, wird nicht zum Thema gehören! Wie willst du's anstellen, daß ich nicht den Faden verliere?«

»Hier ist Timon, und er wird bereitsitzen und alles in Tironischen Noten* festhalten.«

»Einverstanden!« Sein Gesicht hatte sich gerötet, nicht nur vom Wein, sondern ebenso in Erwartung der bevorstehenden Befragung, die ihn in alte Zeiten zurückführen würde. Schließlich fragte er noch: »Hast du vor, die Namen deiner Gewährsmänner in der Schrift zu nennen?«

»Das hängt von ihnen selbst ab, sofern sie noch leben. Es bleibt dir überlassen.«

»Dann tu es im Namen der Götter! Ich habe nichts mehr zu verlieren, denn ich stehe am Rand der Grube. Der Tod schreckt mich nicht. Ich bin ihm täglich begegnet. Er kommt als Freund. Berufe dich also auf mich, wenn gewisse Leute das, was du ihnen vor Augen führst, nicht glauben wollen und es als üble Verdrehung werten. Du hast schon recht: Es kommt auf die Wahrheit an, auf nichts als die Wahrheit!«

* *M. Tullius Tiro,* der Sklave, Freigelassene und Sekretär Ciceros, erfand eine Kurzschrift, die *Tironischen Noten.*

Das Gespräch wandte sich nun privaten Dingen zu, die nicht hierhergehören, und endlich konnte Plinius sein Geschenk überreichen, über das sich der alte Mann sehr freute. Es ging bereits gegen Mitternacht, als Plinius und Timon sich auf den Rückweg machten, mit dem Versprechen, gleich am nächsten Morgen wiederzukommen.

Aus den Erzählungen und Berichten des Menandros, die er in seiner Muttersprache auf Griechisch wiedergab und die von Timon im wesentlichen schriftlich festgehalten wurden, entstand der dramatische Ablauf eines Geschehens, das wir im folgenden wiedergeben, wobei wir freilich auf Zwischenfragen und Anregungen von seiten des Plinius verzichten, weil sie den Fluß der Erzählung stören würden. Nur dann, wenn es sich dabei um Exkurse handelt, die ein nicht unwichtiges neues Licht auf die beteiligten Personen werfen, werden wir solche Passagen kursiv wiedergeben, wodurch sie sich schnell zu erkennen geben. Im übrigen verlangen solche Details, die zeitgebunden und somit uns Heutigen fremd erscheinen, einige klärende Anmerkungen. Aber wir wollen es dabei beim Notwendigsten belassen.

Der Bericht des Menandros

I

Ich war damals noch der Meinung, man könne schneller Karriere machen, wenn man sich mit allen Mitteln bemühe, in den engeren Kreis einer bestimmten wohlhabenden Familie einzutreten. Wenn ich heute darüber lächle, dann ist das dem jungen Mann gegenüber, der ich einmal war, nicht ganz gerecht. So ist nun einmal der Lauf der Welt, besonders der römischen: Begabung, Intelligenz und ein gewisses anziehendes Äußeres genügen nicht dem, der dazu noch den Ehrgeiz hat, innerhalb der gegebenen Möglichkeiten möglichst schnell Stufe um Stufe nach oben zu klettern. Für den Sohn eines Freigelassenen, dessen Vater noch die Demütigungen des Sklavenlebens hinnehmen mußte, ist dieser Ehrgeiz vielleicht noch größer. Er lebt zwar als freier Mann, doch da er noch zu einem Zeitpunkt geboren wurde, als der Vater Sklave war, gilt er nicht als vollwertiger Bürger mit der Civitas Romana.* Also wird er bestrebt sein, mit Hilfe der Gaben, die ihm die Natur in die Wiege gelegt hat, sein Glück zu machen.

* Ein freigelassener Sklave (libertus) besaß nur das eingeschränkte Bürgerrecht *(civitas Romana)*, denn er durfte nicht wählen.

Es bot sich von vornherein an, daß auch ich den Beruf des Arztes anstreben würde; und es war nicht nur der Wille des Vaters, der mir den Weg in diese Richtung wies, sondern auch das eigene Interesse. Die Zeiten waren vorbei, in denen man in Rom auf den griechischen Arzt herabblickte. Längst galt die griechische Medizin als eine der großen Errungenschaften hellenischer Wissenschaft, und Rom hatte dem nichts entgegenzusetzen. Bis auf wenige Ausnahmen kamen alle großen Ärzte aus dem Osten, aus den griechischen Zentren der medizinischen Ausbildung.

Natürlich erwies sich die stadtbekannte Stellung meines Vaters, der ein Vertrauter des Marcus Antonius war und diesen auch auf seinen Reisen und Feldzügen begleitete, von größtem Nutzen, so daß ich nicht erst ganz unten anfangen mußte.

Mein Vorteil war außerdem, daß die Zeiten, in denen ich geboren wurde, sich wieder beruhigt hatten. Die Jahrzehnte der schrecklichen Bürgerkriege, die Rom und das Reich fast ein Jahrhundert lang heimgesucht hatten, waren vorbei. Unter Augustus kehrten allmählich Ruhe, Friede und Wohlstand ein, die Menschen begannen aufzuatmen und neue Hoffnung zu schöpfen. Es war damals ein Lebensgefühl unter den Menschen, das man heute kaum nachempfinden kann. Alles schien sich zum Guten zu wenden, und bis in die späten Jahre des Augustus blieb es ja auch so, wenn wir einmal von der Katastrophe der Varus-Schlacht absehen; aber sie berührte kaum das Leben der Millionen Menschen in Italien und den übrigen Provinzen.

Durch die Herkunft meines Vaters war auch ich sehr eng an die Familie des Marcus Antonius gebunden. Für seine Töchter, die Antonia maior und die Antonia minor,* war es eine Selbstverständlichkeit, daß ich, nachdem ich erfolgreich meine medizinischen Studien abgeschlossen hatte, in die Fußstapfen meines Vaters trat und zum Hausarzt beider Damen und ihrer Familien wurde.

Besonders die jüngere Antonia sollte für meinen weiteren Weg von Bedeutung werden. Sie war ja nicht nur die Tochter des Triumvirs Marcus Antonius, sondern ihre Mutter war Octavia, die Schwester des Augustus. Sie heiratete dann den so früh verstorbenen Drusus und wurde so die Mutter des

* Der römische Name besteht aus drei Elementen, dem *praenomen* (Vorname), dem *nomen gentile* (Geschlechtsname) und dem *cognomen* (Beiname), zum Beispiel: Gaius Iulius Caesar. Mädchen und Frauen erhielten lediglich den Gentilnamen mit der Femininendung -a. Beispiel: Iulia.

Germanicus, der Livilla und des jetzigen Kaisers Claudius. Du wirst verstehen, daß mir diese Verbindungen in anderen Adelshäusern Tür und Tor öffneten. Mehr noch, als sich herumsprach, daß ich große Erfolge bei der Behandlung von Migräne hatte – damals wie heute ein in der Adelsschicht weitverbreitetes Leiden –, traten schließlich auch solche Häuser an mich heran, die es sich zur Ehre gereichen ließen, von einem Arzt behandelt zu werden, der sich im engsten Kreis des Palastes bewegte und mit Drusus, dem möglichen Augustus-Nachfolger, befreundet war.

Ehe ich zu den Ereignissen, die hier anstehen, komme, muß ich noch kurz auf die verwandtschaftlichen Beziehungen eingehen, die sich durch die Heirat des Varus ergaben, denn ohne diese Informationen bleibt vieles, was sich danach ereignete, unverständlich.*

* Vgl. den Stammbaum im Anhang, Seite 280.

Publius Quinctilius Varus entstammte einem alten und sehr angesehenen Hause aus den Albaner Bergen, und einer seiner Vorfahren hatte bereits vor fünfhundert Jahren das Consulat bekleidet. Danach gibt es in der Ahnenreihe noch einen Praetor und mehrere rangniedere Beamte, so daß erst mit Varus ein neuer Höhepunkt erreicht wurde, als er zusammen mit Tiberius das Consulat bekleidete.* Allein diese Tatsache belegt schon, daß Augustus, der damals in diesen Dingen das entscheidende Wort sprach, sehr viel von den Fähigkeiten des Varus gehalten haben muß. Auch seine weitere Laufbahn bestätigt diese Wertschätzung, denn immerhin schickte Augustus ihn sieben Jahre später als *legatus Augusti pro praetore*, als kaiserlichen Statthalter, in die wichtige Provinz Syrien, die er zur vollen Zufriedenheit des Kaisers verwaltete und wo er auch einen nicht ungefährlichen Aufstand unterdrückte.

* 13 v.Chr.

Aber etwas anderes war entschieden von größerer Bedeutung: Varus heiratete mit Claudia Pulchra eine Enkelin der Octavia, der Schwester des Augustus, die somit eine Großnichte des Kaisers war. Dies war eine ungeheure Auszeichnung, die für die Verdienste des Varus sprachen.

All diese Dinge und Beziehungen spielten für mein damaliges Leben noch keine Rolle. Ich absolvierte meine schulische Ausbildung, besuchte mit

Erfolg die Grammatiker- und Rhetorenschule und ging danach auf Wunsch meines Vaters nach Griechenland. Dort sammelte ich auch als Arzt meine ersten Erfahrungen, denn ich blieb eine Zeitlang beim Aesculap-Heiligtum auf der Insel Kos, um meine theoretischen Kenntnisse durch die praktische Arbeit mit den Kranken zu vervollständigen. Anders als beim Erlernen eines Handwerks,* ist die Tätigkeit eines Arztes keineswegs abgeschlossen, wenn er die letzten Prüfungen unter den strengen Augen der Lehrer abgelegt hat; das ganze Leben eines verantwortungsbewußten Arztes ist ein ununterbrochenes Lernen.

* Die Tätigkeit des Arztes galt in Rom wie die eines Bildhauers als ein Handwerk.

Du sagtest gestern, mein Plinius, ich sei der Arzt der Quinctilier gewesen. Das ist richtig. Aber mit Varus selbst hatte ich erst recht spät zu tun. Es hatte sich vielmehr ergeben, daß sein Neffe Nonius Asprenas, der Sohn seiner Schwester Quinctilia, mich des öfteren in Anspruch nahm, wenn er in Rom weilte. Und er war es auch, der mir den Vorschlag machte, ihn in seinem Stab mit nach Germanien zu begleiten. Wir hatten uns angefreundet, und er kannte meine Vorliebe für die Pflanzenwelt fremder Regionen. Die Kenntnis der Heilpflanzen gehört ja unbedingt zum Rüstzeug des guten Arztes. Und da ich durch meinen Vater, der sich einen Namen als Botaniker gemacht hatte, sozusagen mit den von ihm gezüchteten Pflanzen großgeworden war, war mein Interesse an diesem Zweig der Naturkunde immer schon groß und meine Neugier unersättlich. Ich vergrößerte in meinen Mußestunden seine herbarische Sammlung, las alles, was schon die Alten darüber geschrieben hatten, besonders natürlich den Aristoteles, und so kam mir das Angebot des Asprenas, ihn an den Rhein zu begleiten, sehr gelegen.
Du kennst die Verhältnisse in einem festen Militärlager aus eigener Erfahrung, und du weißt, daß der Militärarzt, der sich um die Truppe zu kümmern hat, keineswegs den Respekt genießt und den Rang besitzt, der seiner Tätigkeit gerecht wird. Er zählt ja in der militärischen Hierarchie zu den einfachen Soldaten, steht weit unter einem Centurio, erhält ein beschä-

mend niedriges Gehalt und läßt sich von seinen Vorgesetzten herumstoßen. Dabei ist er es, der schon in friedlichen Zeiten dafür sorgt, daß die durch den täglichen Dienst auftretenden Verletzungen sich nicht zu langen Ausfällen der Betroffenen auswachsen. Ganz zu schweigen von der chirurgischen Behandlung von Verwundeten während und nach einer Schlacht. Dabei verdanken Tausende seiner Kunst, Glieder einzurenken, Brüche zu richten, Hieb-, Stich- und Schlagverletzungen zu heilen, ihre Gesundheit und oft das Leben. Es wäre an der Zeit, diesen Männern einmal ein literarisches Denkmal zu setzen.
Aber mein Status im Lager war ja ein ganz anderer. Ich rangierte nicht als Arzt unter Ärzten, sondern als Freund des Feldherrn und Legaten Asprenas. Ich trug auch keine Uniform, sondern bewegte mich durchaus in ziviler Kleidung, wenn ich auch, für alle Fälle, über Panzer, Helm, Schwert, Dolch und Schild verfügte, und Asprenas hatte Wert darauf gelegt, daß ich von einem Fechtmeister in die Anfangsgründe des Schlagens eingewiesen wurde. Und da ich mich dabei nicht allzu dumm anstellte – ich war damals zweiunddreißig und im Vollbesitz meiner Kräfte –, hielten sich die Witze der Soldaten in Grenzen.

Wir lagen damals im Legionslager von Mainz, ich ging meinen Exkursionen in der Umgebung nach, und niemand dachte an Schlimmes. Varus, so hatte ich von Asprenas erfahren, verbrachte den Sommer auf der östlichen Rheinseite im Land der Cherusker, bei den Quellen der Pader. Alles schien ruhig, als eines Tages im September – es muß Mitte des Monats gewesen sein – ein berittener Kurier aus Castra Vetera* eintraf. Der Mann war am Ende seiner Kräfte, denn er war Tag und Nacht geritten. Was er berichtete, verschlug allen einen Augenblick lang den Atem. Ich sehe noch heute das Gesicht Asprenas' vor mir, wie es darin zuckte, wie das Blut daraus wich und er sich zum Herzen griff. Nach dem ersten Erschrecken fragte er nach Einzelheiten, doch der Kurier konnte nur das mitteilen, was von Kundschaftern gemeldet worden war, denn Überleben-

* *Castra Vetera* hieß das römische Lager nahe dem heutigen Xanten. Kaiser Traianus gründete später in der Nähe dieses Lagers die *Colonia Ulpia Traiana*.

de hatten sich noch nicht im Lager am Niederrhein gemeldet: Die gesamte Armee, bestehend aus der XVII., XVIII. und XIX. Legion, war vernichtet worden; Varus und alle Legaten hätten den Tod gefunden; die Germanen seien im Anmarsch!

Als Asprenas zum letzten Punkt genauere Informationen forderte, stellte sich heraus, daß es sich dabei um vage Nachrichten, mehr Gerüchte als Fakten, handelte. Asprenas handelte sofort. Als erstes schickte er mehrere berittene Kuriere nach Rom, die die Katastrophe dem Palast melden sollten. Dann setzte er sofort alle verfügbaren Kräfte, die man am Mittellauf des Stroms entbehren konnte, in Marsch nach Norden: die Legio I Germanica und die Legio II Augusta. Er ließ nur geringe Kräfte im Lager zurück, denn er ging davon aus, daß der Mittelabschnitt der Rheinfront ruhig bleiben würde.

Ich bat ihn, an dem Marsch teilnehmen zu dürfen. Er erlaubte es, sagte aber, dies geschehe auf meine eigene Verantwortung, niemand wisse, was im Norden auf uns zukomme. Mit gemischten Gefühlen brachen wir auf.

Schon als wir die Gegend von Oppidum Ubiorum* erreichten, wurden wir durch Kundschafter unterrichtet, daß es am Strom weiter nach Norden ruhig geblieben sei. Kein Germane habe den Rhein überschritten. Aber es war eine Handvoll Versprengter eingetroffen. Sie hatten zum Teil schwere Hieb- und Stichverletzungen, die dringend behandelt werden mußten. Asprenas bat mich, bei den ärztlichen Untersuchungen im Valetudinarium** dabeizusein, um die Männer so schnell wie möglich wieder auf die Beine zu bringen. Ich sagte ihm dies gerne zu, denn so würde ich als einer der ersten etwas von dem schrecklichen Geschehen erfahren.

Die Verletzungen waren nicht so schlimm. Wenn kein Wundbrand einsetzte, mußte keiner von ihnen um sein Leben fürchten. Die Stimmung der Männer war gedrückt. Einerseits hatten sie kämpfend ihr Leben gerettet, andererseits ist es ein uralter, ungeschriebener Grundsatz der Truppe, daß es würdevoller ist, im Kampf sein Leben zu lassen, als davonzulaufen,

* *Oppidum Ubiorum* (Hauptort der Ubier) ist ein Vorläufer der späteren *Colonia Claudia Ara Agrippinensium* (Köln).

** *Valetudinarium* ist das Lazarett im römischen Lager.

während die Kameraden fallen. Man hatte sie vom Dienst im Lager befreit und ihnen lediglich mitgeteilt, sich bereitzuhalten. Wozu, das wußten sie natürlich nicht, und ich war gehalten, kein Wort darüber zu verlieren.

Von Asprenas hörte ich, was auf sie zukam: »Wir lassen sie noch ein paar Tage in Ruhe und warten ab, ob weitere Nachzügler auftauchen. Dann werden wir eine Untersuchung machen müssen. Wenn sie die einzigen Überlebenden sind, sind wir verpflichtet, aus ihnen alles, was sie über die Katastrophe wissen, herauszuholen. Der Kaiser wird ohnehin einen minutiösen Bericht anfordern. Ich weiß, wie ihnen zumute ist. Darum brauchen sie zunächst Ruhe und Zeit zur Besinnung. Du kannst gerne mit dem einen oder anderen von ihnen sprechen. Aber bitte kein Wort über das Verhör! Sie werden es früh genug erfahren.«

Sie wagten auch nicht zu fragen, wofür sie sich bereitzuhalten hätten. Man ging ihnen aus dem Weg. Die Kameraden betrachteten sie im Vorbeigehen, als ob ihnen ein Zeichen der Schuld auf der Stirn geschrieben stände. Ich hatte Mitleid mit ihnen, denn sie waren nun doppelt gestraft: Hinter ihnen lagen die Tage der Schlacht; sie hatten mitansehen müssen, wie ihre Kameraden unter schrecklichen Umständen umkamen; sie waren selbst in ununterbrochener Lebensgefahr gewesen und hatten im Kampf ihr Bestes gegeben. Auch auf der Flucht durch fremdes, vom Feind besetztes Gelände konnten sie nicht sicher sein, daß sie mit heiler Haut das Ufer des Rheins erreichen würden.

Von einem von ihnen, dem Legionär Gaius Cottius, erhielt ich einen ebenso dramatischen wie anschaulichen Bericht über den letzten Tag der Schlacht, und ich gebe ihn hier so wieder, wie ich ihn damals hörte, denn ich habe ihn nie wieder aus dem Gedächtnis verloren:

Als er wieder zu sich kam, wußte er einen Augenblick lang nicht, was geschehen war und wo er sich befand. Er hatte das Gefühl, daß sein Leib eine einzige Wunde sei. Das Blut hämmerte in seinem Kopf. Als er die Augen öffnete, sah er seine Umgebung verschwommen, wie hinter einem Nebel. Allmählich kehrte Klarheit in sein Bewußtsein zurück, und er achtete auf die Geräusche. Da waren Schreie. Dazwischen Kommandos in

einer fremden Sprache. Dann klang Eisen auf Eisen – hell, scharf, heftig, hundertfach.
In diesem Augenblick tauchte er wieder in die Gegenwart ein: die Schlacht! Und mit dem wiederkehrenden Leben spannte er alle seine Sinne an, seine Erinnerung setzte ein, und mit ihr kam die Angst zurück, das Grauen vor dem, was er durchgestanden hatte.
Sein Bewußtsein registrierte nun auch zwei für ihn entscheidende Dinge: Der Schlachtenlärm ebbte ab; und er erkannte, daß die Dämmerung eingesetzt hatte. Vorsichtig stützte er sich auf dem linken Ellbogen hoch und blickte in die Richtung des Kampflärms, der einige hundert Schritt entfernt anzeigte, daß die Barbaren die letzten römischen Kämpfer, die sich ihnen entgegenstellten, aufgrund ihrer Übermacht leicht erledigen würden. Er sah nichts, denn er befand sich im Dickicht des Unterholzes. Er versuchte sich zu erinnern, wie er an diesen Ort gelangt war. Und plötzlich war ein großer Germane da, der auf ihn zusprang und ihm einen gewaltigen Hieb auf den Helm versetzte. Dann wurde ihm schwarz vor Augen.
Als er wieder erwachte, tastete er mit zitternden Fingern seinen Kopf ab und spürte eine klebrige Feuchtigkeit. Zugleich erkannte er den Helm in drei Schritt Entfernung am Boden. In handbreiter Kerbe war die linke Seite des Schläfenschutzes eingedrückt. Aber das Metall hatte die Wucht des Schlages vermindert. Als er auf seine Finger schaute, sah er geronnenes Blut. Neben sich am Boden das Schwert, die Schneide von Scharten durchsetzt. Er hatte sich tapfer geschlagen.
Obwohl ihn die wilden Bilder der letzten Stunden bedrängten, zwang er sich zum Nachdenken. Du mußt jetzt ganz ruhig bleiben, redete er sich ein. Aber er kam sich vor wie ein in die Enge getriebenes Tier. All sein Denken lief nun ohne Worte ab, sein Lebenstrieb kannte nur ein Ziel: Weg von hier! Sie werden noch in der Dämmerung den Wald absuchen nach Versprengten! Sie geben keinen Pardon! Man jagte hinter ihnen her, trennte sie vom Hauptheer, erschlug sie von hinten, von der Seite, von vorne. Sie kamen aus dem Dickicht neben dem engen Waldweg und verschwanden darin, ehe man sie packen und sich ihrer erwehren konnte. Ihre eigenen Schilde

waren naß und schwer vom Regen. Das Leder löste sich vom Holz. Sie konnten kaum noch die Arme heben.
Dann ihre Gesichter! Welch ein Haß darin! Es stimmte, was man schon vor Wochen und Monaten an den Lagerfeuern erzählt hatte: Sie hassen alles Römische!
Doch er gab sich nicht diesen grausigen Erinnerungen hin. Er lebte! Und er wollte weiterleben. Er schaute nach allen Seiten und horchte, suchte sich mit allen Sinnen zu orientieren.
Irgendwo in der Nähe, vielleicht nur fünfzig Schritt entfernt, verlief der Höhenweg, auf dem sie marschiert waren. Also mußte er sich nach der anderen Seite entfernen. Nach Norden! Er mußte nach Norden! Dann würde er irgendwann auf die große Heerstraße gelangen, von der sie abgebogen waren. – Nein! Das durfte er nicht! Damit rechneten sie. Er erschauerte vor Angst. Sie würden überall ihre Posten stehen haben, denn sie kannten das Gelände, wußten, wo man den besten Überblick hatte, wo man die Fliehenden abfangen konnte. Nein, er mußte einen großen Bogen schlagen: erst weiter nach Westen, vielleicht sogar nach Südwesten, hinunter in das Tal des Flusses, der dann – er meinte sich zu erinnern – im Bogen nach Norden floß. Bevor er nicht zehn Meilen hinter sich gebracht hatte, war er nicht in Sicherheit. Und auch dann noch nicht, denn er bewegte sich in Feindesland. Aber die Chance, lebend hier herauszukommen, war dann größer.
Er versuchte aufzustehen, doch die Schmerzen im Kopf ließen ihn zurücksinken. Du mußt! Du mußt weg von hier! Sie werden dich finden! Sein Wille war stärker als der Schmerz. Wenn er sich bewegte, würde sein Blut wieder zirkulieren und allmählich den Schmerz lindern. Er hatte das schon einmal erlebt. Er versuchte es erneut, kam hoch, griff nach seinem Schwert und betrachtete es. Er mußte es in der Hand behalten! Er sprach mit sich wie mit einem Fremden: Du mußt das Schwert fest in der Hand behalten!
Wo war sein Schild? Er blickte sich um, fand ihn nicht. Wahrscheinlich hatte einer der Germanen ihn schon als Beutestück aufgegriffen. Das Schwert hatte er übersehen, weil es mit ihm unter die tiefen Zweige eines

Busches gefallen war. Der Schild wäre ihm in diesem Dickicht doch nur hinderlich gewesen. Dies redete er sich ein und nickte grimmig dazu.
Endlich stand er und atmete leise tief durch, mehrmals, lauschte dann mit angehaltenem Atem. Alles in der Nähe blieb ruhig. Das Scheppern der Schlacht war verstummt. Er durfte nun keine Zeit mehr verlieren. Sie würden die Umgebung nach Verwundeten absuchen, die sie, falls sie sie leben ließen, als Sklaven abführten. Auch das wußte er aus Berichten von Kameraden.
Er mußte nach Westen. Der Himmel war bewölkt. Es konnte jeden Augenblick regnen, wie seit Tagen schon. Dunkel und bedrohend lastete der graue Himmel auf den Bergen. Er schaute auf die dicken Tannen-, Eichen- und Buchenstämme des Urwaldes, erkannte die grünen Algen und Flechten und leitete daraus die Himmelsrichtung ab. Nach Westen, zur Regenseite hin, hatten diese Baumriesen immer diesen grünen Bewuchs. Vorsichtig entfernte er sich Schritt um Schritt von der Stelle, an der er gelegen hatte. In der Nähe fand er die Leichen gefallener Kameraden. Alle ohne Waffen und Schild, viele auch ohne Helm und Panzer. Das war gut für ihn, die Germanen hatten diesen Teil des Waldes schon abgesucht. Dem Gebüsch, in das er gefallen war, hatte er sein Leben zu verdanken.
Nach zweihundert Schritten blieb er stehen und lauschte. Es war still hier. Nur eine Amsel huschte erschreckt hoch und entschwand im Tiefflug zwischen den Stämmen. Wenn nur nicht Wölfe in der Nähe waren! Aber sie würden erst kommen, wenn die Lebenden das Schlachtfeld verlassen hatten. Im übrigen vertraute er auf sein Schwert. Er hatte vor Jahren damit einen mittelgroßen Bären erlegt.
Plötzlich machte er wieder halt: Wenn er das tief gelegene Flußtal erreichen wollte, mußte er den Weg überqueren, denn das Tal lag südlich von ihm. Der Höhenunterschied betrug an die 900 Fuß.* Also ging er noch einige hundert Schritt auf der Höhe des Kamms und bog dann nach Süden ab. Der Weg zeichnete sich unvermittelt vor ihm als schmaler Trampelpfad ab, den wohl die Einheimischen und die fremden Händler benutzten. Lange hielt er sich hinter einem Busch verborgen und

* Etwa 300 Meter.

lauschte, dann huschte er auf die andere Seite und schlug sich gleich in das Dickicht des Waldes. Die Neigung der Bergflanke nahm zu, und er mußte auf dem abschüssigen Hang aufpassen, daß er nicht auf dem feuchten Laub abrutschte. Langsam, immer wieder sichernd, kam er vorwärts. Es begann zu dunkeln, und er mußte sich nun entscheiden, ob er in der finsteren, stürmischen, wolkenverhangenen Nacht auf gut Glück weiterging oder sich irgendwo zwischen Laub ein notdürftiges Nachtlager herrichten sollte. Als er noch zögerte, hörte er schräg über sich Schritte. Lautlos wie ein Schatten verschwand er hinter dem nächsten Stamm einer riesigen Buche, das Schwert stoßbereit in der Rechten. Wieder hämmerte es wild in seinem Schädel, er hörte den eigenen Herzschlag in den Ohren. Dann sah er ihn.

Der Mann schien am Ende seiner Kräfte zu sein, denn er torkelte, blieb alle paar Schritte stehen und rang nach Luft. Er mußte sich schließlich zu Boden gleiten lassen und streckte alle Viere von sich. Er blieb so liegen und atmete schwer.

Gaius Cottius zögerte nun keinen Augenblick mehr, er trat aus der Dekkung und ging mit schnellen Schritten zu dem Liegenden, in dem er einen Kameraden seiner Cohorte erkannt hatte.

Als er sich über ihn beugte, schrak der Entkräftete zusammen und hauchte: »Mach's kurz, ich werde mich nicht wehren!«

»Hör mit dem Unsinn auf!« flüsterte Gaius, und da wandte sich ihm das Gesicht des Liegenden zu: »Wer bist du?«

»Gaius Cottius, Legionär der Achtzehnten Legion, Dritte Cohorte. – Und du?«

»Mar. . . Marcus Stertinius Rufus . . . Optio ballistariorum . . .«

Er hatte also den Rang eines Leutnants und war zuständig für die Schleudergeschütze seiner Einheit.

Gaius tastete mit den Augen Rumpf und Glieder des Liegenden ab und erkannte die schmutzige, von frischem Blut verfärbte Binde am linken Arm von Marcus Stertinius.

Besorgt fragte er: »Kannst du gehen?«

»Ja. Aber ich habe viel Blut verloren«, hauchte Stertinius. »Bist du allein?«
»Ja.«
Unverzüglich machte sich Gaius daran, den Verband zu lösen. Vielleicht konnte er die Wunde neu versorgen. Er war oft während der zahlreichen Kämpfe, die er erlebt hatte, dem Chirurgen der Cohorte als Hilfskraft zugeteilt worden und verfügte über Grundkenntnisse der Wundbehandlung, kannte vor allem einige in den Wäldern wildwachsende Kräuter, Moosarten und Baumschwämme, die eine Entzündung hemmen, ja zum Stillstand bringen konnten. Aber zunächst mußte er den Grad der Verletzung feststellen. Vorsichtig löste er den letzten Zipfel des Verbandes und erkannte im schwindenden Licht des Tages die etwa daumenlange Hiebwunde. Der Verletzte stöhnte auf, als Gaius seinen Oberarm berührte.
»Ich werde die Wunde mit Essig auswaschen. Es wird schmerzen. Aber nur so hast du eine Chance durchzukommen.«
Marcus Stertinius nickte, ergeben in sein Schicksal. Sogleich griff Gaius nach seiner Feldflasche, die noch einen Rest von Acetum* enthielt, den viele Legionäre, vermischt mit Wasser, als bestes Mittel gegen Durst bei sich trugen. Bedachtsam träufelte er die scharfe Flüssigkeit auf die offenliegende und geschwollene Wunde. Der Verletzte stöhnte auf und bewegte verkrampft die Beine, stemmte die Füße gegen die Erde.

* Weinessig.

»Ich werde jetzt Moos und Baumschwamm suchen. Bleib so liegen! Halt den Arm still! Nicht bewegen!«
Schon hatte er mit Kennerblick die Baumstämme abgesucht und an einer morschen Eiche entdeckt, was er brauchte. Er erhob sich, lauschte und bewegte sich vorsichtig zu dem Baum hin. Dann zog er den Dolch und schnitt einen etwa handgroßen Schwamm vom Stamm. Er roch daran und nickte. Zwischen den Wurzeln erkannte er breite und feuchte Polster von Moos, löste vorsichtig ein Kissen vom Boden und kehrte zu dem Verletzten zurück. Das Licht reichte gerade noch aus, daß er die Wunde erkennen konnte. Mit einigen fachmännischen Schnitten halbierte er den Schwamm und legte eine Innenseite auf die Wunde. Darauf brachte er ein Kissen

aus Moos so an, daß die Spitzen der kleinen Pflanzen auf der umgebenden Haut zu liegen kamen. Geschickt packte er alles mit der alten Binde ein und fragte bei jeder Windung, ob es weh tue.
»Es geht!« stöhnte Stertinius und hielt mit zusammengebissenen Zähnen still, bis der Kamerad den Oberarm ganz eingewickelt und die Enden des Tuchs verknotet hatte. Längst war Gaius klargeworden, daß sie in der Nacht nicht weiter durch den abschüssigen Wald stolpern konnten. Der Verletzte brauchte Ruhe. Nur so konnten die heilenden Stoffe wirksam werden. Er half ihm auf die Beine und stützte ihn, ging mit ihm zu einer muldenartigen Vertiefung, die mit Farn bewachsen war und ihnen ein provisorisches Lager ermöglichte. Dann suchte er Laub, Zweige und Moos zusammen und deckte den Kameraden und sich selbst so weit zu, daß sie vor der Kälte der Nacht geschützt waren. Und während Marcus Stertinius in einen ohnmachtähnlichen Schlaf versank, hielt er neben ihm Wache, das Schwert griffbereit neben sich, fiel dann in einen Halbschlaf, aus dem er hochschreckte, wenn Tiere in der Nähe unterwegs waren; dennoch schlief auch er gegen Morgen ein und erwachte erst, als der Tag schon graute.

Zehn Tage später erreichten zwei abgemagerte, humpelnde, vollbärtige Gestalten die Mündung der Lippe in den Rhein und sanken erschöpft in das Boot eines Fischers, der seinen Augen nicht traute, als er in den beiden zerlumpten Männern zwei römische Soldaten erkannte. Er fragte nicht viel, denn es hatte sich längst herumgesprochen, was in den östlichen Wäldern geschehen war: Rom hatte die größte Niederlage in seiner Geschichte seit den Tagen Hannibals erlitten – drei Legionen waren vernichtet worden.

II

In den nächsten Tagen waren weitere Versprengte im Lager von Castra Vetera gegenüber der Lippemündung eingetroffen, und sie alle hatten ähnliches von ihrer abenteuerlichen Flucht zu berichten.

Nachdem sich Asprenas bei mir und den Armeeärzten erkundigt hatte, ob sich die Männer soweit erholt hätten, daß man sie einem strengen Verhör unterziehen könnte, wurde für den nächsten Morgen die Anhörung in dem großen Besprechungsraum der Principia* angesetzt. Erstaunlicherweise bat mich Asprenas, an der Sitzung teilzunehmen, und ich willigte nur zu gern ein, da, nicht zuletzt durch meine Gespräche mit den Soldaten, mein Interesse ungemein gewachsen war, Einzelheiten über die Hintergründe zu erfahren. Warum er mich darum bat, wußte ich nicht – noch nicht.

* In den *Principia* sind die Amtsräume des Kommandanten untergebracht.

Es war Ende September, und längst hatte das Laub begonnen, sich herbstlich zu verfärben. Ich liebe den Herbst in den nordischen Ländern, denn anders als bei uns im Süden scheint eine unaussprechliche Ruhe und Melancholie über der Landschaft zu liegen, und man ist geneigt, das Naturgeschehen mit dem Menschen in Verbindung zu bringen: Wie die Menschen dem ewigen Wechsel des Werdens und Vergehens unterworfen sind, so auch alles Pflanzliche, vom Gras bis zur riesenhaften Eiche im Laufe des Jahres. Weder vorher noch nachher wurde mir der Gegensatz zwischen der Ruhe des weiten und schönen Landes und der Unrast des Menschen so bewußt wie damals.

Der Raum der Kommandantur, in dem sonst Stabsbesprechungen stattfanden, war wie zu einer Gerichtsverhandlung hergerichtet worden. Man hatte am Kopfende mehrere Standarten der Legionen aufgestellt und davor drei lange Tische. Dahinter fünf Stühle. Rechts und links, im rechten Winkel dazu, je einen weiteren Tisch. Dort saßen die Protokollführer. Sie sahen nicht auf, als man die Soldaten hereinführte, sondern beschäftigten sich mit ihren Akten, die wohl die militärische Laufbahn der Betroffenen enthielten und bei Rückfragen durch den Vorsitzenden schnell Auskunft geben konnten. In einiger Entfernung vor den Tischen stand eine Bank, auf der die Männer Platz zu nehmen hatten. Stumm und mit gemischten Gefühlen saßen sie da, die Hände verkrampft ineinander verschränkt oder zu Fäusten geballt, den Rücken gegen die harte Lehne gestemmt, als ob sie ihnen inneren Halt geben könnte. Auf weiteren Stühlen hinter ihnen nahmen etwa zwölf höhere Offiziere Platz. Sie waren ausgewählt worden, um Zeugen der folgenden Verhandlung zu sein. Auf einem dieser Stühle hatte auch ich meinen Platz.

Die Verbindungstür zum Gang, der zur Kommandantur führte, wurde geöffnet, und jemand rief: »Achtung! Der Legat des Kaisers! Lucius Nonius Asprenas!«

Alle sprangen mit Schwung auf und standen in strammer Haltung, und auch ich erhob mich, denn es galt, in der Gestalt des Legaten den Kaiser selbst zu ehren, während Asprenas mit seinem Gefolge hinter den vorderen drei Tischen Aufstellung nahm. Nach einem Rundblick und einer einladenden Handbewegung sagte Asprenas mit kerniger Stimme: »Setzen!«

Auch er selbst und seine Begleitung nahmen Platz. Es waren die Kommandeure der Legio I Germanica und der Legio II Augusta, die ich nur vom Sehen und aus kurzen Gesprächen kannte. Außer ihnen zwei weitere Offiziere, ein Tribunus militum und ein Primipilus, der höchste Stabsoffizier, wie ich im Anschluß erfuhr, aus dem Stab der II Augusta aus Mainz. Diese Einheit war erst vor kurzem aus Spanien an den Rhein kommandiert worden.

Alle Offiziere hatten sich ihren Mantel um die Schultern gelegt, nicht nur um ihren Rang zu zeigen, sondern der Kälte wegen, denn trotz der im Raum verteilten Kohlebecken war es recht frostig.

»Überprüfe die Anwesenheit der Geladenen!«

Asprenas erteilte dem Tribunen das Wort. Ich sah, wie die Männer auf der Bank aufatmeten, denn sie waren als »Geladene«, nicht als »Beschuldigte« oder gar »Angeklagte« bezeichnet worden. Dennoch – soviel wußte auch ich von den feinen Gepflogenheiten der Armee – es war nicht abzusehen,

ob aus den »Geladenen« im Laufe der Verhandlung nicht doch »Angeklagte« werden würden. Der Tribun las Namen und Rang der Männer vor, die aufstanden und mit erhobener Rechter kurz grüßten, wenn sie an der Reihe waren:
»Der Legionär Gaius Cottius, Achtzehnte Legion, Dritte Cohorte! . . . Der Optio Ballistariorum Marcus Stertinius Rufus, Neunzehnte Legion, Erste Cohorte! . . . Der Bucinator Sextus Serapius vom Stab der Achtzehnten Legion! . . . Der Centurio und Princeps Prior Gaius Macarius Macco! . . . Der Legionär Publius Diurnus, Achtzehnte Legion, Fünfte Cohorte! . . .«
Und zum vorsitzenden Legaten des Kaisers gewandt: »Es sind alle vollzählig erschienen!«
Asprenas nickte kurz und musterte die vor ihm sitzenden Soldaten der Reihe nach mit ernstem, ausdruckslosem Gesicht. Die Männer erwiderten seinen Blick, suchten darin zu lesen und entdeckten doch nichts, was ihnen helfen konnte. Schon wie er sie gleich anreden würde, war bedeutsam. Mir fiel eine dieser Geschichten ein, die vom großen Caesar berichtet wurden, daß er eine ganze Legion, die gemeutert hatte, nicht mit »Commilitones«, nicht einmal mit »Milites«, sondern mit »Cives«* angesprochen hatte, woraus sie auf der Stelle erkannten, daß sie schimpflich aus der Armee entlassen waren.
»Milites!« Den Göttern Dank! Ihre verkrampften Hände lösten sich etwas. Aber damit war noch nicht viel gewonnen, denn als Soldaten unterstanden sie ja weiterhin militärischer Disziplin und Gerichtsbarkeit und konnten zur Verantwortung gezogen werden. Aber sie waren nicht entlassen, nicht ehrlos aus der Armee gestoßen worden.
In ruhigem Ton fuhr Asprenas fort: »Wir sind hier zusammengekommen, um etwas Licht in das Dunkel zu bringen. Die abenteuerlichsten Gerüchte schwirren von der anderen Rheinseite herüber. Der Kaiser selbst hat daher angeordnet, alles nur Mögliche zu tun, um die Gründe für die Katastrophe zu finden und den oder die Schuldigen für das grauenhafte Gemetzel namhaft zu machen.«
Er lehnte sich zurück und spielte mit dem Silberstift, den er aus der Schale

* *Commilitones* sind Kameraden, *milites* sind Soldaten, *cives* sind Bürger.

vor sich auf dem Tisch in die Hand genommen hatte: »Und ich habe den Auftrag, alle hier Anwesenden« – er blickte in die Runde – »davon in Kenntnis zu setzen, daß kein Wort von dem, was heute hier zur Sprache kommen wird, an die Öffentlichkeit dringt!« Und er setzte mit erhobener, scharfer Stimme hinzu: »Das ist ein Befehl! Ich glaube, ihr habt verstanden! – Es liegen mir Berichte vor, daß starke germanische Kräfte sich der Rheinfront nähern. Von euren Aussagen wird es vor allem abhängen, wie wir zu reagieren haben. Ihr seid – soviel wir bisher wissen – die einzigen Überlebenden, die einzigen Augenzeugen des Geschehens, und also habt ihr jedes Wort genauestens zu wägen!«
Diese sehr sachlich und doch streng vorgetragene Eröffnung der Sitzung, vor allem das Vermeiden von voreiligen Schuldzuweisungen, dazu die große Autorität des Feldherrn, das alles zusammen bot gute Voraussetzungen, die Befragung in Ruhe und ohne allzu große Verkrampfung durchführen zu können. Asprenas selbst – das war allen klar – würde die entscheidenden Fragen stellen, aber er würde den Beisitzern Gelegenheit zu eigenen vertiefenden Erkundigungen geben.
Asprenas fuhr fort: »Kommen wir zunächst zur Lage in den Tagen und Wochen vor den Ereignissen. Centurio Gaius Macarius Macco!«
Der Angesprochene schoß in die Höhe. Er war Anfang vierzig. Sein Gesicht von zahlreichen Narben bedeckt. Das Haar schütter. Eine sehnige, durchtrainierte Gestalt. Er stand sehr gerade und straff.
»Du warst . . .«, Asprenas schaute in seine Unterlagen, »Centurio im Range eines Princeps Prior . . . in der Siebzehnten Legion, Zweite Cohorte . . .«
»Jawohl.«
»Gut. Du standest, wie ich den Personalakten entnehme, kurz vor der Beförderung zum Hastatus Posterior der Ersten Cohorte.«
»Jawohl.«
Das hieß, er würde dann den fünfthöchsten Rang aller 59 Centurionen der Legion erreicht haben, und es bestand bei weiterer Bewährung durchaus die Chance, bis zum Ersten Centurio, dem Primipilus, aufzusteigen. Aber das alles weißt du, mein Plinius, aus eigener Erfahrung und wohl besser

als ich. – Asprenas erwähnte dies wohl, um den Zuhörern klarzumachen, daß vor ihnen ein Mann stand, der durchaus über die militärischen und geistigen Voraussetzungen verfügte, um sich ein klares Bild und Urteil von der Situation der drei Legionen und ihres Oberbefehlshabers Varus machen zu können. Seine Aussagen würden also von größter Bedeutung für die Beschreibung und Bewertung der Katastrophe sein, die ja nach Rom zur kaiserlichen Kanzlei geschickt werden würden.
»Macarius Macco, schildere uns nun deine Beobachtungen, auch deine Eindrücke jener Tage vor den Ereignissen!«
»Jawohl! Wir befanden uns im Sommerlager bei den Quellen der Pader . . .«*
»Waren alle drei Legionen dort?«
»Jawohl – das heißt, kleine Kontingente waren in der Umgebung verteilt.«
»Warum?«
»Wir hielten Teile jener Gegenden in Besitz, verschiedene Distrikte, so, wie sie nach und nach unterworfen worden waren. Es handelt sich dabei um den Raum mit den Quellen der Lippe, der Ems und der Pader, bis hin zu den östlichen Bergen.«
»Du meinst den Saltus Teutoburgiensis?«
»Jawohl. Die Abteilungen hatten den Auftrag, in den Gemeinwesen, die den Feldherrn darum gebeten hatten, die Barbaren benachbarter Gebiete zu überwachen, räuberische Gruppen von Germanen möglichst dingfest zu machen und auch die Lebensmitteltransporte durch feindliches Gebiet zu geleiten.«
»Ich verstehe. – Wie verhielten sich zu dieser Zeit die Germanen gegenüber den römischen Truppen?«
»Nun, die Barbaren paßten sich allmählich den neuen Sitten an, gewöhnten sich an die Abhaltung von Märkten und trafen sich unter unseren Augen zu friedlichen Zusammenkünften.«
»Alle? Galt das für alle?« Asprenas fixierte den Offizier.
Macarius Macco überlegte: »Nun, es handelte sich um Gebiete, die wir erst

* Wir folgen hier den Forschungen von W. Leise; vgl. den Anhang, Seite 284.

seit kurzem betreten haben. Sie hatten ihre alten Gewohnheiten, ihre angeborenen Sitten, und man mußte behutsam vorgehen . . .«
»Ich höre aus deinen Worten eine gewisse Vorsicht heraus. Kannst du dich genauer ausdrücken?«
»Gewiß, Herr, ich will damit sagen: Solange sie ihre bisherige Lebensweise nur allmählich und sozusagen nebenher unter genauer Beobachtung und Überwachung durch uns nach und nach veränderten, fühlten sie sich durch den Wandel in ihrer Lebensart nicht gestört. Anders gesagt: Sie bekamen die Veränderung gar nicht mit.«
Asprenas ließ seinen Blick nicht vom Gesicht des Centurio, und man spürte, wie ihn dessen überlegte und differenzierte Wortwahl, die weit über das hinausging, was man von einem Mann erwarten konnte, der aus dem Mannschaftsstand aufgestiegen war, sichtlich beeindruckte. Er würde den Offizier im Auge behalten.
Asprenas wandte sich wieder dem Silberstift zu, drehte ihn ein paarmal zwischen den Fingern und fuhr dann leiser fort: »Es liegen mir Meldungen vor, die besagen, daß Quinctilius Varus den Bogen überspannt habe . . .« Er schaute Macarius Macco ernst an: »Hör zu – es wird uns allen nichts nützen, wenn wir wie die Katze um den heißen Brei herumgehen. Die Dinge müssen beim Namen genannt werden! Ich will die Wahrheit!« Er hob die Stimme: »Die nackte, die harte Wahrheit – auch wenn sie unangenehm ist für die Person und die Freunde des Feldherrn Varus!«
Alle verstanden, was er damit meinte, denn es war bekannt, daß seine Mutter Quinctilia eine Schwester des Varus und er also dessen Neffe war.
»Der Kaiser«, fuhr er fort, »will eine restlose Aufklärung. Du sollst völlig offen reden! Also: Wie beurteilst du das Verhalten des Feldherrn in den Wochen und Monaten vor den Ereignissen?«
Macarius zwinkerte mehrmals, konzentrierte sich dann und begann, erst zögernd, dann präziser werdend: »Quinctilius Varus ist . . . ich meine: war . . . durchaus von einer milden Gesinnung und . . . ruhigem Temperament. An Körper und Geist etwas schwer beweglich, war er . . . eher der Lagermuse als des Kriegslebens gewohnt.«

»Verstehe ich dich richtig«, unterbrach ihn Asprenas, »daß er die Dinge am langen Seil hielt, wie man so sagt?«
»Nein, Herr, das eigentlich nicht. Aber er übertrug unangenehme Entscheidungen gerne Offizieren seines Stabes.«
»Und wie stand er zum Geld? Ich meine die Einnahmen aus der Provinz! Wurde darüber geredet?«
Die Frage war unangenehm, aber Macarius war nicht gewillt, mit der Wahrheit hinter dem Berg zu halten. »Natürlich wurde darüber gemunkelt . . .«
»Was heißt das?«
»Es ging die Rede, daß er, der ja zuvor Syrien verwaltet hatte, diese reiche Provinz arm betreten und als reicher Mann ein armes Land verlassen habe . . .«
Alle im Raum hielten den Atem an und starrten auf Asprenas, den kaiserlichen Legaten; doch dieser nickte nur, gleichsam ermunternd, und erklärte mit einem feinen Lächeln: »Nun war aber aus diesem barbarischen Germanien, das weithin von Urwald bedeckt ist und dessen Entwicklung einige Jahrhunderte hinter der unsrigen herhinkt, nicht viel Geld zu holen – oder sehe ich das falsch?«
»So ist es«, pflichtete Macarius bei, und Asprenas bohrte weiter: »Woher dann die Neigung zu Aufstand, Verrat und Krieg bei den Germanen?«
»Nun, ich will es einmal so sagen: Es fehlte dem Statthalter das Gespür dafür, was machbar ist und was nicht.«
»Wie meinst du das?«
»Er ging wohl davon aus, mit größerem Druck könnte er den Prozeß der Romanisierung – denn darum ging es natürlich – beschleunigen. Er drängte im Laufe des Sommers darauf, die Menschen rascher unseren eigenen Vorstellungen anzupassen. Er erteilte ihnen nicht nur Befehle, als ob sie römische Sklaven wären, sondern trieb unter verstärktem Druck Abgaben ein. Da sie kaum Geld besitzen, ging es um Vieh, Felle – kurz, um Naturalien.«
»Stimmt, aber, wie mir berichtet wurde: Er hielt die Bewohner Germaniens

für Menschen, an denen außer der Stimme und den Gliedern nichts Menschliches sei?«
Ohne Zögern antwortete Macarius: »Ich habe nie dergleichen gehört, Herr, oder von anderen erfahren.«
Asprenas wandte sich plötzlich an die übrigen Männer, die mit ernsten Gesichtern dem Verhör gefolgt waren: »Und ihr? Habt ihr dergleichen gehört?«
Ein gewisser Autronius Pullo bejahte diese Frage mit klarer und fester Stimme.
Und Asprenas, nach einem Blick auf seine Notizen: »Du warst Actuarius, nicht wahr?«
»Ja, Herr. Mir unterstand als Proviantmeister die gesamte Verpflegung der Siebzehnten Legion. Ich kümmerte mich aber auch um die anderen.«
»Wann hörtest du diesen Satz?«
»Als er, ich meine Varus, einmal meine Vorräte an Lebensmitteln inspizierte.«
»Und? Wie kam es zu der Äußerung?«
»Herr, wir sprachen allgemein über die Beschaffung weiterer Lebensmittel aus der Umgebung, und so kamen wir auf die Barbaren zu sprechen. Und in diesem Zusammenhang fiel der Satz.«
»Kannst du ihn genau zitieren?«
»Sicher. Er sagte: ›Das sind doch keine Menschen! Hätten sie nicht Kopf, Stimme und Sprache, könnte man sie für Affen halten!‹ «
Ich sah, wie sich einige der Offiziere neben mir stumme Blicke zuwarfen und leicht den Kopf schüttelten.
Asprenas fragte: »Hörtest du derartige Äußerungen öfters von ihm?«
»Nein, aber Kameraden berichteten mir von ähnlichen abschätzigen Bemerkungen.«
»Wie habt ihr darauf reagiert?«
»Überhaupt nicht, Herr.«
»Gefielen euch solche Sätze?«
»Keineswegs, Herr.«

»Warum nicht?«
»Weil sie zwar Barbaren, aber Menschen wie wir sind, die nur durch die Ungunst ihrer Landschaft und des Wetters an der schnellen Fortentwicklung gehindert werden. Im übrigen mußte er doch wissen, daß solche herabsetzenden Äußerungen den Germanen zugetragen wurden. Immerhin hatten wir zahlreiche germanische Krieger in unseren Reihen. Ganz zu schweigen von Arminius selbst!«
»Langsam, zu ihm kommen wir noch.«
Asprenas wandte sich wieder dem Centurio zu: »Macarius Macco! Worin siehst du heute – immerhin aus einigem zeitlichen Abstand – den Hauptgrund für die Empörung der Germanen?«
»Herr, ich habe selbst Tag und Nacht in den letzten Wochen darüber nachgedacht, und ich bin zu dieser Erklärung gekommen: Die beschriebene hochmütige oder auch gleichgültige Behandlung der Germanen wollten – nein: konnten diese sich nicht gefallen lassen. Dabei sollte man freilich unterscheiden: Ihre Fürsten verlangten nach ihrer früheren Machtstellung, die Massen aber gaben der gewohnten Ordnung den Vorzug vor der Fremdherrschaft. Freilich – als den Tropfen, der das Faß überlaufen ließ, sehe ich heute folgendes: Da er sie nicht anders bändigen zu können glaubte, zwang er sie unter die Gewalt der Rechtsprechung – der römischen Rechtsprechung! Damit aber setzte er sich in einen tödlichen Gegensatz zu ihrem eigenen überkommenen Stammesrecht. Mit einem Satz: Varus war entweder zu naiv oder zu sehr durchdrungen von einer Art Sendungsbewußtsein, drüben an der Front der römischen Zivilisation zu stehen – oder aber ...«
»Nun?« rief Asprenas, und alle lagen auf der Lauer: Würde er es wagen auszusprechen, was alle dachten?
»Oder aber er war ...« Der Offizier blickte seinen höchsten Vorgesetzten, den Oberbefehlshaber aller Legionen am Rhein, den Neffen des Statthalters Quinctilius Varus, den kaiserlichen Legaten Nonius Asprenas offen und fest an, und er sprach es aus:
»Oder aber er war – zu dumm!«

Es war, als ob der Blitz in den Raum geschlagen hätte. So dachten zwar alle, aber keiner von ihnen hätte es gewagt, diese Bewertung der Fähigkeiten eines Varus klar und deutlich auszusprechen: War es nicht der Kaiser selbst, hatte nicht Augustus eigenhändig die Wahl getroffen und diesen Mann an die gefährlichste Grenze des Reiches bestellt? War also die ungeheure Bemerkung des Macarius nicht zugleich ein Urteil über den Kaiser selbst? Macarius Macco wußte, daß man ihm daraus einen Strick drehen konnte, wenn man wollte.
Darum fügte er hinzu: »Es sei denn, Varus wäre davon ausgegangen, die Germanen könne man auf die gleiche Art behandeln wie die Syrer. Ich kenne seine Verdienste im Osten, als er die Verhältnisse in Jerusalem ordnete – geschickt ordnete! Aber zwischen Syrien und Germanien liegen Welten – und vielleicht Jahrhunderte!«
Ohne einen Kommentar ließ Asprenas das eben Gehörte durchgehen, doch ich bemerkte sehr wohl, wie der Legat dem mutigen Centurio leicht, kaum merklich, zunickte.
Nun, ich und die anderen, wir kannten Asprenas und seinen geradlinigen Charakter und hatten keine andere Reaktion erwartet. Die Ehre des Reiches stand ihm höher als die der Familie! Und wir ahnten, von diesem Macarius Macco würde man in Zukunft noch hören.
Asprenas gab an dieser Stelle der Verhandlung seinen Beisitzern Gelegenheit, eigene Fragen zu stellen. Sie taten es, doch brachten die Antworten der sechs Soldaten keine neuen Erkenntnisse über die Vorgeschichte.

III

Damit war die Verhandlung am entscheidenden Punkt angekommen, und Asprenas sprach es auch aus: »Wenden wir uns nun der zentralen Person der Ereignisse zu, dem Sohn des Cheruskerfürsten Sigimerus: Arminius.

Macarius! In welchem Verhältnis stand er zu Quinctilius Varus? Du müßtest aufgrund deines Ranges des öfteren Einblick bekommen haben.«

»Das ist gewiß richtig, Herr, obwohl ich erst im Laufe des Sommers bei den Legionen eintraf und mit Arminius nie selbst gesprochen habe. Dennoch gehörte ich schon bald zu jenen, die dem Prinzen mißtrauisch gegenüberstanden.«

»Warum?«

»Nun« – er suchte in seiner Erinnerung – »obwohl ich, wie ich bereits sagte, nie mit ihm gesprochen habe – er und seine Auxiliartruppe hielten sich stets von den römischen Kontingenten getrennt –, wurde mir von Kameraden berichtet, daß er dem Feldherrn in allem nach dem Munde redete.«

»Kannst du ein Beispiel nennen?«

»Mein Freund Aufanius Longinus war zufällig dabei, als Varus über einige Germanen zu Gericht saß und das Urteil sprach. Es ging um kleine Delikte, Diebstahl von Lebensmitteln aus den Lagerbeständen, wie sie immer mal wieder vorkommen. Nach der Verhandlung, so Longinus, habe er den Arminius sagen hören, daß das Urteil zu milde sei. Er, Arminius, kenne seine Landsleute besser als jeder Römer, und er wisse, daß nur drakonische Strafen sie davon abhalten könnten, die römischen Gesetze zu übertreten.«

»Interessant. Aber – war er, Arminius, nicht selbst römischer Bürger? Mehr noch, war er nicht vom Kaiser in den Ritterstand erhoben worden? War seine Reaktion also nicht ganz natürlich? Er wollte römischer als ein Römer erscheinen!«

Macarius lächelte dazu. Dann sagte er: »Herr! Seine ganze Verschlagenheit offenbarte sich in solchen Szenen, denn aufgrund der bevorzugten Stellung des Fürsten kam Varus nicht im Traum darauf, daß Arminius ihn hintergehen könnte.«

»War dein Freund Longinus vorher schon mit Arminius zusammen? Im Osten, in Armenien?«

»Nein, aber die Kameraden und ich wußten, daß er sich dort große Verdienste erworben hatte. Er galt als schneidiger Kämpfer, tapfer, intelligent, hart gegen sich und andere, sehr schnell im Denken. Longinus berichtete mir von Einsätzen, die bewiesen, daß er auf der Stelle den Kern eines strategischen Problems erkannte und danach handelte. Er habe schon mehrmals römischen Legionären das Leben gerettet. Ich habe ihn ein paarmal aus nächster Nähe gesehen, und ich kann nur bestätigen: All diese soldatischen Eigenschaften standen in seinem Gesicht geschrieben. Der Blick aus seinen hellen Augen vermochte zu beeindrucken und einen schwächeren Charakter einzuschüchtern.«

»Heißt das etwa«, fragte einer der Legaten neben Asprenas mit zornigem Gesicht dazwischen, »daß er einen starken Charakter hätte?«

Macarius antwortete, ohne zu zögern: »Jawohl, Herr! Ich meine dies in dem Sinne, daß er sich für die Dinge, die er sich vorgenommen hatte, voll und ganz und mit einer ungeheuren Beherrschung einsetzte. Dabei spielt es zunächst keine Rolle, daß dies zu unserem, zum Schaden des Kaisers, der Truppe, ja des ganzen Imperiums geschah. Ich versuche nur klarzumachen, wie er damals auf die Kameraden wirkte, besonders auf jene, die ihm nicht wie ich und mein gefallener Freund Longinus kritisch gegenüberstanden.«

Darauf schwieg der Legat, und einige der Offiziere im Raum, die Arminius kennengelernt hatten, nickten dazu.

Asprenas fragte nach einer kleinen Pause weiter: »Deinen Worten entnehme ich, Macarius, daß er sich dem römischen Offizierskorps gegenüber stets korrekt verhielt.«

»Ja, Herr. Mehr noch – ich bringe es kaum über die Lippen: kameradschaftlich.«

»Beschreibe das näher!«

»Nun, er führte ja eine germanische Reiterabteilung, war ein hervorragender Kämpfer und teilte mit den Unsrigen wie mit seinen Leuten das Letzte. Heute weiß ich, daß gerade darin seine größte Gefährlichkeit lag und noch liegt, denn nun ist er, nach dem erfolgreichen Schlag, den er gegen uns geführt hat, der große, herausragende Soldat und siegreiche militärische Führer.«

Auch dazu gab Asprenas keinen Kommentar, sah aber, wie mehrere

Offiziere leise miteinander sprachen und nickten, wohl das eben Gehörte bestätigend.
»Du sagtest«, fuhr Asprenas fort, »du seist früh mißtrauisch geworden. – Doch nicht nur, weil er sich bei Varus einschmeichelte?«
»Nein. Schon im Laufe des Spätsommers sickerte durch, daß Arminius im Streit liege mit Segestes, einem Cherusker aus ebenfalls königlichem Blut. Aber du müßtest ihn selbst kennen, Herr . . .«
»Gewiß«, nickte der Feldherr, »und ich kenne und schätze ihn und seine Klugheit bei der Bewertung politischer Angelegenheiten sehr.«
Damit spielte Asprenas darauf an, daß Segestes seit jeher eine römerfreundliche Position eingenommen hatte. Ihm war der friedliche Austausch von Gütern und Ideen zwischen den benachbarten und doch völlig verschiedenen Kulturen wichtiger als Krieg und dauernde Konfrontation. Segestes hatte sich mit dieser Haltung viele mächtige Gegner im eigenen Volk gemacht, und der gefährlichste von allen war Arminius.
»Wahrscheinlich«, fuhr Macarius fort, »spielte die Freundschaft des Segestes mit Rom eine ganz wichtige Rolle im Denken des Varus, der daraus wohl ableitete, Arminius vertrete die gleiche Haltung.«
»Du sagtest eben, es sickerte etwas durch. Was? Was sickerte durch?«
»Nun«, der Centurio strich sich über die Nase, »jemand wollte gehört haben, daß Segestes den Varus vor den Machenschaften des Arminius gewarnt habe.«
»Wer sagte das?«
»Es kam aus der Umgebung des Statthalters.«
»Hm. – Kannst du Namen nennen?«
»Nein.«
»Schade. Häuften sich solche Meldungen – oder sagen wir: Gerüchte?«
»Ich würde es nicht Gerüchte nennen, Herr. Ja, sie häuften sich. Schickte Segestes anfangs noch Botschaften, so erschien er zu Ende des Sommers selbst im Lager.«
»Und?«
»Ich weiß nicht, worüber im einzelnen gesprochen wurde. Aber wieder

hieß es, er sei gekommen, um Quinctilius Varus vor den verräterischen Umtrieben des Arminius zu warnen.«

Asprenas legte die Stirn in Falten und fixierte den Offizier: »Stimmt es, daß Segestes eine schöne Tochter hat?«

»Ja. Thusnelda heißt sie. Und ihre Schönheit und Klugheit wird von den Germanen gerühmt.«

»Stimmt es auch, daß Arminius sie gerne zur Frau nehmen würde?«

»Ja, ich hörte davon. Es hieß sogar, daß er sie ihrem Vater rauben wolle.«

»Durch wen? Von wem hörte man davon?«

»Von gefangenen Germanen, die wir verhörten. Aber auch von solchen, die auf unserer Seite stehen und die Verhältnisse bei den Führern der Cherusker gut kennen.«

»Hältst du es dann nicht für möglich, daß die Weigerung des Segestes, dem Arminius seine Tochter zu geben, zur Folge hatte, daß er Segestes zu hassen begann – und aus der persönlichen Sache eine politische machte?«

»Herr, ich würde es umgekehrt sehen. Arminius hatte wohl schon lange den Plan, gegen uns loszuschlagen, und der Streit mit Segestes – ausgelöst durch dessen Weigerung, ihm Thusnelda zur Frau zu geben – bestärkte ihn darin, denn – wenn Arminius schon längst im geheimen mit den übrigen Häuptern der germanischen Stämme hochverräterische Pläne schmiedete, dann war Segestes ihm im Wege und in seinen Augen ein Verräter. Der politische Gegensatz wurde durch den persönlichen verstärkt.«

»Wenn ich dich recht verstehe, Macarius Macco, heißt das: Schon im Sommer dieses Jahres existierte eine Verschwörung gegen Rom!«

Macarius nickte: »So ist es.«

Eine Pause trat ein, in der alle über das bisher Gehörte und Erörterte nachdachten. Viele Fragen blieben offen. Man rühmte Arminius als tapferen Krieger. Es war die Rede gewesen von seiner geistigen Beweglichkeit und schnellen Auffassungsgabe, wie man sie bei Germanen seiner Herkunft nicht oft zu finden gewohnt war. Gesicht, Augen und Auftreten des Mannes verrieten etwas von seinen ungewöhnlichen Geistesgaben. Früh schon war er zusammen mit seinem Bruder in römische Dienste getreten und hatte vor fünf Jahren – erst 23 Jahre alt – die Feldzüge des kaiserlichen Adoptivsohnes und designierten Nachfolgers Tiberius an verschiedenen Orten mitgemacht. Bis zu Beginn dieses Jahres hatte er sich im Osten des Reiches an der Grenze zu Armenien ausgezeichnet und daher seinen Namen – der »Armenier« – bekommen. Bis vor kurzem hatte er in Pannonien gedient. Er beherrschte die lateinische Sprache fließend und hatte von Kaiser Augustus das Bürgerrecht und den Rang eines Römischen Ritters erhalten. Im römischen Heer hatte er alles gelernt, was sich dort in bezug auf Strategie und Taktik im Kriege nur lernen ließ.

Aber das alles genügte nicht, um ihn zum Befreier seines Volkes zu machen. Er war der geborene Feldherr, dem etwas gelang, was aller römischen Erfahrung im Umgang mit diesen Barbaren widersprach: Es war ihm in kürzester Zeit geglückt, die eifersüchtig sich befehdenden Stämme und Sippen seines Volkes in seiner Person zu einigen. Diese bisher formlose Masse von Menschen hatte scheinbar einen Kopf, einen Willen, einen Führer bekommen, dem sie sich unterordnete. Etwas Unglaubliches, Ungeheures, nie Dagewesenes war geschehen!

Solche Gedanken gingen den Generälen und Offizieren, aber auch mir durch den Kopf, und es wurde uns bewußt, daß Rom mit Arminius ein Gegner erwachsen war, der gefährlicher als Vercingetorix, überlegter als Mithridates, skrupelloser als Hannibal* seine Ziele anging, weil er unter den römischen Adlern gedient, die Freundschaft von Feldherrn und Statthaltern genossen hatte und vom Kaiser selbst erhöht worden war. Jeder hatte ihm vertraut, blind und gutgläubig. Und er hatte doppeltes Spiel getrieben und sich als ein ungeheurer Meister der Verstellung erwiesen. Welch ein Wille, welch ein Haß mußten dahinter stehen!

Endlich ergriff Asprenas wieder das Wort: »Bevor wir zum Ablauf der Katastrophe kommen: Was geschah am Abend vorher? Mir wurde zugetragen, daß Segestes noch einmal bei Varus erschienen sei.«

* *Vercingetorix* machte 52 v.Chr. einen letzten Aufstand gegen Caesar; *Mithridates*, König von Pontos, führte im 1. Jahrhundert v.Chr. drei Kriege gegen Rom; *Hannibal* kämpfte im 2. Punischen Krieg 20 Jahre lang gegen Rom.

Diese Frage wurde von dreien der überlebenden Soldaten bejaht, darunter der Legionär Publius Diurnus. Er teilte mit, daß er an dem besagten Abend Ordonnanzdienst zu verrichten hatte.
Sogleich ging Asprenas darauf ein: »Deine Aufgabe! Was hattest du zu tun?«
»Ich war mit einigen Kameraden zum Innendienst im Praetorium eingeteilt. Wir bedienten bei Tisch.«
»Geschah das oft?«
»Jawohl.«
»Wie oft?«
»Immer, wenn der Feldherr Gäste hatte.«
»Hatte er oft Besuch?«
»Jawohl. Varus führte eine große Tafel und aß gern in Gesellschaft.«
»Was für Leute waren das? Auch Germanen?«
»Ja. Auch.«
»Auch Arminius?«
»Jawohl.«
»War Segestes an dem besagten Abend auch anwesend?«
»Jawohl.«
»Zusammen mit Arminius?«
»Nein. Am späten Nachmittag Arminius, am Abend Segestes.«
»Sahen sie sich?«
»Nein. Sie gingen sich aus dem Weg.«
»Woher weißt du das?«
»Weil Arminius mich kurz beiseite nahm und nach Segestes fragte. Er wollte wissen, wann Segestes käme.«
»Und?«
»Ich wußte es, da ich mich um ihn und sein Wohlergehen zu kümmern hatte.«
»Wie reagierte er?«
»Mir fiel nichts Besonderes auf. Außer . . . Er hatte es plötzlich sehr eilig, wieder wegzukommen. Eine halbe Stunde später verabschiedete er sich.«

»Sagte er etwas? Zu Varus? Zu anderen Offizieren?«
»Ja. Ich hörte, wie er zu Varus sagte: ›Dann bis morgen!‹ «
»Was noch?«
»Er sagte noch: ›Ich freue mich schon darauf.‹ «
»Bist du sicher?«
»Jawohl, Herr!«
Ein Raunen und Kopfschütteln des Erstaunens und des Abscheus ging durch den Raum.
»War für den nächsten Tag etwas geplant?«
»Jawohl. Die Armee brach am folgenden Morgen auf.«
»Kam Arminius dann auch zurück?«
»Jawohl.«
»Wußte die Armee etwas über das Ziel des Marsches?«
»Nein.«
Darauf wandte sich Asprenas an die übrigen und fragte, ob jemand dazu etwas sagen könne.
Wieder meldete sich Autronius Pullo, der Proviantmeister, zu Wort. Er teilte mit, was ihm Varus aufgetragen hatte: »Es sollte Marschverpflegung für sechs Tage an die Männer ausgeteilt werden.«
»Wußtest du, wohin der Marsch gehen sollte?«
»Es hieß, einige aufständische Stämme in der Nähe des Marschweges sollten – gleichsam im Vorbeigehen – zur Raison gebracht werden. Und so – «
»Augenblick!« unterbrach ihn Asprenas. »Wessen Idee war das?«
»Es war Arminius, der dem Statthalter in diesem Sinne zugeredet hatte. Denn schon am nächsten Morgen teilte er dem Stab das Notwendige mit. Dabei gab er zu erkennen, daß Arminius ihn in dem Vorhaben bestärkt habe. Heute weiß ich natürlich, daß der ganze Plan von Arminius selbst stammte. Varus sollte gegen die Unruhestifter zu Felde ziehen und auf dem Marsch durch angeblich befreundetes Gebiet überwältigt werden.«
»Schickte Varus Kundschafter voraus?«
»Ja, Cherusker aus der Abteilung des Arminius.«

»Unglaublich!« kommentierte einer der beiden Legaten den Tatbestand, und empörtes Gemurmel ging durch den Raum, während Autronius Pullo ergänzte: »Wir sollten uns völlig sicher fühlen. Und das taten wir auch, weil Arminius zusammen mit uns aufbrach und so jedes Mißtrauen im Keim erstickte.«
Asprenas stützte einen Augenblick lang das Kinn in seine Rechte und dachte nach.
Dann sagte er: »Noch einmal zu Segestes! Er kam also am Abend zu Varus. Publius Diurnus! Du hattest Tafeldienst. Du wirst einiges von dem Gespräch aufgeschnappt haben, denn sie sprachen ja wohl lateinisch. Berichte! Jede Einzelheit kann wichtig sein!«
Diurnus, der sich der Bedeutung seiner Aussage bewußt war, knetete nervös seine Finger und begann: »Segestes stand ja mit Varus auf gutem Fuß. Er galt als treuer Freund und Verbündeter . . .«
»Das wissen wir. – Worüber wurde geredet? Wie verhielt sich Segestes, wie äußerte er sich?«
Diurnus mußte schlucken vor Erregung: »Er . . . hatte ja schon öfters versucht, den Feldherrn aus seiner unbegreiflichen Sorglosigkeit aufzurütteln, und . . . so machte er an diesem Abend einen letzten verzweifelten Anlauf. Er teilte ihm ganz offen mit, was er von der Verschwörung wußte. Er nannte die Namen aller beteiligten Stämme und Fürsten und forderte ihn schließlich auf, sie alle – ihn selbst nicht ausgenommen – noch an diesem Abend oder in der Nacht, auf jeden Fall noch vor dem Aufbruch gefangenzunehmen. Ein Verhör sollte dann über Schuld oder Unschuld jedes einzelnen entscheiden. Er sagte, ohne ihre Führer würden die Verschwörer auf gar keinen Fall losschlagen.«
»Nenne die Namen!«
Wieder ging ein erstauntes Raunen durch den Saal, denn es wurden auch solche genannt, die man bisher als absolut zuverlässig und romtreu eingeschätzt hatte.
»Das heißt«, faßte Asprenas zusammen, »dies war der entscheidende Augenblick, und er war in hohem Maße kritisch, denn eigentlich ließ sich

gegen diesen doch sehr sinnvollen Vorschlag nicht viel Vernünftiges einwenden. Wie reagierte Varus?«

»Er ... er wollte an die ihm und dem Heer drohende Gefahr nicht glauben und ... er ... ich meine ...«

»Du meinst«, half ihm Asprenas, »er kannte die Feindschaft zwischen Segestes und Arminius und sah in ihr den Hauptgrund für diese ungewöhnliche Forderung.«

»Jawohl.«

Asprenas wandte sich nun an seine Beisitzer: »Vielleicht waren dies seine Überlegungen: Eine genaue Untersuchung des Falles würde Varus noch längere Zeit im Sommerlager festgehalten haben, während die gute Jahreszeit zu Ende ging. Außerdem wünschte er sobald wie möglich aufzubrechen, weil er Kunde erhalten hatte vom Abfall eines benachbarten Stammes, den er dann im Vorbeimarsch auf dem Rückweg zum Rhein wieder unterwerfen zu können glaubte. – Trotzdem ... Es bleibt festzuhalten, daß er mit unglaublichem, ja tödlichem Leichtsinn handelte, indem er keine Kundschafter vorausschickte ...«

Asprenas machte eine Pause, blätterte in seinen Unterlagen, erhob sich und erklärte: »Wir machen jetzt eine Pause. Die Verhandlung wird in einer halben Stunde fortgesetzt.«

Im zweiten Teil der Sitzung ging es dann um das eigentliche Geschehen unmittelbar vor, während und kurz nach der dreitägigen Schlacht. Auch hierzu wurden die Überlebenden genauestens befragt, und jeder Satz wurde von den Protokollführern schriftlich festgehalten. Dabei ergab sich, wie vorauszusehen, für die Vorgeschichte kein neuer Aspekt, doch wurden in den Berichten die Grausamkeit und Tücke des germanischen Einsatzes und Vorgehens deutlich.

Bevor ich darauf noch näher eingehe – ich kann dir einige Aufzeichnungen, die ich mir damals unmittelbar nach der Lektüre machte, gerne mitgeben, wenn sie für deine Darstellung von Bedeutung sind – bevor ich also darauf eingehe, muß ich dir das Gespräch schildern, das ich am Abend des gleichen Tages mit Lucius Nonius Asprenas führte. Das heißt, er war es, der mich zu sich in seine Privaträume im Praetorium bat. Er hatte sämtliche bedienenden Ordonnanzen nach draußen geschickt, ebenso seine Sklaven, so daß wir vollkommen allein waren. Das kam mir seltsam vor, doch sollte es nicht lange dauern, bis ich verstand, weshalb er diese Vorsichtsmaßnahme getroffen hatte.

IV

»Bitte, nimm doch Platz, Menandros!«

Asprenas wies mit der Hand zu einem Sessel und setzte sich mir gegenüber. Auf dem kleinen Tisch lagen mehrere Rollen. Er betrachtete sie eine Weile mit seltsam starrem Blick.

Dann erklärte er: »Bevor ich dich bitte, diese Protokolle einzelner Verhöre zum Ablauf der Schlacht zu lesen, möchte ich mit dir über . . . über die Dinge, die geschehen sind, reden.«

»Bitte«, sagte ich, erstaunt über diese Eröffnung des Gesprächs; denn was sollte ich, der ich lediglich als Gast und Freund des Legaten, nicht als Militär dort weilte, dazu sagen. Ich erklärte ihm etwas in diesem Sinne. Er ließ mich in Ruhe ausreden, nickte mehrmals bedächtig und fuhr dann fort: »Das ist richtig. Aber meine Frage geht nicht an den militärischen Laien, sondern an den Arzt und Menschenkenner, vielleicht auch an den Philosophen.«

»Ich verstehe nicht . . .«

»Ich will versuchen, dir meine Gedanken darzulegen. Ich brauche wohl nicht zu betonen, daß das, worüber wir nun miteinander reden, unter uns bleibt. Denn auch ich spreche nun nicht als Legat und derzeit ranghöchster Offizier, der bis zum Eintreffen des kaiserlichen Prinzen hier das Kommando hat.«

»So kommt also Tiberius?«*

* *Tiberius,* der Stiefsohn des Augustus und spätere Kaiser, führte auf dem Balkan Krieg.

»Noch nicht. Aber er wird kommen, sobald er im Süden abkömmlich ist.«
Er hatte offenbar eine Botschaft aus dem Palast erhalten.
»Daran erkennst du die Bedeutung, die man in Rom dem Geschehen beimißt. Aber vergiß das einstweilen. Es wird sich vielleicht noch hinziehen bis zum nächsten Frühjahr. Ich sitze dir jetzt nicht als der kaiserliche Beamte, sondern als der Neffe und nahe Familienangehörige des unglücklichen Publius Quinctilius Varus gegenüber. Du hast meinen Onkel in Rom hin und wieder als Patienten behandelt, nicht wahr?«
»Ja, aber ich verstehe immer noch nicht, warum du ...«
Er hob ungeduldig eine Hand und unterbrach mich: »Du wirst es gleich verstehen. Ich muß dir erst Schritt für Schritt meine Gedanken darlegen. – Ich kenne durchaus die ärztliche Schweigepflicht und den großen Eid, den du wie jeder Arzt nach den Vorschriften des Hippokrates abgelegt hast. Doch hier handelt es sich um einen Toten! Mehr noch: Ich habe die Pflicht, die Hintergründe der Katastrophe soweit wie möglich aufzuklären, doch da niemand mehr aus dem nächsten Umfeld des Statthalters lebt, bin ich gezwungen, aus dem Wenigen, was noch vorhanden ist, meine Schlüsse zu ziehen. Du hast selbst heute morgen als Zeuge vernommen, was die Männer berichtet haben.«
Ich nickte. »Gewiß, aber ich verstehe immer noch nicht ...«
»Dann will ich konkret werden: Ist dir, als du im Hause meines Onkels ein- und ausgingst, irgend etwas an Varus aufgefallen?«
»Wie meinst du das?«
»Ich denke dabei weniger an seinen körperlichen Zustand, der, soviel ich weiß, stets bestens war.«
Allmählich begriff ich, worauf er hinauswollte: »Du willst sagen: Gab es bei ihm Anzeichen für ...« Ich wagte es nicht auszusprechen, doch er tat es:
»Ja!« rief er. »Zeigte er Merkmale eines Menschen, der nicht zurechnungsfähig ist?«
Unsere Blicke trafen sich, und wir starrten uns einige Augenblicke lang an; jeder las in den Augen des anderen, was er dachte. Und ich erkannte bei

ihm eine große, tiefe Trauer, die er am Morgen, während der Verhöre, beherrscht verborgen hatte.
»Du mußt wissen«, fuhr er nun leiser fort, »ich habe meinen Onkel sehr geliebt, und viel, sehr viel habe ich ihm zu verdanken. Ohne ihn säße ich heute nicht hier. Freilich würde ich lieber einige Stufen tiefer sitzen, denn du kannst dir vorstellen, welche Gedanken mich in diesen Tagen und Nächten bedrängen.«
»Schläfst du schlecht?« Beinahe bereute ich die Frage, denn sie war überflüssig, doch er antwortete bereitwillig: »Ja, ich schlafe schlecht. Alpträume suchen mich heim. Immer wieder sehe ich ihn vor mir, wie er sich in letzter, tödlicher Verzweiflung in sein Schwert stürzt ...«
Er starrte ins Leere, und ich ließ ihn seinen Gedanken nachhängen. Ich mußte mir gestehen, daß ich ihn bislang ganz anders eingeschätzt hatte. Er schien mir der typische Karriere-Offizier zu sein, der, nach seinem steilen Aufstieg in Rom – er war Consul gewesen! – noch ein paar Jahre als Legat amtieren würde, um dann eine reiche Provinz als kaiserlicher Statthalter zu verwalten und danach in oder bei Rom auf einem königlich ausgestatteten Landsitz sein Leben zu genießen. Wir kannten uns schon seit Jahren, doch waren unsere Beziehungen über die normalen Verbindungen zwischen Arzt und Patient nicht hinausgegangen, zumal er ein kerngesunder Mann war, der keinen Arzt brauchte und es lediglich als angenehm empfand, daß jemand, der mit Drusus und Germanicus befreundet war, in seinem Haus verkehrte.
»Du weißt vielleicht«, nahm er das unterbrochene Gespräch wieder auf, »daß der Vater und der Großvater des Varus Hand an sich legten.«
»Ich habe davon gehört«, sagte ich. »Beide befanden sich in einer aussichtslosen Lage.«*
Wieder nickte er langsam und hatte Mühe sich mir verständlich zu machen: »Weißt du, ein Gedanke geht mir nicht aus dem Kopf. Sein Vater ist schließlich mein Großvater! Sein Großvater mein Urgroßvater! Wenn es schon mir immer wieder zu denken gegeben hat, daß diese Männer, deren Lenden auch ich entsprossen bin, in einer Weise

* Vgl. den Stammbaum im Anhang, Seite 280.

scheiterten, die an Dramatik und Verzweiflung – wenn du willst an Ehrlosigkeit – nicht mehr zu überbieten ist . . .«

»Das darfst du nicht sagen!« unterbrach ich ihn hart. »Die Lehre der stoischen Philosophie hat diesen Fall durchaus bedacht, und sie sieht darin nichts Ehrenrühriges, wenn die Lage es erfordert!«

»Philosophie hin, Stoiker her – hier geht es nicht um sterile, akademische Gedanken, sondern um den einzelnen, den konkreten Fall!«

»Du vergißt Cato!« rief ich, doch er winkte traurig ab.

»Cato kämpfte für eine große Sache! Er sah in Caesar den Totengräber der Republik – was er ja auch war! Also konnte er in dem Bewußtsein sterben, gerade durch diesen Tod in die Geschichte einzugehen. Aber nun liegen die Verhältnisse völlig anders. Du hast aus den Ausführungen der Männer heute morgen erfahren, daß Varus kläglich versagt hat!«

»Wie willst du das wissen? Wie können wir, du, ich, andere, wie können wir uns anmaßen, über Varus den Stab zu brechen, wo wir nicht einmal den genauen Hergang kennen?«

»Genau das ist der Punkt!«

Es hielt ihn nicht an seinem Platz, er sprang auf, ging ein paarmal auf und ab, wobei ich ihn nicht aus den Augen ließ. Als er dann stehenblieb, war sein Gesicht sehr ernst und voll Trauer.

»Wenn ich nicht ein nüchtern denkender Mann wäre, der an derlei Dinge nicht glaubt, nicht glauben darf, dann würde ich annehmen, auf der Familie der Quinctilier laste ein Fluch! Du kennst aus den Mythen der Griechen ähnliche Geschichten, daß über ganze Generationen hinweg die Nachkommen für die Sünden der Vorfahren büßen müssen . . .«

»Aber, ich bitte dich!« rief ich. »Diese Geschichten entstammen einer Zeit, die noch tief verhaftet war in Aberglaube und Angst vor nicht erklärbaren Gewalten! Alles, was geschieht, hat eine natürliche Ursache!«

Er sah mich mit großen Augen an: »Glaubst du das wirklich?«

»Ich *glaube* es nicht – es ist meine Überzeugung. Jeder Mensch wurde von der Gottheit geschaffen, daß er seinen eigenen Weg gehen kann, in eigener Verantwortung gemäß den göttlichen und menschlichen Geboten. Wenn er versagt, dann nicht, weil ein Fluch auf ihm lastet, sondern weil Kräfte am Werk waren, die er mit den eigenen nicht zu beherrschen vermochte. Sie können sehr wohl in ihm selbst, aber auch von außen wirken. Bitte, überlege doch einmal: Wenn es so wäre, wie du sagst, dann müßte auf allen Völkern, die Rom besiegt hat, ein Fluch liegen. Umgekehrt müßte Rom das von den Göttern bevorzugte Volk sein. Nein, das kann ich nicht akzeptieren!«

»Du bist Grieche! Wie könntest du!«

»Oh«, sagte ich, »da machst du es dir etwas zu einfach. Wir hatten unsere große Zeit, als Rom noch ein kleines Dorf am Tiber war. Es waren Athener, die als erste unter allen Menschen die Vernunft als das Göttliche im Menschen erkannten. Ich muß dir doch nicht erst all die bekannten Namen nennen, Sokrates, Plato, Aristoteles . . . Und noch heute schickt ihr eure Söhne auf die Athener Akademie, laßt sie von griechischen Rhetoren in Rom ausbilden, bevorzugt ihr griechische Ärzte, übernehmt ihr Teile der griechischen Architektur. Freilich besteht zwischen euch und uns ein fundamentaler Unterschied: Wir haben nie ein Weltreich erobert. Der einmalige Versuch des Alkibiades* scheiterte kläglich und endete mit einer Katastrophe, die gewaltiger war als die, von der wir jetzt reden, denn vor Syrakus verlor Athen nicht nur seine Flotte und seine Armee, sondern es war das Ende seiner großen Zeit. Als ihr dann kamt, brauchtet ihr das morsche Gebäude nur noch anzustoßen, und es brach zusammen. Man kann geradezu den Eindruck haben, sie waren froh, daß ihnen damals, vor 160 Jahren, jemand die Verantwortung abnahm. Nein! All das hat nichts mit Fluch und Verdammung zu tun, sondern jedes Volk, jeder Staat hat seine Zeit des Aufstiegs, er bleibt eine Weile auf der Höhe, dann folgt der Abstieg, weil andere, jüngere, stärkere Kräfte kommen.«

Er hatte mich nicht unterbrochen, und ich sah in seinem Gesicht ein Erstaunen, als ob er von mir, einem Griechen, solche Gedanken nicht erwartet hätte.

* Der Athener *Alkibiades* versuchte Ende des 5. Jahrhunderts v.Chr. im westlichen Mittelmeer (Sizilien) ein athenisches Großreich zu errichten und scheiterte.

»Heißt das etwa«, fragte er, »daß auch wir nun vor dem Abstieg stehen?«
»Nein, das glaube ich nicht. Rom hat eine Schlacht verloren und ist an eine Grenze gestoßen, aber es steht fest und unerschüttert da. Oder wurde dir gemeldet, daß germanische Scharen den Rhein überschritten haben?«
»Du hast recht«, sagte er und nahm wieder Platz. »Aber, wie ich dir schon sagte, führen wir hier ein ganz privates Gespräch. Der Neffe des Quinctilius Varus spricht mit seinem Arzt. Und es ist nichts weniger als angemessen, daß ich mich unter dem schmerzlichen Eindruck der Ereignisse frage, ob Varus, als er dem Arminius folgte, bei klarem Verstand war.«
»Diese Haltung ehrt dich. Wäre es anders, würde man dich verdammen. – Aber zu deiner Frage: Nein, mir ist damals nichts in der von dir angedeuteten Richtung aufgefallen. Wenngleich . . .«
»Ja?« Seine Augen belauerten mich.
»Er kam mir bisweilen sehr zerstreut vor, aber das steht in keinem Zusammenhang mit dem, worauf du hinauswillst.«
»Vielleicht doch! Auch mir ist das, was du Zerstreutheit nennst, öfters aufgefallen. Mehr noch, er konnte plötzlich, mitten in einem Gespräch, auf einen imaginären Punkt starren, und mir schien es dann, als ob er mit seinem Bewußtsein nicht anwesend wäre.«
»Auch das ist eigentlich nichts Außergewöhnliches. Das menschliche Hirn liebt es, wenn es sich entspannen will, plötzlich seine zielgerichtete Tätigkeit für einen oder einige Augenblicke zu unterbrechen. Wir nennen das auch Tagträumen.«
Er ging darauf nicht ein, sondern kam mit einem weiteren Vorfall: »Ich weiß von einem seiner Untergebenen aus seiner Zeit in Syrien, daß er, als er vor einer wichtigen Entscheidung stand, drauf und dran war, eine übereilte, völlig falsche Maßnahme anzuordnen; und nur dem Eingreifen dieses Mannes war es zu verdanken, daß es nicht dazu kam. Er hat es mir kurze Zeit später berichtet, unter vier Augen, und ich bat ihn, derartiges nicht weiterzuverbreiten.«
»Vielleicht war er überarbeitet. Jeder macht Fehler, auch der Kaiser.«
»Da bin ich mir nicht so sicher. Augustus ist immer hellwach bei allem,

was er denkt, tut und entscheidet. Wie hätte er sonst seine Stellung am Beginn seines Aufstiegs halten und sie weiter ausbauen können?«
Was ich darauf sagte, war gewagt: »Du vergißt, daß der Kaiser selbst deinen Oheim an die Stelle gesetzt hat, wo er nun versagte.«
Er sah mich an: »Das ist richtig. Aber hier handelt es sich um Dinge, die man nicht im voraus wissen kann, ich meine die Möglichkeit, daß Varus nicht nur vor sich selbst versagte, sondern zwanzigtausend Männer mit in den Tod riß. – Ich will und muß ganz ehrlich zu dir sein: Es hätte sehr wohl die Möglichkeit gegeben, dem Schicksal gegenüber zu bestehen!«
»Du meinst Arminius?«
»Nein. Ich meine, daß er während der entscheidenden Stunden des Kampfes am ersten Tage hätte Maßnahmen befehlen können, die einen großen Teil der Armee gerettet hätten. Ich komme immer wieder zu dem gleichen Ergebnis: Er kann nicht bei Verstand gewesen sein! Niemand unter meinen Legaten und Tribunen wagt es natürlich, mir gegenüber solche Gedanken zu äußern, doch ich spüre sehr wohl, was sie denken, was sie, wenn sie zusammensitzen, leise besprechen. Und natürlich geht die Rede von einem Fluch, der auf der Familie laste . . .«
Längst hatte ich begriffen, wie sehr Asprenas selbst unter dem Druck litt, den die Katastrophe ausgelöst hatte, obwohl ihn nicht die geringste Schuld dafür traf. Aber er würde in Kürze, vielleicht auch erst zu Beginn des nächsten Jahres, dem höchsten Armeeführer Roms, dem wahrscheinlichen Nachfolger und Erben des Augustus, dem erfahrensten Soldaten des Imperiums gegenübertreten und ihm einen Bericht vorlegen, der, mit militärischer Kompetenz und Logik, das Geschehen beschreiben und mögliche Ursachen zu nennen hatte. Schlimmer noch: Tiberius würde Fragen stellen, hart, unbestechlich, kühl und sachlich.
Da fragte ich: »Was erwartest du von mir? Was kann ich tun?«
Er wies auf die Schriftrollen vor uns: »Ich möchte, daß du die Protokolle noch einmal genau durchgehst. Lies sie nicht mit den Augen des Soldaten, sondern mit denen des Arztes und Kenners der menschlichen Seele. Solltest du auf Stellen treffen, die etwas andeuten über das, was wir bespro-

chen haben, dann laß dir den Mann, der die Aussage machte, vorführen und frage ihn noch einmal aus. Es müßte dir möglich sein, deine Fragen so geschickt zu stellen, daß der Zeuge nicht erkennt, worauf du eigentlich hinauswillst. Ich vertraue dir, Menandros. Wirst du es tun?«
Seine hellblauen, klaren Augen sahen mich durchdringend an, und ich nickte langsam.
»Ich danke dir.«
Er trat zu mir und umarmte mich kurz, bevor wir uns trennten.

V

Um den zu Befragenden von Anfang an klarzumachen, daß es sich bei dem erneuten »Verhör« durch einen Zivilisten gleichwohl um einen in ihren Augen amtlichen Vorgang handelte, stellte Asprenas mir in den Principia einen Raum zur Verfügung, vor dem zwei Wachen standen, die Anweisung hatten, niemanden hineinzulassen.
Doch zuvor machte ich mich an das Studium der Protokolle, sowohl jener des Vormittags als auch der übrigen, die bereits vorher und noch am Nachmittag nach den Einzelverhören notiert worden waren.
Nun verstehst du auch, mein Plinius, warum ich all diese Aussagen so lebhaft in Erinnerung behalten habe; sehe ich doch heute noch die eng beschriebenen Blätter vor mir, und zwischen den kargen Fragen und Antworten tauchen immer auch Atmosphäre, Stimmung und die Beschaffenheit des Raumes vor meinem inneren Auge auf.
Das, was ich dann las, war verwirrend und zum Teil widersprüchlich. Es kam daher, daß die sechs Überlebenden das Geschehen aus völlig verschiedenen Blickwinkeln erlebt hatten. Da ich später die Erlaubnis von Asprenas erhielt, einige Passagen davon selbst zu notieren, kann ich dir auch hier mit jenem Wortlaut dienen, der damals schriftlich festgehalten wor-

den ist. Und im Grunde ist bis heute auf römischer Seite nicht viel dazugekommen, so daß immer noch keine einheitliche Darstellung der Schlacht möglich geworden ist. Und wie es aussieht, wird es so wohl auch für die Zukunft bleiben, so daß künftige Historiker vor einer Aufgabe stehen, die sie aufgrund der verworrenen Quellenlage kaum bewältigen können – vielleicht auch du nicht, mein Plinius.

Allen Aussagen ist gemeinsam, daß es sich – nach dem Wissensstand der Beteiligten – um das furchtbarste Unglück handelt, von dem Rom in seiner neueren Geschichte außerhalb Italiens heimgesucht worden ist. Folglich sind die Stellungnahmen der Beteiligten in ihrem Gesamturteil entsprechend. Da heißt es zum Beispiel:

»Das über alles tapfere Heer, durch Manneszucht, Mut und Kriegserfahrung vor allen römischen Truppen hervorragend, wurde durch die Unfähigkeit des Führers, die Treulosigkeit des Feindes und die Ungunst des Schicksals umzingelt. Nicht einmal kämpfen oder sich durchschlagen konnten sie sich, obwohl ihnen nach Flucht der Sinn stand, weil sie, als echte Römer, mutig zu den Waffen gegriffen hatten.«

Du spürst deutlich, wie diese pathetische Sprache durch die Zusammenfassung der jeweiligen Protokollanten entstanden ist, denn die Männer selbst gaben ja nur einzelne Beobachtungen wieder.

»So wurde das Heer durch Wälder, Sümpfe und den feindlichen Hinterhalt eingeschlossen und endlich von einem Feind niedergemetzelt, den es selbst früher wie Vieh abgeschlachtet, dessen Leben und Tod nur von seiner Gnade oder seinem Zorn abhing.«

Die kritische Haltung, auch der Protokollführer, ist nicht zu überhören. Dann folgt ein wichtiger Satz:

»Der Feldherr selbst hatte mehr den Mut zum Tode als zum Kampf: Er durchbohrte sich selbst.«

Lange saß ich vor diesem düsteren lakonischen Satz, starrte ihn an und wartete vergeblich darauf, daß er spreche und das Geheimnis enthülle. Er enthielt in seiner wortkargen Kürze die ganze Wahrheit, aber nur die des Geschehens, nicht die der Hintergründe. Aber ich erfuhr auch anderes:

»Von den beiden Lagerpraefecten gab der eine, Lucius Eggius, ein ebenso herrliches als der andere ein unrühmliches Beispiel: Dieser nämlich, mit Namen Ceconius, riet, nachdem der größte Teil des Heeres im Kampfe umgekommen war, zur Übergabe, da er lieber hingerichtet werden als in der Schlacht sterben wollte. Numonius Vala, der Unterfeldherr des Varus, sonst ein ruhiger und rechtschaffener Mann, gab ein schauderhaftes Beispiel, indem er das Fußvolk verließ und mit der Reiterei entfloh. Er versuchte mit seinen Geschwadern den Rhein zu erreichen. Doch das Schicksal rächte seine Schandtat: Er blieb nicht lange nach den von ihm Verlassenen am Leben, sondern starb als Deserteur.«
Ein anderer hatte ausgesagt:
»Den halbverbrannten Leichnam des Varus zerriß der Feind. Sein Haupt wurde abgeschnitten.«
Viel später erst erfuhr ich, was mit dem Haupt danach geschah . . .
Der ausführlichste Bericht stammte von den Aussagen des Macarius Macco, die wohl durch weitere Aussagen ergänzt worden waren:
» . . . fühlte sich der Feldherr sicher und rechnete mit nichts Schlimmem. All denen aber, die die Vorgänge argwöhnisch verfolgten und ihn zur Vorsicht mahnten, schenkte er keinen Glauben, ja machte ihnen sogar Vorwürfe, als seien sie ohne Grund beunruhigt und wollten seine germanischen Freunde nur verleugnen. Seinen Zug gegen die sogenannten Aufständischen wertete er als einen wohlüberlegten Plan. Varus wollte gegen die Unruhestifter zu Felde ziehen und auf dem Marsch durch angeblich befreundetes Gebiet mit geringer Mühe die Aufständischen zur Raison bringen. Er war sich seines Erfolges so sicher, daß er noch nicht einmal die üblichen Vorsichtsmaßnahmen ergriff, um vor einem plötzlichen, unvorhergesehenen Angriff geschützt zu sein.
So kam es denn auch: Zuerst gaben ihm die Verschworenen beim Anmarsch das Geleit, dann beurlaubten sie sich, um angeblich die verbündeten Kontingente zu sammeln und ihm damit rasch zu Hilfe zu kommen. Sie übernahmen aber nur die Führung ihrer schon bereitstehenden Truppen und griffen, nachdem man allerorts die in der Nähe liegenden kleinen

Garnisonen niedergemacht hatte, den Feldherrn selber an, der sich bereits inmitten undurchdringlicher Wälder befand. Dort ließen sie ihre Maske fallen und richteten viele schreckliche Verheerungen an.

Das bergige Gebiet ohne Ebenen war nämlich von Schluchten durchzogen, außerdem standen Baumriesen dicht nebeneinander, so daß wir bereits vor dem feindlichen Überfall mit dem Fällen der Bäume, der Anlage von Wegen und der Überbrückung von widrigen Geländeabschnitten beschäftigt waren und Mühe hatten voranzukommen. Wie mitten im Frieden führten wir viele Wagen und Lasttiere mit; dazu gesellten sich zahlreiche Frauen und Kinder* und ein stattlicher Sklaventroß. All diese widrigen Umstände führten zu einer gefährlich lockeren Marschform.

Inzwischen kam auch starker Regen auf und Sturm, was die einzelnen Teile der Armee noch mehr auseinanderzog, so daß ein schnelles Weitergeben von Befehlen nicht möglich war. Der Boden, durch den Dauerregen um die Wurzeln und Stämme herum sehr schlüpfrig geworden, machte jeden Schritt höchst unsicher, ebenso die abgebrochenen und herabstürzenden Baumwipfel und Äste. Während wir uns mit solchen Schwierigkeiten herumschlugen, kannten die Germanen Weg und Steg, drangen gerade durch die ärgsten Dickichte und hatten die getrennt operierenden Teile der Armee bald von allen Seiten umzingelt. Zuerst schossen sie nur aus der Ferne, dann aber, als niemand sich wehrte und viele verwundet waren, rückten sie näher an uns heran. Wir marschierten ja in keiner festen Ordnung mehr, sondern in einem planlosen Durcheinander mit den Troßwagen, den Frauen, Kindern und Unbewaffneten. Wir konnten uns auch nirgendwo leicht zu einer Gruppe zusammenschließen, und weil wir überall den jeweiligen Angreifern unterlegen waren, hatten wir schwerste Verluste, ohne etwas dagegen ausrichten zu können. Darum schlugen wir an Ort und Stelle ein Lager auf, soweit es überhaupt auf einem dicht bewaldeten Berg möglich war, einen geeigneten Platz zu finden. Dabei verbrannten wir auch die meisten Wagen und alles, was sonst überflüssig und lästig war, oder ließen es zurück.«

* Wie später im Mittelalter die Landsknechte, wurden auch die Legionäre oft von Frauen (Marketenderinnen) und deren unehelichen Kindern begleitet.

Die erste Nacht brachten sie mehr wachend als schlafend hinter sich. Anderntags ging der Marsch in etwas besserer Ordnung weiter, und sie erreichten, freilich nicht ohne blutige Verluste, sogar freies Gelände. Von dort aus gerieten sie wieder in Wälder, und hier mußten sie sich erneut gegen die Angreifer wehren:

» . . . wobei wir wieder schwerste Verluste erlitten. Denn auf engem Raum zusammengepreßt, damit wir Schulter an Schulter, Fußvolk und Reiter den Feinden entgegenstürmen konnten, behinderten wir uns gegenseitig, stießen vielfach aufeinander oder gegen die Bäume. Wieder war es die Nacht, die uns vor weiteren Verlusten schützte. Doch keiner schlief. Bei jedem Geräusch schreckten wir hoch. Die Verbindung zu den anderen Truppenteilen war längst abgerissen. Von einer Weitergabe von Befehlen konnte keine Rede mehr sein. Wir ahnten, daß wir verloren waren. Eine schreckliche, beklemmende, lähmende Ruhe lastete auf uns. Manche weinten leise. Nur wenige hatten die Hoffnung auf Rettung noch nicht aufgegeben.

Als der Tag graute, befanden wir uns wieder auf dem Marsch, und erneut wurden wir von starkem Regen und einem heftigen, in Böen stürmischem Wind heimgesucht, der zeitweise so stark war, daß wir weder weitergehen noch festen Stand finden konnten. Wir waren entkräftet, übermüdet, hungrig und durstig, und die Folgen zeigten sich überall. Viele waren zu schwach oder zu willenlos, die Waffen zu führen, zumal die Schilde, die sich voll Wasser gesogen hatten, schwer und unhandlich geworden waren. Die Feinde dagegen, größtenteils nur leicht gerüstet und imstande, ungefährdet anzugreifen und sich schnell wieder zurückzuziehen, hatten weniger unter den örtlichen Gegebenheiten zu leiden. Außerdem – das war unser Eindruck – hatte sich ihre Zahl stark vermehrt, wobei wir annahmen, daß viele von denen, die sich zunächst noch abwartend verhalten hatten, sich ihnen jetzt anschlossen, als sie sahen, welch leichtes Spiel sie mit uns hatten. Dabei spielte ihre Aussicht auf reiche Beute eine Rolle. Bei uns dagegen waren in den vorausgegangenen Gefechten schon eine Menge gefallen, und unsere Reihen lichteten sich von Stunde zu Stunde. So konnten die Barbaren uns leicht umzingeln und niedermachen. Dann hörten wir, daß Varus, der sich irgendwo in der Nähe befunden hatte, aus Angst, lebendig in Gefangenschaft zu geraten, Selbstmord begangen hatte, indem er sich in sein Schwert gestürzt hatte. Ihm waren die übrigen hohen Offiziere gefolgt.

Als sich die Kunde davon verbreitete, leistete der Rest, selbst wenn er noch bei Kräften war, auch keinen Widerstand mehr, und viele ahmten das Beispiel des Feldherrn nach. Andere aber warfen die Waffen weg und ließen sich von dem nächstbesten, der ihnen entgegentrat, niedermachen. Denn Flucht war ja unmöglich, auch wenn der eine oder andere sie am liebsten ergriffen hätte. Und so wurden jeder Mann und jedes Pferd niedergehauen. Wie es mir gelang zu entkommen, weiß ich nicht mehr. Die Götter waren mit mir . . .«

VI

Natürlich hatte ich nicht erwartet, durch die Lektüre dieser knappen Protokolle neue Erkenntnisse über das Verhalten des Varus zu bekommen. Darum schickte ich einen der Schreiber zu Macarius Macco und bat ihn zu einem Gespräch. Er kam sofort. Ich las auf seinem Gesicht ein gewisses Erstaunen darüber, daß ein Zivilist ihn hatte rufen lassen, doch stellte er keine Frage dazu, sondern wartete ab, was ich ihm eröffnen würde.

Da ich Macarius und seine ebenso beherrschte wie offene Art am Morgen der Anhörung schon kennengelernt hatte, hoffte ich, er werde mir und meinem Anliegen entgegenkommen.

Doch zunächst stellte ich mich vor und nannte ihm meine Aufgabe: »Bitte, wundere dich nicht, daß du einem Zivilisten gegenübersitzt. Der Legat Lucius Nonius Asprenas hat mich gebeten, einigen offenen Fragen im Zusammenhang mit den Ereignissen nachzugehen.«

»Ich habe davon gehört. Du bist Arzt, nicht wahr?«
Er schaute mich neugierig an.
»Ja, ich bin Arzt und als solcher im Gefolge des Feldherrn hierhergekommen.«
Er nickte, enthielt sich aber einer Stellungnahme. Mir lag daran, das schwierige Gespräch freundschaftlich zu beginnen, darum fragte ich: »Du bist erst vor kurzem an den Rhein abkommandiert worden?«
»Ja. Ich war einige Zeit in Spanien.«
»Und vorher in Griechenland.« Ich wußte dies aus seiner Akte, in die mich Asprenas hatte Einblick nehmen lassen.
»So ist es.«
»Deine Mutter ist Griechin?«
»Ja. Mein Vater ist während des Bürgerkriegs in Mytilene auf Lesbos hängengeblieben. Wir können uns, wenn du willst, auf griechisch unterhalten.«
»Warum nicht?« Das konnte unser Vorhaben erleichtern. »Ich nehme an«, fuhr ich griechisch fort, »dein Vater kämpfte auf seiten des Octavianus, wie er ja damals noch hieß.«
»Sicher. Und das hat mir später vieles erleichtert, wie du dir denken kannst.«
Ich nickte. Damals waren für viele Karrieren die Weichen gestellt worden, und der Sohn eines Legionärs, der auf der richtigen, das heißt auf der Seite des Siegers gestanden hatte, galt als unverdächtig, als ein Mann, den man bei entsprechenden Begabungen zu fördern hatte.
»War er auch schon Centurio?«
»Nein. Eine schwere Verwundung zwang ihn, den Dienst vor Erreichen dieses Ranges zu quittieren. Aber er hat es nie bedauert. Immerhin konnte er so meine Mutter einige Jahre vor dem eigentlichen Erreichen der Entlassung heiraten. Er ist dann in Mytilene geblieben und übernahm das Handelsgeschäft seines Schwiegervaters.«
»Lebt er noch?«
»Ja. Es gibt ja solche Fälle, daß gerade die Männer, von denen man

aufgrund schwerer Krankheit oder Verletzungen annimmt, daß sie's nicht mehr lange machen, am Ende alle andern überleben. Er ist, abgesehen von einer schmerzhaften Wetterfühligkeit einiger vernarbter Wunden, bei bester Gesundheit und wird wohl, wenn er sich weiter so wacker hält, die Achtzig erreichen.«

»Das ist aber schön für dich!« rief ich, denn ein so hohes Alter war unter Legionären in der Tat höchst selten.

»So ist es. Nein, er kam über den Optio nicht hinaus. Aber was will das schon besagen.«

»Sicher. Um so stolzer ist er jetzt auf den Sohn!«

Er lächelte wie ein Junge. »Das mag schon sein.«

Nach diesem guten Einstieg in das Gespräch wechselte ich ohne Übergang zum Thema, das mir aufgetragen war, das mich aber selbst seit der Anhörung brennend interessierte, ja fesselte.

»Du kanntest Quinctilius Varus schon von früheren Einsätzen her?«

»Nein. Ich wußte von ihm nicht mehr als das, was man so hört, wenn man ein neues Kommando anzutreten hat.«

»Aber es gab Kameraden, die ihn schon kennengelernt hatten?«

»Sicher. Einige waren mit ihm in Syrien gewesen.«

»Und?«

»Nichts Besonderes.«

»Was heißt das? Verzeih, wenn ich so hartnäckig frage. Aber es handelt sich um eine Untersuchung der Vorgänge, vor allem der Person des Feldherrn Varus, bei der jede Beobachtung, und sei sie noch so gering, von Bedeutung sein kann.«

»Nun . . . Wenn man versetzt wird, dann will man schon wissen, was auf einen zukommt.«

»Verstehe. Und was konntest du in Erfahrung bringen?«

»Tja . . .« Er zögerte einen Augenblick. »Das Erstaunliche war, daß niemand eine bestimmte Meinung von ihm hatte.«

»Kannst du das näher erklären?«

»Es gibt Männer, denen ein bestimmter Ruf vorausgeht. Es kann sein, daß

man erfährt, man werde es mit einem hochmütigen Leuteschinder zu tun haben; oder es heißt, der Mann ist ein guter Truppenführer, ein ganzer Kerl, so, wie überall im Reich die Rede von den soldatischen Qualitäten eines Tiberius geht!«
»Aber davon war bei Varus keine Rede . . .«
»Nein. Das einzige, was man mit Bestimmtheit sagte, war, daß man ihn für einen guten Administrator hielt, für einen hervorragenden Organisator in Fragen der Verwaltung und des Gerichtswesens.«
»War das außergewöhnlich?«
»Keineswegs. Es kann ja nicht jeder ein kleiner Caesar sein, obwohl sich viele gerne als solcher aufspielen.«
»Aber er tat das nicht?«
»Nein.«
»Du gingst also völlig unvoreingenommen an deine neue Aufgabe heran?«
»Ja.«
»Worin bestand sie?«
»Nun, ganz einfach gesagt: Die Jungs auf Trab zu bringen!«
»Das heißt, du warst voll und ganz mit militärischen Dingen befaßt – Training der Männer, Aufrechterhaltung der Disziplin, taktische Übungen im Gelände.«
»Ja. Weißt du, was es heißt, eine Cohorte jederzeit auf dem besten Kampfstand zu halten?«
»Ich weiß es natürlich nicht aus eigener Erfahrung, aber ich habe große Hochachtung vor jenen, die aus einigen hundert Männern einen schlagkräftigen Körper herzustellen vermögen, einen – erlaube mir den Vergleich aus meinem Tätigkeitsbereich – einen perfekt funktionierenden Organismus.«
»Der Vergleich trifft es sicherlich, ja, so kann man es sagen.«
»Wie war die Disziplin, als du deine neue Stellung übernahmst?«
»Sehr gut!« Er zögerte nicht mit der Antwort. »Ich wußte schon in Spanien, daß hier, am Rhein, hervorragende Truppenführer am Werk waren.«
»Also freutest du dich auf die neue Aufgabe.«

»Ja, durchaus, denn hier handelte es sich um kampferprobte Einheiten, denen ein guter Ruf vorausging.«
»Gut. Aber zurück zu Varus. Lerntest du ihn persönlich kennen?«
»Ja, kurz. Am zweiten Tag, als ich mich bei ihm meldete.«
»Welchen Eindruck machte er auf dich? Ich frage dich das, weil sowohl ich als auch Asprenas den Eindruck gewonnen haben, daß gerade du, der du sozusagen als Fremder kamst, mit besonders wachen Sinnen alles registriert haben wirst, was du sahst und hörtest. Deine Ausführungen während der Anhörung haben uns bestärkt darin. Immerhin hast du vor der gesamten Spitze der hiesigen Armee Dinge gesagt, die allgemein aufhorchen ließen.«
»Ich sagte, was ich dachte.«
»Du kannst jetzt noch offener reden. Niemand außer mir hört zu.«
Sein Lächeln verriet, daß er sehr wohl wußte, daß jedes seiner Worte dem Legaten und vielleicht noch weiter nach oben berichtet werden würde. Darum mußte ich versuchen, ihn allmählich dahin zu bringen, daß er erkannte, hier gehe es weniger um einen trickreichen Versuch, ihn zum Reden zu bringen, als darum, die menschliche Seite in den Blick zu nehmen.
Ich wußte, daß ich nun sehr vorsichtig argumentieren mußte: »Du weißt, daß Lucius Nonius Asprenas ein Neffe des Varus ist?«
»Gewiß. Seine Mutter ist eine Schwester des Feldherrn.«
»Gut. Dann muß ich dich bitten, alles zu vergessen, was in Verbindung mit dem steht, was Asprenas dich unlängst quasi öffentlich gefragt hat. Wie die Dinge augenblicklich stehen, wird es wohl über kurz oder lang zu einer Verdammung des Varus von höchster Stelle kommen.«
Wir schauten uns an, und ich sah, daß er mir folgen konnte. Ich fuhr fort: »Man wird einen Sündenbock brauchen! Du kennst den Spruch: Der Sieg hat viele Väter . . .«
» . . . aber die Niederlage nur einen. Ja, ich verstehe, was du damit sagen willst.«
»Ich nehme an, du in deiner Stellung wirst gehört haben, daß es der Kaiser

selbst war, der den unglückseligen Varus gefördert und ganz nach oben gezogen hat.«
»Es ging die Rede davon, ja.«
»Also wird der Kaiser, der ein alter Mann ist und um die Früchte seiner bisherigen Erfolge bangen muß, bestrebt sein, die Schuld für das Versagen auf andere Schultern zu legen . . .«
» . . . und nichts«, führte er den Gedanken in seiner offenen Art zu Ende, »wird ihn daran hindern können, sie einem Toten zuzuschieben.«
Er gefiel mir immer besser. Doch hütete ich mich, ihm schon jetzt meine Sympathie und meine gleiche Sicht der Dinge offen zu erkennen zu geben.
»Das aber hat furchtbare Folgen für . . . für seine ganze Familie! Varus hinterläßt eine Frau, einen Sohn und Töchter! Er hat zwei Schwestern, beide haben in höchste Kreise eingeheiratet. Asprenas ist sein Neffe, und auch er hat Söhne . . .«
»Ich verstehe vollkommen, worauf du hinauswillst: Man muß versuchen, die Schuld des einen zu vermindern, indem man die Verhältnisse bei einer so schwerwiegenden Untersuchung miteinbezieht – ohne freilich so weit zu gehen, dadurch den Kaiser und seine militärischen Berater bloßzustellen, was höchst gefährlich werden würde für alle Beteiligten unterhalb dieser Ebene.«
Einmal mehr staunte ich über seine Fähigkeit, blitzschnell einen komplizierten Sachverhalt von mehreren Seiten zu betrachten und daraus die entscheidenden Folgerungen zu ziehen.
»Ich glaube aus deinen Worten herauszuhören«, ergänzte ich vorsichtig, »daß du keinesfalls geneigt bist, Varus allein als den Schuldigen für das Versagen zu betrachten . . .«
»So ist es.«
Ich war erleichtert, denn von diesem Punkt zum nächsten, der Frage nach der Möglichkeit einer wie auch immer gearteten Behinderung des Feldherrn vor der Katastrophe, war nur ein kleiner Schritt.
»Wen sonst?« fragte ich.
»Oh, so einfach ist diese schwerwiegende Frage auch nicht zu beantwor-

ten! Es ist keineswegs so, daß man sagt: Varus ist unschuldig, alle anderen sind schuldig. Man müßte das gesamte Geschehen Punkt für Punkt untersuchen: des Varus Kenntnisstand; das ihm objektiv vorliegende Material; Meinungen und Absichten, die man an ihn herantrug; seine Kenntnisse der topographischen Verhältnisse; die Befehle, die er zu befolgen hatte; seine körperliche und geistige Verfassung in jenen Tagen . . . Selbst wenn man das alles wüßte, hättest du nicht zwangsläufig die Erklärung, denn die gleichen Fragen müßte man nun an die Gegenseite stellen, an Arminius und seinen Anhang, an Segestes und all die anderen Fürsten. Man müßte bis ins kleinste wissen, in welchen Dingen sich ihre Meinungen teilten, wo sie in eine Richtung zielten. Und selbst wenn du dies alles wüßtest, bliebe ein unerklärlicher Rest. Wir pflegen es meist Schicksal zu nennen, den Willen der Götter, das *fatum.*«

Ich hatte ihn nicht unterbrochen, und während ich ihm interessiert zuhörte, wußte ich, daß er das gleiche dachte und aussprach, was auch mich längst bewegte.

»Du nanntest soeben unter anderem seine geistige und körperliche Verfassung. Wie würdest du sie beschreiben?«

Er überlegte eine Weile, ehe er antwortete: »Das ist wohl die schwierigste aller Fragen. Ich hatte ja nur ein einziges Mal die Gelegenheit, mit ihm zu sprechen. Vergiß nicht, ich war nur einer von etwa 180 Centurionen, und ich bin kein Primipilus, der regelmäßig an den Stabsbesprechungen der Legionsführer teilnimmt.«

»Aber du bist ein kluger Beobachter deiner Mitmenschen. Welchen Eindruck hattest du?«

»Nun, er stellte die Fragen, die ein Mann in seiner Position an einen neuen Mann an der Spitze einer wichtigen Cohorte zu stellen hat.«

»Du meinst rein militärische Dinge?«

»Nein, nicht nur; er fragte nach meinen Verhältnissen, nach den Stationen meiner Laufbahn.«

»War er ganz bei der Sache?«

»Ja, natürlich. Obwohl zur gleichen Zeit ein stetiges Kommen und Gehen von Kommandoträgern war. Er wollte sogar einiges über meinen Vater hören. Ich nehme an, daß er dies meiner Akte entnommen hatte. Ein Feldherr, der nach so etwas fragt, läßt erkennen, daß ihm das Wohl seiner Offiziere am Herzen liegt. Freilich . . .«

»Ja?«

»Er brach dann sehr plötzlich ab, wünschte mir alles Gute und wandte sich anderen Dingen und Personen zu. Und wenn ich mich recht erinnere, war er etwas nervös.«

»Hm. – Äußerte er sich in irgendeiner Weise über Unternehmungen, die er plante?«

»Nein. Er ließ allerdings durchblicken, daß sich die Stämme ruhig verhielten, sagte beim Abschied, daß wir den Winter dann in Castra Vetera in verdienter Ruhe verbringen würden.«

»Es war also keine Rede davon, daß er sich und die Armee bedroht sah?«

»Nein. Nach seiner Auffassung befanden wir uns im tiefsten Frieden.«

»War das auch die Meinung der Kameraden?«

»Damals – ja.«

»Wann nicht mehr?«

»Als durchsickerte, was Segestes ihm mitgeteilt hatte.«

»Wußten auch die Legaten davon?«

»Selbstverständlich. Wenn wir, die Kommandeure der Cohorten, davon Wind bekommen hatten, dann wußte man weiter oben erst recht Bescheid.«

»Wie reagierten die Befehlshaber?«

»Das weiß ich nicht. Ich kannte keinen von ihnen näher, und niemand teilte mir seine Meinung mit. Warum auch?«

»Ich verstehe. Aber nun muß ich dich auf einen Punkt ansprechen, der vielleicht den Schlüssel zur Katastrophe enthält. Ist dir bekannt, daß sowohl der Vater als auch der Großvater des Varus in einer schwierigen Situation Hand an sich legten?«

»Ja, ich habe davon gehört.«

Ich sah ihn durchdringend an und stellte die entscheidende Frage: »Hältst

du es unter diesen Voraussetzungen für möglich, daß Varus, wie man so leichthin sagt, den Kopf verloren hat? Daß er sozusagen wie unter einem magischen Zwang stand, unter dem Druck der Angst, selbst zu versagen? Daß er also, obwohl zum Handeln gezwungen, unter einer Art von seelischem Schock stand, unfähig, eine klare Entscheidung zu treffen?«
Wieder dachte er nach: »Das mag schon sein. Aber ich war ja nicht in seiner Nähe, als er sich in sein Schwert stürzte. Es gibt keine Zeugen ... Es sei denn ...«
»Ja?«
»Arminius!«
»War er in der Nähe?«
»Soviel ich weiß, ja.«
Nun schwieg ich, bewegt von den Szenen, die ich mir vorstellte.
Dann schloß ich unsere Unterhaltung: »Ich danke dir, Macarius. Falls dir noch etwas Wichtiges einfällt, bitte ich dich, es mir mitzuteilen.«

VII

Am Abend teilte ich Asprenas mit, was ich erfahren beziehungsweise nicht erfahren hatte. Asprenas' Gesicht war gezeichnet von dem Druck, dem er seit der Anhörung ausgesetzt war. Er gab sich vor mir auch keine Mühe, es zu verbergen.
Als ich fertig war mit meinem Bericht, seufzte er: »Oh, ihr Götter! Was haben wir getan, daß wir so leiden müssen!«
»Nichts!« erklärte ich ruhig.
»Wie?« rief er. »Nichts? Ich denke doch! Wir haben eine Grenze überschritten, die uns gesetzt war. Der große Caesar hat es gewußt. *Er* hatte die Möglichkeit, den Rhein zu überschreiten und weit nach Osten vorzustoßen, aber er nahm davon Abstand. Die Größe eines Mannes zeigt sich auch

darin, daß er die Schranken erkennt, die ihm gesetzt sind. Augustus muß verblendet gewesen sein, als er befahl, den Raum zwischen Rhein und Elbe zu besetzen.«

»Mag sein«, erwiderte ich. »Aber Caesar hatte auch keinen Gegner vom Rang eines Arminius!«

»Du vergißt Vercingetorix!«

»Gewiß. Aber er hat ihn niedergerungen.«

Wir saßen eine Weile schweigend und grübelnd da, bis es aus ihm herausbrach: »Ich brauche mehr Informationen! Ich muß wissen, was in Germanien geschehen ist und was jetzt dort vorgeht. Ich kann doch nicht mit leeren Händen vor Tiberius treten!«

Den letzten Satz hatte er ganz leise gesagt, leicht vorgebeugt, den Blick auf die Tischplatte gerichtet, und es war, als ob er laut dachte.

Nun raffte er sich auf und deutete auf eine Briefrolle, die auf der Platte lag: »Ein Brief meiner Mutter Quinctilia. Du kannst dir wohl denken, was darin steht. Die Ehre der Familie steht auf dem Spiel. Ihre Schwägerin, des Varus Witwe, ist zusammengebrochen. Man fürchtet das Schlimmste für die Familie. Die alten Neider regen sich, denen es schon immer ein Dorn im Auge war, daß ein Quinctilius so schnell und so steil nach oben stieg. Man verhöhnt bereits den Sohn des Varus, wenn er sich öffentlich zeigt. Seine Töchter wagen sich nicht mehr aus dem Haus. Schrecklich, das alles! Schrecklich! – Und ich sitze hier, über tausend Meilen entfernt, und kann nichts tun . . .«

Ich ließ ihn reden, denn ich wußte aus Erfahrung, daß lautes Klagen, das aus dem innersten Herzen kommt, der Seele Erleichterung verschafft. Sein Gesicht war fahl. Man sah ihm an, daß er unter Schlaflosigkeit litt. Er stand unter einem dreifachen, wenn nicht vierfachen Druck: Der Kaiser, ein Greis von über siebzig Jahren, war im Innersten getroffen, quälte sich mit Selbstvorwürfen und suchte einen Sündenbock! Tiberius, der erste und beste General des Imperiums, rechnete jederzeit damit, die Regierungsgewalt zu übernehmen und erwartete totale, rücksichtslose Aufklärung! Die Familie bangte um ihr Ansehen! Und nicht zuletzt: Die Armee selbst war, wenn

auch nicht faktisch, so doch innerlich erschüttert und erwartete dasselbe wie die anderen: Totale Aufklärung! Wiedergutmachung! Rache!
»Die Zeit drängt«, fuhr er fort. »Vieles, wenn nicht alles, wird nun von mir abhängen.«

Er stand auf, ging ein paarmal hin und her, blieb dann vor mir stehen und sah mich mit einem Blick an, der zugleich forderte und bat: »Es muß verhindert werden, daß Arminius sich mit Marobodus* verbündet! Ich bin sicher, daß er noch vor dem Winter seine Fühler nach ihm ausstreckt, um im Frühjahr zu einer gemeinsamen großen Offensive gegen uns anzutreten.«
»Dann gnade uns Gott!« sagte ich.
»Es müßte möglich sein, jemanden ...« Er vollendete den Satz nicht, sondern blickte mich an, und ich verstand, was er im Sinn hatte.
»Du meinst«, fuhr ich fort, »es müßte jemand hingehen und Land und Leute auskundschaften.«
»Genau das. Aber es müßte jemand sein, der unverdächtig wäre. Jemand, der gute Gründe hätte!« Und nach einer Pause: »Aber wer? Das kann man keinem zumuten.«
Er nahm wieder Platz, und ich sagte: »Es dürfte kein Römer sein!«
Er nickte.
»Es sollte auch kein Soldat sein!«
Er nickte.
»Du denkst dabei an mich!«
Unsere Blicke trafen sich.
Dann sagte er: »Ich würde es nicht wagen, dich darum zu bitten.«
»Das ist auch nicht nötig.«
Er stutzte, verstand nicht, was ich meinte.
Ich erklärte es ihm: »Ich werde aus eigenem Entschluß gehen.«
»Unmöglich!« rief er.
»Durchaus nicht. Ich biete die Voraussetzungen der von dir beschriebenen Person. Ich bin weder Römer noch Soldat, sondern Arzt, Botaniker und

* *Marobodus* (Marbod), König der Markomannen, führte sein Volk 8 v.Chr. aus dem Maingebiet in das von den Boiern verlassene Böhmen und gründete dort ein großes Reich mit einem mächtigen ostgermanischen Völkerbund. Bei den Kämpfen des Arminius gegen die Römer nahm er eine abwartende Haltung ein.

jemand, der sich auf einer Forschungsreise durch Germanien befindet, um Land und Leute, ihr Leben, ihre Sitten kennenzulernen. Ich bin dabei, Material zu einem geographischen und völkerkundlichen Werk zu sammeln.«

»Nein!« Er schüttelte energisch den Kopf. »Jeder Fremde, der in diesen Tagen bei ihnen auftaucht, ist verdächtig.«

»Nicht, wenn er von der anderen Seite kommt!«

»Du meinst . . .« Er stellte sich vor die große Karte, die an der Wand neben einem Regal hing.

Ich trat neben ihn, zeigte auf einen großen Fluß: »Ich muß von hier, aus dem Südosten, von der Donau her kommen, als ob ich die Alpen im Osten umgangen hätte.«

»Das ist Marobodus' Herrschaftsgebiet!« sagte er.

»Um so besser! Ich trete als griechischer Forschungsreisender auf. Ich komme direkt aus Griechenland!«

Ich zeigte ihm die Route, die ich nehmen würde.

»Nein«, er schüttelte den Kopf. »Viel zu umständlich! Du könntest über das Maintal gehen. Hier!«

Er folgte dem kurvenreichen Flußlauf. »Dann umgehst du Marobodus' Gebiet.«

»Damit würde ich mir die Gelegenheit entgehen lassen, seine Pläne auszukundschaften.«

Er wandte sich mir zu und lächelte: »Man könnte meinen, es macht dir Spaß!«

»Vielleicht! Ich wollte schon immer einmal diese Gegenden und die dort hausenden Völker kennenlernen.«

»Ihr Griechen!« Er seufzte. »In jedem von euch steckt ein kleiner Odysseus!« Dann wurde er wieder ernst: »Aber das ist doch alles zu phantastisch! Du kannst nicht allein reisen! Woher nimmst du den zweiten Mann? Es muß ein Grieche sein – oder zumindest jemand, der das Griechische beherrscht wie seine Muttersprache!«

»Ich glaube, ich weiß einen.«

Er schüttelte den Kopf und sagte: »Die Zeit wird nicht reichen, jemanden aus Rom hierherkommen zu lassen.«
»Das wird auch nicht nötig sein. Er ist bereits hier.«
»Wer?«
»Macarius Macco!«
»Du scherzt! Macarius Macco ist römischer Centurio!«
»Und der Sohn einer griechischen Mutter! Griechisch ist seine Muttersprache.«
»Er war im Sommerlager des Varus!«
»Keine zwei Monate. Er hat nie mit Arminius gesprochen.«
Er dachte nach, und ich ergänzte: »Wir werden uns Philosophenbärte wachsen lassen. Niemand wird ihn wiedererkennen. Mich erst recht nicht, denn ich war nie drüben.«
»Als was soll er auftreten? Doch nicht als dein Gehilfe!«
»Als was sonst? Macarius ist ein hochintelligenter Mann. Ich werde ihn in der verbleibenden Zeit unterweisen. Außerdem werde ich derjenige sein, der die Kranken behandelt, die man uns vermutlich bringen wird. Er wird mir lediglich assistieren«
»Weiß er davon?«
»Nein.«
»Ich kann ihn nicht dazu zwingen, mit dir in die Höhle des Löwen zu gehen.«
»Natürlich nicht. Aber wie ich ihn einschätze, wird er nicht nein sagen.«
»Dann wollen wir ihn fragen.«
Er verließ den Raum, um einen seiner Sklaven zu Macarius zu schicken. Als er dann kam, eröffnete ihm Asprenas ohne Umstände, worum es ging, verschwieg auch die Gefahren nicht und forderte ihn zu einer klaren Antwort auf.
Macarius sagte nur einen Satz: »Ich stehe zur Verfügung.«
Asprenas dankte ihm, wies ihn aber ausdrücklich darauf hin, daß es seine freie Entscheidung sein müsse. Niemand, selbst Augustus nicht, könne ihn zu einer solchen Unternehmung zwingen.

»Natürlich nicht, Herr!« sagte er. »Ich tue es auch nicht für Augustus, sondern für die Ehre der Armee.«
»Ein großes Wort!« nickte Asprenas. »Aber es ist der Sache, um die es geht, angemessen.«

VIII

Ich verbrachte die nächsten Tage mit intensiven Vorbereitungen für die Expedition – denn eine solche würde es werden, mit all den Unwägbarkeiten, Hindernissen und Gefahren, die mit einer Reise ins Unbekannte verbunden sind. Ich studierte alle Schriften griechischer Reiseschriftsteller, die ich in der gutbestückten Reisebibliothek von Asprenas auftreiben konnte. Wie Caesar hatte er stets eine Reihe von Schriften im Gepäck, die über das Land berichteten, in dem er zum Einsatz kam. Leider befanden sich darunter nicht solche Abhandlungen, die die Erfahrungen römischer Beobachter aus der unmittelbaren Vergangenheit wiedergaben. Was hätte ich darum gegeben, mich mit meinem Freund Drusus, dem zu früh verstorbenen Bruder des Tiberius, auszutauschen!
Viele Stunden saß ich mit Macarius Macco zusammen, der, wie ich es erwartet hatte, mit wachem Geist einen Blitzkurs in Medizin absolvierte, denn er würde mir ja als Gehilfe bei eventuell anfallenden Operationen assistieren müssen. Ich nahm ihn mit ins Lagerlazarett, wo auch in friedlichen Tagen Verletzungen, die sich die Männer beim Außendienst zugezogen hatten, zu behandeln waren, darunter schwere Knochenbrüche, Verrenkungen, Schnittwunden, doch ebenso innere Erkrankungen, Fieberanfälle, Darmvergiftungen oder Erkrankungen der Zähne. Er legte dabei selbst Hand mit an, soweit dies vom ärztlichen Standpunkt zu verantworten war, war aber sehr beruhigt, als ich ihm versicherte, daß er »drüben« im Ernstfall nur das zu tun hätte, was ich ihm sagen würde.

Aus meiner eigenen kleinen Reisebibliothek gab ich ihm das zu lesen, was ihn in die Grundregeln der Medizin, wie ich sie verstand und praktizierte, einführte, damit er einen Grundwortschatz medizinischer Fachausdrücke kannte und sie auch selbst – auf griechisch natürlich! – anwenden konnte. Seine Hochachtung vor der ärztlichen Kunst stieg in diesen Tagen gewaltig, und er gestand einmal: »Beim Asklepios!* Wenn jeder Arzt die Dinge so ernst nehmen würde, wie du es tust, dürfte es eigentlich keine Kranken mehr geben!« Im übrigen stimmte er mir zu, daß die Militärärzte weit unter ihrem Können und ihrer ungeheuren Verantwortung entlohnt würden; schlimmer noch, daß sie es verdient hätten, im Rang höher zu avancieren, als die Armeeführung hier und andernorts es ihnen zugestand. Dann stellten wir gemeinsam eine Liste der Dinge zusammen, die wir unbedingt bei uns führen mußten. Dabei hatte uns Asprenas freie Hand gelassen, all das aus den Beständen des Lazaretts zu entnehmen, was in genügender Menge vorhanden war. Dies betraf weniger die medizinischen Bestecke und Instrumente als die Vorräte an Salben, Tinkturen, Erden, getrockneten Heilkräutern und dergleichen mehr.

* *Asklepios* war der griechische Gott der Heilkunde. Die Römer nannten den Sohn des Apollo *Aesculapius*.

Als wir dann alles in einem Raum gestapelt hatten, wurde klar, daß wir es nur mit einem eigenen Gefährt transportieren konnten. Einer der Legionshandwerker – ein gestandener Tischler – baute nach meinem Entwurf einen Planwagen um und stattete ihn im hinteren Teil mit festen Regalen aus, die kleine Fächer mit Türen und Laden enthielten. Die empfindlicheren Gefäße wie Flaschen und Tontöpfe würden darin in eigens eingepaßten, gepolsterten Vertiefungen das schlimmste Gerumpel, Schaukeln und die häufige Schräglage des Wagens ohne Schaden überstehen. Ich besitze diesen hübschen Wagen übrigens heute noch, mein Plinius, und werde ihn dir bei Gelegenheit zeigen.

Asprenas, der natürlich alles, was da gebaut wurde, selbst in Augenschein nahm, bestand darauf, daß wir die zur Zeit beste, bequemste und strapazierfähigste Federung des Kastens in Lederaufhängung bekamen. All die Teile, die in den kommenden Wochen – wenn nicht Monaten – der stärksten Belastung ausgesetzt sein würden, wie Riemen, Halterungen, Ketten, wurden in doppelter Ausführung hergestellt, damit wir nicht irgendwo im Niemandsland liegenblieben.

Schließlich ließ er die besten Kenner des jenseitigen Landes kommen, darunter einige erfahrene Kundschafter, nach deren Angaben eine Karte gezeichnet wurde, nach der wir uns grob orientieren konnten, die uns aber nicht verraten würde. Wichtig war, daß sie vor allem den südlichen Großraum, das Donaugebiet und die Regionen nördlich davon bis zu den Wohnsitzen der Stämme verzeichnete, die zwischen Elbe und Oder lebten. All diese Angaben blieben bewußt vage und damit für militärische Zwecke unzureichend, denn wenn diese Karte in die Hände germanischer Fachleute geraten würde, konnten wir glaubhaft versichern, daß wir nur zwei griechische Reisende mit wissenschaftlichen Ambitionen seien, die direkt aus Griechenland kamen und Germanien kennenlernen wollten.

Macarius beherrschte einen germanischen Grundwortschatz soweit, daß er sich drüben verständlich machen und auch das, was man ihm sagte, verstehen könnte. Ich dagegen war ein unbeschriebenes Blatt, so daß mir Asprenas nahelegte, einen Grundkurs des Germanischen zu absolvieren. Wir überlegten lange, wie das am besten und schnellsten zu bewerkstelligen sei. Schließlich kam Asprenas auf einen Gedanken, der mich erschrecken ließ: »Flavus!«

»Flavus? Welcher Flavus? Doch nicht . . .«

»Doch, der Bruder des Arminius!«

»Was?!« stieß ich hervor. Ich wußte, daß Flavus auf unserer Seite stand und gegen seine eigenen Landsleute kämpfte, aber dieser Vorschlag ging mir denn doch entschieden zu weit. Ich nannte ihm meine Bedenken, deutete an, daß Familienbande letzten Endes noch immer stärker wären als vertragliche Abmachungen. Doch er blieb ganz ruhig: »Keine Sorge! Er haßt seinen Bruder.«

»Ich verstehe nicht . . .«

»Du wirst ihn kennenlernen. Er weiß natürlich nicht, was du vorhast. Du stellst dich ihm vor als wißbegierigen Griechen. Er kennt dich vom Sehen und hat längst registriert, daß du nicht in militärischem Auftrag hier bist, sondern sozusagen aus Vergnügen und Neugier. Ja, sage ihm, daß du dich sozusagen aus wissenschaftlicher Neugier für alles Germanische jenseits des Rheins interessierst, und dazu gehört ja wohl an erster Stelle die Sprache. Ich werde ihn auch keineswegs vom Dienst befreien, damit er dich offiziell unterrichtet. Alles muß nach Dienstschluß geschehen. Er darf keinen Verdacht schöpfen; so vorsichtig müssen wir schon sein. Ich überlasse es deiner Geschicklichkeit, darüber hinausgehende Fragen von ihm beantwortet zu bekommen.«

IX

Du kannst dir denken, mein Plinius, mit welch gemischten Gefühlen ich dem Bruder des Arminius gegenübertrat; und wie so oft, wenn wir das Zukünftige zu hoch ansiedeln, folgt jäh die Ernüchterung. Ich will damit sagen, daß dieser Flavus ganz und gar nicht dem entsprach, was ich erwartete. Der erste Eindruck: ein braver junger Mann von etwa zwanzig, höchstens zweiundzwanzig; nichts Auffälliges; blond, natürlich, darum hatte man ihm ja diesen römischen Namen gegeben, und blauäugig, doch diese Augen besaßen kein Feuer. Nicht daß er sich vor mir oder einem anderen zurückzog – man bemerkt solches Verhalten ja schon im allerersten Augenblick einer Begegnung –, nein, sein Blick war ruhig, doch von jener Art, die weniger einer großen und intelligenten Souveränität als anspruchsloser Mittelmäßigkeit entspringt.

Das soll nicht heißen, daß er sich nicht seine eigenen Gedanken über Götter- und Menschenwelt machte – besonders über letztere –, aber dies alles vollzog sich in Bahnen, die nichts in Frage stellten; er nahm die Welt so, wie sie sich ihm nun einmal darstellte. Anders als sein fünf oder sieben Jahre älterer Bruder, war er zu einer Zeit geboren, als Römer wie Germanen

den Eindruck gewinnen mußten, das Land zwischen Rhein und Elbe sei römisches Territorium. Arminius, ohnehin wacheren Geistes, entschieden intelligenter und mit empfindlicheren Sinnen ausgestattet, erfuhr darüber hinaus eine Menge bemerkenswerter Geschichten aus dem Munde seines Vaters Sigimerus; dieser war zu der Zeit geboren worden, als Caesar gerade seinen Gallischen Krieg erfolgreich beendet hatte.* Sigimerus hatte die völlige Unterwerfung Galliens und seiner Bewohner aus der Ferne mit größtem Interesse beobachtet. Dann hatte er die Vernichtung einer starken römischen Armee unter Lollius** miterlebt; bei der Eroberung von dessen Lager war er selbst mit dabeigewesen. Es folgte die Verheerung des Sugambrergebietes*** durch Drusus. An deren Bündnis mit Sueben und Cheruskern**** war er maßgeblich beteiligt gewesen.
Damals war Arminius schon sieben, in jenem Alter, wo ein aufgeweckter Knabe beginnt, das, was um ihn herum und darüber hinaus geschieht, mit neuen, verständigeren Augen zu betrachten. Nie wieder – ich kann dies aus der jahrzehntelangen Erfahrung als Arzt sagen – ist die menschliche Seele so offen, so aufnahmefähig, so bereit, alles, was an sie herantritt, mit wachsten Sinnen zu registrieren und unauslöschbar im Gedächtnis zu behalten. Denke an deine eigene Kindheit, und du findest dies bei dir selbst bestätigt, mein Plinius.
Arminius erlebte den Zorn des Vaters, die Begeisterung wie Enttäuschung je nach dem Gang der Ereignisse, von Tag zu Tag mit, und damals muß sich in ihm für alle Zeiten ein Feindbild eingeprägt haben, das ihn dann später befähigte, Varus zu schlagen: Der Feind hieß Rom!
Ich möchte aber nicht schon an dieser Stelle eine Charakterstudie des Arminius versuchen; sie wird ohnehin später, an geeigneterer Stelle folgen. Mir kam es hier, mein Plinius, mehr darauf an, dir bewußt zu machen, welche Unterschiede zwischen beiden Brüdern damals schon bestanden haben – bestanden haben müssen! Denn obwohl beide, gemäß einem Abkommen des Vaters mit Rom, als »Freunde des Römischen Volkes« – in Wahrheit als Geiseln – in römische Dienste traten, war, bedingt durch den

* 50 v.Chr.

** 16 v.Chr.

*** Die *Sugambrer* waren ein germanisches Volk zwischen Sieg, Lippe und Rhein.

**** 12 v.Chr.

Altersunterschied sowie durch die Verschiedenheit des Charakters und des Temperaments, ihre Bewertung dessen, was um sie herum geschah, grundverschieden. Als mir dies bewußt wurde, war mir klar, daß ich in einigen Punkten umdenken mußte, was Arminius anbelangte. Aber ich will bei Flavus bleiben. Ihm gefiel das neue Leben an der Spitze einer germanischen Kavallerieeinheit. Er wußte oder er erfuhr es jetzt, daß schon Caesar solche Hilfstruppen bevorzugt und mit ihnen entscheidende Schlachten im letzten Augenblick gewonnen hatte. Wie seinem Bruder war ihm das römische Bürgerrecht verliehen worden, mehr noch, der Kaiser hatte ihnen den Status von *equites* verliehen. Schließlich erhielt er den Rang eines Praefecten der Reiterei – und den bekommt man, wie du weißt, nicht nachgeworfen . . .

Ich glaube, der wohl entscheidende Punkt bei der Frage, warum Flavus sich völlig entgegengesetzt zu seinem Bruder verhielt, liegt darin begründet, daß die beiden nie oder höchst selten am gleichen Ort ihren Dienst versahen. Wahrscheinlich hätte sich Flavus in den entscheidenden Tagen vor der Vernichtungsschlacht anders verhalten, wenn er längere Zeit unter dem direkten Einfluß von Arminius gestanden hätte. Doch wenn ich darüber nachdenke, scheint mir auch dies fragwürdig. Ich glaube nämlich, daß Flavus eifersüchtig auf seinen Bruder war, und solche Empfindungen sollte man nie unterschätzen, wie ja im übrigen auch das Geschehen im Palast zu Rom reichlich Beispiele beibringen könnte – aber schlafende Hunde soll man bekanntlich nicht wecken . . .

Natürlich wußte Flavus, daß er jetzt, nach der Katastrophe, unter heimlicher, aber scharfer Beobachtung im Lager lebte. Ich hatte mir vorgenommen, so nahe wie möglich an sein Denken heranzukommen, darum sprach ich ihn direkt an: »Du siehst nicht gut aus«, begann ich, und es sollte so klingen, als ob es der Arzt Menandros war, der so fragte.

»Was erwartest du!« gab er scharf zurück, und ich mußte aufpassen, ihn nicht mit provozierenden Fragen gegen mich einzunehmen. Darum nickte ich bedächtig, schwieg eine Weile, ihn ruhig betrachtend, und er tat mir in diesem Augenblick leid. Saß er nicht zwischen allen Stühlen?

Dann fuhr er, etwas gemäßigter, fort: »Der Legat hat mir befohlen, mich dir zur Verfügung zu stellen.«
»Aber ich bitte dich!« rief ich. »Von Befehl kann überhaupt keine Rede sein. Er hat lediglich meiner Bitte entsprochen.«
»Deiner Bitte?« Er sah mich überrascht an.
»Gewiß. Du wirst wohl wissen, daß ich mich lediglich als Privatmann hier aufhalte. Ich bin Arzt und Botaniker, wenn dir das etwas sagt.«
»Botaniker? Das hat etwas mit Pflanzen zu tun, nicht wahr?«
Er erinnerte mich an einen kindlich fragenden Schüler, und ich mußte lächeln.
»So ist es. Ich besitze in Rom einen großen Garten, in dem ich seltene Pflanzen, Blumen, Kräuter, aber auch Bäume züchte. Ich versuche, aus der Kenntnis der Pflanzen Nutzen für meinen Beruf als Arzt zu ziehen.«
»Und warum bist du hier?«
»Nun, weil die hiesige Flora – so nennen wir die Pflanzen insgesamt – eine vollkommen andere ist als in den Ländern des Mittleren Meeres.«
Er schaute einen Augenblick lang versonnen vor sich hin, wie jemand, der sich an angenehme Bilder und Szenen erinnert. Dann sagte er leise: »Ich verstehe, was du meinst. Auch ich liebe die Bäume meiner Heimat. In jungen Jahren habe ich eine Eiche im Hof unseres Anwesens gepflanzt.«
»Das ist ein sehr schöner Brauch. Mich jedenfalls stimmt es immer etwas wehmütig zu wissen, daß diese sprachlosen Wesen noch stehen werden, wenn unsere Knochen längst vermodert und unsere Spuren verweht sind.«
Er nickte. »Dasselbe habe ich auch schon gedacht. Damals natürlich nicht. Später. Denn an einer anderen Stelle des gleichen Hofes steht eine Eiche, die einer meiner Vorväter gesetzt hat, von dem ich nicht mehr als den Namen weiß.«
»Schade«, fügte ich hinzu, »daß wir uns nicht in friedlicheren Zeiten begegnet sind. Du hättest mir manch guten Rat geben können, dieses und jenes besonders prächtige Exemplar in deiner Heimat zu finden.«
»Ich habe keine Heimat mehr.«

Für einen jungen Menschen seines Alters sprach er mit einer ungewohnten Verbitterung.
»Wie kannst du das sagen! Die Zeiten werden sich ändern, und dann wirst du . . .«
»Nein!« rief er. »Du sprichst wie jemand, der sein Wissen aus Büchern hat. Du kennst nicht die wahren Verhältnisse.«
»Oh, ich gebe mir große Mühe, sie zu verstehen«, entgegnete ich freundlich. »Ich bin kein Römer. Noch mein Vater wurde als Sklave in Rom geboren.«
»Mein Vater ist ein Fürst!«
»Gut. Dann bist auch du ein Fürst. Wie sonst ständest du an der Spitze einer starken Reitertruppe? Mehr noch, du bist römischer Bürger und stehst im Rang eines Römischen Ritters.* Du weißt, wie groß diese Auszeichnung ist.«
»Sicher. Aber was habe ich davon? Bei den Meinen gelte ich als Verräter.«
»Langsam«, mahnte ich. »Du bist nicht der einzige aus der Führungsschicht deines Volkes, der sich für den Frieden mit Rom entschieden hat. Dann müßte auch Segestes ein Verräter sein.«
»Vielleicht ist er es.«
»Du bist verbittert.«
»Ja, warum sollte ich es leugnen? Als ich hierher in ein römisches Lager kam, geschah dies, weil mein Vater es so wollte. Heute weiß ich, daß er es unter dem Druck der römischen Waffen tat. Damals war ich zu jung, um das zu begreifen.«
»Auch dein Bruder kam hierher!«
»Ja. Aber er tat es sehenden Auges!«
»Was meinst du damit?«
»Er tat es in dem Bewußtsein, die römischen Verhältnisse kennenzulernen, damit er später das tun könnte, was er nun getan hat.«
»Seit wann weißt du das?«

* Die *Römischen Ritter* bildeten den 2. Stand nach den Senatoren. Voraussetzung war der Nachweis eines Vermögens von mindestens 400 000 Sesterzen. Da den Senatoren Geldgeschäfte untersagt waren, wurden sie der Geldadel der Republik als Geschäftsleute, Bankiers und Großunternehmer.

Er schaute mich an, sehr ernst, nicht mehr mißtrauisch, eher wie jemand, der froh ist, mit jemandem, der sich ehrlich dafür interessierte und zuhörte, darüber reden zu können. Vorsichtig fragte ich: »Habt ihr darüber gesprochen?«

»Nein, nicht direkt. Wir waren meist getrennt, in verschiedenen Lagern. Er sprach ohnehin nur selten mit mir.«

»War das auch schon so, als ihr noch drüben wart und zusammen aufwuchst?«

Er überlegte. »Wenn du so fragst . . . Ja. Ich stand immer in seinem Schatten. Er war der Liebling unseres Vaters. Er war stärker, schneller, größer als ich.«

»Du hast darunter gelitten?«

»Ja. Er hatte das Sagen, und ich hatte mich stets nach seinem Willen zu richten. Das war schon so, wenn wir miteinander spielten. Dazu kam der Altersunterschied. Ich war verträumter als er.«

»Und eure Mutter?«

Er winkte ab. »Sie respektierte immer nur den Willen des Vaters.«

»Aber du hingst an ihr besonders?«

»Ja. Als man uns trennte, weinte ich, während er alles Neue, auch eine Trennung, mit Schwung anging.«

»Und wie denkst du heute darüber? Befürwortest du die Tat deines Bruders?«

Er antwortete nicht gleich, und ich fürchtete, er werde, da er mich vielleicht doch für einen römischen Offizier hielt, von nun an ganz schweigen; doch brauchte er wohl nur eine angemessene Zeit, um über meine Frage nachzudenken.

»Ich . . . weiß es nicht«, gestand er schließlich.

»Warum nicht?«

Er schien sich in sich zurückzuziehen. Vielleicht war ich mit meinen Fragen, die den Nerv seines inneren Zwiespalts trafen, zu weit vorgeprescht. Ich nahm mir vor, in den nächsten Tagen behutsamer vorzugehen, um sein Vertrauen zu gewinnen. Doch meine Bedenken waren unbegrün-

det, und was er mir dann sagte, gab mir sehr zu denken – und dies gilt heute noch.
»Nun«, er sprach leise und legte bisweilen größere Pausen zwischen den Worten ein, »ich könnte dir darauf sagen, daß ich nicht der einzige unter den Führern meines Volkes bin, der die Dinge anders sieht als mein Bruder und seine Anhänger. Aber das weißt du ohnehin längst. Nein, ich hatte des öfteren Gelegenheit, mit Quinctilius Varus zu sprechen ...«
»Ach!« entfuhr es mir, und er nickte lebhaft.
»Ich lernte einen anderen Varus kennen als den, den man unter meines Bruders Anhängerschaft beschrieb, wohl auch einen anderen, als man ihn jetzt hier und in Rom darstellt.«
»Wie meinst du das?«
»Varus hatte mich gern in seiner Nähe, und er lud mich oft zu sich.«
»Allein?«
»Ja, allein. Wir führten dann längere Gespräche.«
»Worüber?«
»Über Gott und die Welt, wie man so sagt.«
»Kannst du das näher beschreiben?«
»Sicher. Er war durch und durch ein Mann des Friedens.«
»Woraus schließt du das?« Längst war mir klargeworden, daß ich hier Dinge erfuhr, von denen ich mir nicht hatte träumen lassen, und mit großer Wachheit und Anteilnahme folgte ich seinen Ausführungen.
»Sprach er von seiner Aufgabe?«
»Oft, ja. Einmal sagte er: ›Nachdem Mars mir vorausgegangen ist, folge ich mit Merkur nach.‹ «
»Hast du damals verstanden, was er damit meinte?«
»Oh ja! Er ging davon aus, daß das ganze riesige Land zwischen Rhein und Elbe fest in römischer Hand sei – ich im übrigen auch. Und wie du von Segestes und seinem Anhang weißt, viele andere gleichfalls ...«
Mir fiel ein, was während der Anhörung von einigen Männern geäußert worden war, daß Varus sich hämisch über »die Barbaren« geäußert haben sollte.

Ich sprach ihn darauf an, und er erklärte: »Das ist eine sehr einseitige Betrachtung. Er konnte allerdings in Zorn geraten, wenn er sah, daß vieles von dem, was er plante, nicht von den Betroffenen angenommen wurde. Daraus aber auf eine feindliche Haltung gegenüber allen Bewohnern drüben zu schließen, ist falsch. Er gab sich redliche Mühe, ihnen seine Vorstellungen von einem besseren Leben auf einer höheren Stufe des Miteinanders deutlich zu machen.«

»Gut, aber es heißt, er habe mit seinen ewigen Gerichtssitzungen den Unwillen der Germanen herausgefordert! Hat er sich in deinem Beisein selbst dazu geäußert?«

»Sicher. Es war ihm wichtig, sein Amt als oberster Richter der Provinz möglichst oft persönlich auszuüben. Er sagte dazu: Es sei dies in Germanien das einzige Mittel, den Bewohnern die Macht Roms und die Bedeutung seiner Zivilisation begreiflich zu machen. Ein römischer Statthalter habe im wesentlichen drei Aufgaben: Er sei Heerführer, Empfänger von Abgaben und Richter. Und die militärischen Aufgaben machten ihm die wenigsten Sorgen, bekäme doch jeder römische Legat soviel freiwillige germanische Soldaten, wie er wollte. Steuern – so meinte er – seien in dem für römische Begriffe ärmlichen Land kaum zu erheben. Also bleibe ihm als einziges und wirksames Zeichen der Reichszugehörigkeit nur die römische Gerichtshoheit.«

Überrascht nahm ich zweierlei zur Kenntnis, zunächst die erstaunliche Tatsache, wie sich dieser junge Mann, der Sohn eines »Barbarenfürsten«, in sehr feiner, abgestufter Weise auszudrücken vermochte; zum anderen, daß ein Quinctilius Varus es nicht unter seiner Würde als Vertreter des römischen Kaisers empfunden hatte, sich mit dem Sohn eines alten und gefährlichen Romfeindes gleichsam freundschaftlich, ja intim über seine Auffassung einer angemessenen Provinzverwaltung zu unterhalten. Es mochte ihm damals wichtig erscheinen, durch eine möglichst intensive Ausübung der Gerichtsbarkeit die neuen Untertanen daran zu gewöhnen, in dem Vertreter des Kaisers die höchste Instanz in allen Rechtsfragen zu sehen.

Mehr noch – es schien ihm nötig, den Einwohnern des Landes die Überzeugung zu verschaffen, daß sie nirgends besser und schneller Recht bekommen könnten als bei ihm. Daß dies nicht aussichtslos war oder ihm so erscheinen mußte, ergab sich aus dem Erfolg, den die Annahme des römischen Rechts in anderen unterworfenen Gebieten gehabt hatte, in Gallien, in Spanien, in Nordafrika. Und natürlich war mir in diesem Augenblick klar, daß es gerade die römische Rechtsvorstellung war, die dem gewaltigen Organismus des Reiches das Rückgrat friedlichen Zusammenlebens und Austauschs der verschiedenen Völker, Religionen und Sitten gegeben hatte.
Freilich wußte ich auch, daß Varus gerade in diesem Punkt gescheitert war, zumindest war dies der Hauptvorwurf, den man ihm machen konnte und es auch tat.
Schon am folgenden Morgen sollte ich von berufener Stelle eine Lektion erteilt bekommen, die ich so schnell nicht vergessen sollte. Zunächst aber war ich sehr beeindruckt von den Ausführungen des jungen Prinzen. Mein allererster Eindruck von ihm hatte mich getäuscht. Dies gestand ich mir gern ein. Dann forderte ich ihn aber noch einmal heraus, damit er sich noch klarer ausdrückte: »Nun weißt du aber, daß man hier berichtet, Varus habe seine Kompetenzen gerade in diesem Punkt überschritten, indem er in altgermanische Rechtsvorstellungen unbedenklich, ja brutal eingegriffen habe.«
»Ich hörte davon, ja. Aber ich kenne ja nun aufgrund meiner Herkunft beide Seiten gut, und ich lernte Varus kennen wie kaum ein anderer. Darum kann ich sagen: Zur Ausübung von Druck, zu Erpressungen und fürstlicher Arroganz« – Flavus benutzte tatsächlich diesen römischen Begriff! – »war in dem armen Land keine Gelegenheit. Übergriffe in Einzelfällen kamen natürlich vor, und die Strafe dafür mußte den Unsrigen, da sie die dahinterstehenden Rechtsvorstellungen nicht kannten, unverständlich vorkommen; denn bei dem Unterschied der Lebensweise von Römern und Germanen wurde die Geduld auf eine harte Probe gestellt, wenn es etwa darum ging, römischen Truppenteilen Quartiere zur Verfügung zu

stellen. Dies alles hat viel böses Blut gemacht. Doch darf man hieraus nicht auf eine absichtliche Unterdrückung von seiten des Varus schließen.«
Wir setzten diese Unterhaltung noch eine Weile fort, ohne daß sich für mich neue wichtige Gesichtspunkte ergaben. Was ich wollte, hatte ich erreicht: Ich hatte das Vertrauen des jungen Mannes gewonnen, wobei es gewiß eine Rolle spielte, daß ich selbst kaum zehn Jahre älter war als er. Am Ende sagte er mir gerne zu, mir, wann immer ich wollte, beim Erlernen seiner Muttersprache behilflich zu sein, und wir trafen uns in den folgenden Tagen des Abends in meiner Unterkunft im Praetorium zum Üben. Noch heute denke ich gerne an diese Stunden zurück, da sie mein Weltbild nicht nur sprachlich, sondern in einem höheren Sinn erweiterten. Ja, ich wage zu sagen, daß wir, soweit dies unter den gegebenen Umständen möglich war, Freunde wurden. Wir haben dann ja auch noch später oft und lange miteinander korrespondiert, haben uns auch in Rom getroffen, wo Flavus längere Zeit, wenn er in der Stadt war, Gast in meinem Hause war.

X

Als ich am nächsten Morgen Asprenas über mein erstes, langes und – wie ich meinte – bedeutsames Gespräch mit Flavus Bericht erstattete, hörte er mir zu, ohne mich zu unterbrechen; dennoch spürte ich, daß er nicht ganz bei der Sache war.
Zwar nickte er, als ich fertig war, beifällig und sagte: »Ich danke dir. Das sind gewiß sehr wichtige, neuartige Gesichtspunkte.«
»Aber?« fragte ich, denn ich spürte, daß etwas eingetreten war, womit er nicht gerechnet hatte.
»Tiberius ist hier.«
»Nein!« rief ich überrascht.

»Er kam gegen Ende der dritten Nachtwache an.* Er erwartet mich in« – er blickte zur Wasseruhr – »in einer halben Stunde zum Rapport.«

* Also gegen 3 Uhr in der Nacht. Die Nacht begann um 18 und endete um 6 Uhr; sie war in vier Nachtwachen *(vigiliae)* zu je drei Stunden eingeteilt.

Er schaute mich an, und ich sah, daß ihm nicht wohl war. Darum sagte ich mit großer Überzeugung: »Du hast dir nichts vorzuwerfen. Du hast das linke Rheinufer mit den von dir eingeleiteten Maßnahmen gesichert und wahrscheinlich vor dem Zugriff des Feindes gerettet.«
»Das mag schon sein, aber . . .«
»Ich bitte dich, Asprenas, hier zählen die Fakten!«
»Eben!« erklärte er düster. »Und ich bin der Neffe des Varus!«
»Und er der Sohn des Augustus!«
»Genau das ist der Unterschied!«
»Du hast nicht versagt! Die Politik des Kaisers ist gescheitert!«
»Sehr schön«, spottete er. »Dann mach ihm das mal klar!«
Und ich, keck: »Sollte es hart auf hart gehen, würde ich Andeutungen in diese Richtung machen. – Hast du vor, ihm von unserem Vorhaben zu berichten?«
Er überlegte. Dann nickte er bedächtig: »Selbstverständlich. Er würde es ohnehin erfahren. Ich kenne ihn. Er ist nachtragend, wenn etwas über seinen Kopf hinweg geschieht, selbst dann, wenn es in seinem Sinn ist.«
Er kramte in einigen Papieren, ich sah, wie seine Hände leicht zitterten. Plötzlich blickte er auf: »Ich möchte, daß du dich bereithältst. Es könnte sein, daß er Fragen an dich in der Sache hat.«
»Ich stehe zur Verfügung.«
»Gut. – Übrigens: Kennst du ihn, ich meine persönlich?«
»Ja, ich hatte vor Jahren, als ich gerade zu praktizieren begann, die Ehre, ihm im Hause seines Bruders Drusus vorgestellt zu werden.«
»Worüber spracht ihr?«
»Oh – über medizinische Fragen. Er war gut über die verschiedenen neuen Theorien unterrichtet. Ich habe das Gespräch und ihn in durchaus angenehmer Erinnerung.«

»Das ist gut«, sagte er leise, und ich verstand, was er meinte. Er wußte, daß mir, wie ihm, das Ergebnis unserer Untersuchung gleichermaßen am Herzen lag, und auch bei Tiberius, der ein phänomenales Gedächtnis für Personen, Gespräche und Ereignisse hatte, konnte eine angenehme Erinnerung sich wohltuend auf die Bewältigung der anstehenden Probleme auswirken.

Ich entfernte mich also, sagte, wo ich zu erreichen sei, und wartete gespannt auf die Begegnung mit dem zweitmächtigsten Mann des Imperiums, dem adoptierten Stiefsohn, dem designierten Nachfolger des 72jährigen Kaisers.

Durch meine Verbindungen zu hochstehenden Personen des Hofes hatte ich in den vergangenen Jahren einigen Einblick bekommen in das dramatische Auf und Ab im Verhältnis des Kaisers zum zweiten, jüngeren Sohn seiner Gattin Livia. Und ich wußte, daß dem Prinzen über Jahre hin übel mitgespielt worden war. Gewiß lag ein Grund für die Abweisung durch Augustus in dem sehr schwierigen Wesen seines Stiefsohnes begründet. Ich entsann mich eines höchst kritischen Satzes, einer Beobachtung, die jemand aus der kaiserlichen Familie gemacht hatte und die mir jemand zugesteckt hatte: Es hieß, daß, wenn Tiberius in jungen Jahren ein Zimmer betrat, in dem Mitglieder der Familie sich miteinander unterhielten, die Gespräche plötzlich verstummten und jeder den Raum unter einem Vorwand verließ.

In der folgenden Stunde, die ich wartend in meinem Quartier verbrachte, ging mir all das durch den Kopf, was ich über Tiberius gehört, gelesen oder selbst beobachtet hatte. Aber das hier auszubreiten würde jetzt zu weit führen.

Tiberius war erst vor wenigen Tagen von seinem letzten Feldzug in Illyrien und Dalmatien nach Rom zurückgekehrt, wo ihn die Nachricht von der Niederlage des Varus überraschte, und er hatte nicht gezögert, unverzüglich in den Norden aufzubrechen. Er war in den vergangenen fünf Jahren rastlos tätig gewesen, hatte vor vier Jahren die Langobarden an der Elbe bezwungen, war im folgenden Jahr gegen Marobodus in Böhmen gezogen,

hatte mit ihm einen Waffenstillstand geschlossen, weil zur gleichen Zeit ein großer Aufstand in Pannonien und Dalmatien* ausgebrochen war, der den gebündelten Einsatz aller römischen Kräfte unter seiner Führung gefordert hatte.
Wie so oft schon, hatte sich Tiberius als der beste, erfahrenste und erfolgreichste Feldherr des Reiches erwiesen. Und endlich schien auch der Bann gebrochen zwischen ihm und seinem Stiefvater Augustus, der ihm in früheren Jahren so übel mitgespielt hatte. **
Als es dann klopfte, wußte ich, daß er mich sprechen wollte. Du kannst dir denken, daß mir nicht sehr wohl in meiner Haut war. Er galt als einsilbig, wortkarg, unfreundlich, ja schroff. Ich rechnete mit allem, als ich durch die Tür in das Empfangszimmer des Asprenas trat.

* *Pannonia* umfaßte Ungarn südlich der Donau, Slawonien, einen Streifen von Bosnien, Kroatien, die östlichen Teile von Krain, Steiermark und Niederösterreich; *Dalmatia* ist die Landschaft an der Ostseite der Adria.

** *Tiberius* mußte viele Enttäuschungen hinnehmen, ehe Augustus ihn zu seinem Nachfolger bestimmte.

XI

»Darf ich dir meinen Freund Antonius Castor vorstellen?«
Asprenas hatte sich erhoben und trat mir mit einem, wie ich festzustellen meinte, entspannten Gesicht entgegen. Er warf mir dabei einen schnellen Blick zu, der zu bedeuten schien: Ich habe bereits mit ihm über den Plan gesprochen; er ist der Sache nicht abgeneigt.
Tiberius, der mit dem Rücken zur Tür saß, erhob sich und wandte sich mir zu. Sein Gesicht war gezeichnet von den Strapazen der Reise, es wirkte fahl, er schien abgenommen zu haben. Einen kurzen Augenblick lang

ruhten seine stahlgrauen Augen auf den meinen, dann glitt ein sehr feines, ja, ich behaupte sympathisches Lächeln über den schmalen Mund, er reichte mir seine große rechte Hand und sagte: »Oh, wir kennen uns, nicht wahr, Menandros?«
Ich verbeugte mich und schwieg, überrascht über diese freundliche Begrüßung. Er spürte meine Zurückhaltung, griff mich beim Arm und wies mir einen Platz auf dem dritten, freien Sessel zu. Ich wartete, bis er wieder Platz genommen hatte, und setzte mich, erstaunt, daß er mich mit meinem griechischen Namen angesprochen hatte. Er wirkte gelöster, als ich ihn in Erinnerung hatte.
»Ich denke gern zurück an das Gespräch, das wir vor Jahren im Hause meines Bruders hatten. Also hast du es wahrgemacht, was du schon damals vorhattest!«
Mir fiel ein, daß wir über die Heilkräfte gewisser Pflanzen gesprochen hatten, und ich nahm an, daß er meine botanischen Studien meinte. Darum erklärte ich: »Es ist mir eine Ehre, daß du dich daran erinnerst, Herr.«
»Ich bitte dich, nenne mich nicht Herr. Ich bin nicht dein Vorgesetzter, denn du bist als Privatmann hier.«
Es war dies einer jener seltenen Augenblicke, in denen er sich gelöst geben konnte, und erst viel später ging mir auf, daß er, wenn er zu einem Menschen Vertrauen gefaßt hatte, sehr wohl bestrebt war, den herrscherlichen Abstand zwischen sich und dem Gegenüber vergessen zu machen. In späteren Jahren hat man ihm dies oft als Verstellung ausgelegt.
Er fragte mich dann mit einigen gezielten Sätzen nach dem Stand meiner Arbeit, und ich erstattete ihm einen kurzen Bericht. Er hörte aufmerksam zu, stellte interessierte Zwischenfragen und sagte schließlich: »Wie ich von Asprenas höre, hast du dich erboten, eine ›geographische Exkursion‹ in die Hercynischen Wälder,* zu unternehmen.«
Der Satz hatte zweifellos einen ironischen Unterton, doch blieb er vollkommen ernst, und jemand, der seine leicht gestelzte Art zu reden nicht kannte, konnte sehr leicht verwirrt und aus der Fassung gebracht werden. Da ich aber diese

* Die Hercynischen Wälder nannten Griechen und Römer das riesige Waldgebiet Mittel- und Osteuropas.

Angewohnheit noch von meinem früheren Gespräch in Erinnerung hatte, ließ ich mich dadurch nicht beirren, sondern erklärte: »So ist es, und ich denke, daß jemand wie ich unverdächtig genug erscheinen und man meine medizinischen Kenntnisse gern in Anspruch nehmen wird.«
Er sah mich lange an, und ich spürte, wie er mich nun prüfte, ob er mir vollkommen vertrauen könnte, während ich seinem Blick nicht auswich. Dann kam er auf der Stelle zum entscheidenden Punkt: »Und was versprichst du dir davon?«
Ich antwortete nicht sofort, denn von meiner folgenden Begründung würde es abhängen, ob ich mit seinem Einverständnis rechnen und also mit seiner Unterstützung aufbrechen würde.
»Ich verfolge dabei zwei Ziele: Ich möchte soviel wie möglich über die Vorgeschichte der Katastrophe herausfinden, doch ebenso wichtig könnte es sein, etwas über die zukünftigen Pläne der Gegenseite zu erfahren.«
Er nickte nicht, wiegte nicht das Haupt, sondern stellte die zweite sachliche Frage, die wiederum den Kern dessen traf, was für ihn als den verantwortlichen Reichsfeldherrn von Bedeutung war: »Warum interessiert dich die Vorgeschichte?«
Diese direkte Frage überraschte mich; ich mußte vorsichtig argumentieren. Wenn ich mein Interesse an den menschlichen Verfehlungen des Varus in den Vordergrund stellte, konnte er abweisend reagieren. Darum sagte ich: »Weil es Gründe dafür geben muß, daß die drei tapfersten Legionen in einer nie dagewesenen Weise vollkommen aufgerieben worden sind.«
»Du denkst dabei vornehmlich an Varus, nicht wahr?«
Er schien mich durchschaut zu haben.
»Das auch.« Ich hatte es leicht zögernd gesagt.
Da preßte er seine Lippen einen Augenblick lang fest aufeinander. Leise sagte er: »Varus hat völlig versagt! Man hätte sehr wohl einen Versuch machen können, die nächstgelegenen Posten zu alarmieren oder sogar einige Kuriere an den Rhein gelangen zu lassen. Das Abwarten, die Ausdauer, das unerschütterliche Durchhalten hat in ähnlichen Situationen einem römischen Heer noch immer herausgeholfen.«

Ich spürte, daß die Katastrophe ihn, der doch selbst weithin die östlichen Regionen mit Krieg überzogen und Rom untertan gemacht hatte, persönlich getroffen, herausgefordert, ja beleidigt hatte.
»Ich habe die Berichte gelesen«, fuhr er fort. »Sie sind, wie könnte es unter den gegebenen Umständen anders sein, alle recht unvollkommen, weil keiner der Legaten überlebt hat. Aber wir brauchen Informationen. Darum akzeptiere ich deinen Plan, mein lieber Menandros. Ich muß dich allerdings mit allem Nachdruck darauf hinweisen, daß du, wenn du in Feindesland weilst, ganz allein auf dich selbst gestellt sein wirst. Du wirst keine Verbindung mehr haben nach hinten.«
»Das ist mir klar. Ich habe bereits mit Asprenas über diesen Punkt gesprochen.«
»Es gibt da . . .« – er unterbrach sich und sah zu Asprenas hinüber – » . . . noch etwas. Wie Asprenas mir mitteilte, hast du vor, den Centurio Macarius Macco als Begleitung mitzunehmen.«
»So ist es.«
»Dann muß ich dich auf einen Befehl des Kaisers hinweisen.« Wieder machte er eine Pause, und ich meinte zu spüren, daß ihm die nun folgende Eröffnung unangenehm war. »Der Princeps* hat angeordnet, daß alle Angehörigen der Siebzehnten, Achtzehnten und Neunzehnten Legion, die durch Flucht ihr Leben retteten, Italien nicht mehr betreten dürfen. Nun stammt ja Macarius Macco, wie ich den Akten entnehme, aus Griechenland, so daß diese Anordnung in gewissem Sinne keine Bestrafung darstellt. Im übrigen möchte ich kraft meiner Gewalt ausdrücklich hinzufügen, daß, wenn der Centurio Macarius Macco sich bewährt – und nach dem, was ich über ihn und sein Verhalten gehört habe, wird das ganz ohne Zweifel der Fall sein –, besagter Centurio im Falle eines positiven Ergebnisses sich selbstverständlich rehabilitieren wird, dergestalt, daß er einen nicht unwesentlichen Beitrag im Dienste der Armee und des Imperiums leistet. Du verstehst, was ich meine?«
»Selbstverständlich!«

* *Princeps* heißt eigentlich der »Erste Bürger«. Augustus bevorzugte diese Anrede.

»Gut. Asprenas wird besagten Centurio ohnehin darüber aufklären. Im übrigen habe ich bereits mit dem Mann gesprochen. Er hat mein Vertrauen.«
Er sah mich an, lächelte, ohne daß ein Anlaß dazu bestand, und fügte hinzu: »Jedenfalls nimmt er kein Blatt vor den Mund, und ich weiß das sehr zu schätzen. Bei dir liegen die Dinge natürlich anders, und ich habe großen Respekt vor deinem Entschluß. Leider gehörst du nicht zur Armee.«
»Nun«, erwiderte ich, »mein Status als Sohn eines Freigelassenen ließ mich nicht den Eintritt unter die Adler des Kaisers erwägen.«
»Oh«, rief er, »dem ist nicht mehr so! Wir waren gezwungen, Tausende Freigelassene zu den Adlern zu rufen. Die Verluste mußten augenblicklich ausgeglichen werden. Aber selbstverständlich stehst du, deine Exkursion betreffend, unter meinem persönlichen Schutz. Vielleicht überlegst du dir es später einmal anders. Ich brauche Männer, die denken können und die das, was sie aufgrund ihrer Kenntnis festgestellt haben, in die Tat umsetzen. Du wirst all das an Rüstzeug und Gerät aus den hiesigen Beständen bekommen, was du zur Durchführung deines Unternehmens benötigst. Wann gedenkst du aufzubrechen?«
»Sobald wie möglich.«
»Das ist gut. Du solltest vor Einbruch des Winters am Ziel sein. Selbstverständlich übernimmt die Armee alle Unkosten. Man wird dich in angemessener Weise mit Geld ausstatten. Du wirst dich bitte persönlich vor deinem Aufbruch von mir verabschieden. Werden dir fünf Tage genügen?«
»Ich denke, das wird reichen.«
»Gut. Wir werden uns nach deiner Rückkehr lange miteinander zu unterhalten haben. Ich danke dir, Menandros.«
Wieder zeigte er sich von seiner angenehmsten Seite. Er erhob sich, Asprenas und ich sprangen auf, und er reichte mir zum Abschied seine Hand. Ich spürte noch lange seinen festen Händedruck. Doch entging mir nicht, daß er sich nicht mehr so aufrecht hielt wie vor Jahren. Schlimmes lag hinter ihm – Schlimmeres hielten die Götter noch bereit für ihn. Wie gut, daß die Menschen nie wissen, was das Schicksal mit ihnen vorhat ...

XII

Macarius Macco nahm die derzeitige Beschränkung seiner Bewegungsfreiheit innerhalb des Reichsterritoriums zwar äußerlich gelassen hin, sagte aber: »Freilich ist das eine Beleidigung der Toten wie der Überlebenden. Denn die Schuldigen sitzen in Rom. Ich kann allerdings gerne darauf verzichten, dieser korrupten Stadt einen Besuch abzustatten. Ich war nie dort, werde wohl auch nie hinkommen.«

Das war im Zorn gesprochen, und es sollte sich erweisen, daß man nie in Verbitterung Prophezeiungen machen soll, da sie selten eintreffen.

Am folgenden Tag nahm mich Asprenas beiseite und berichtete mir einige sehr interessante Dinge, die sich nach der Katastrophe ergeben hatten. Er hatte verschiedene Briefe von Freunden und Verwandten aus der Hauptstadt erhalten. Dort war, wie zu erwarten, der Schrecken nach dem Eintreffen der Katastrophenmeldung ungeheuer. Schon glaubte man die Germanen auf dem Wege nach Rom, mitten in Gallien. Mißtrauisch betrachtete man die in der Hauptstadt lebenden Personen germanischer Herkunft, der Kaiser selbst vor allem seine germanische Leibwache – die Treuesten der Treuen – und ließ sie, da er sie nicht entlassen konnte, auf verschiedene Inseln des Tyrrhenischen Meeres schaffen. – Übrigens nahm er sie nach wenigen Jahren wieder in Gnaden an.

Es wurden in großem Umfang Notaushebungen veranstaltet. Um die furchtbaren Lücken zu füllen, die der Untergang der Legionen des Varus gerissen hatte, sah Augustus kein anderes Mittel als die zwangsweise Rekrutierung in Rom und Italien. Die freien Bürger hielten an ihrem Ideal fest und mußten erst durch die strengsten Strafen gezwungen werden, dem Aufruf zu gehorchen. Doch auch so blieb es mehr die Hefe der Hauptstadt, die in die neuen Legionen einrückte, und auch sie wollte nicht genügen. Die Ausscheidung der altgedienten Soldaten, die nach den Kriegen an sich fällig gewesen wäre, stockte gänzlich, weil die Kassen leer waren und die Mittel fehlten, die Veteranen mit ihren Entschädigungsgeldern ins zivile Leben zu entlassen.

Erstaunliches wurde aus Rom berichtet. Der Kaiser hatte sich entschlossen, die Gesetze über das Eherecht der oberen Stände zu verschärfen, da die Kinderscheu, wenn nicht gar -feindlichkeit, die letzte Ursache der Schwäche des Heeres war und das ehelose Leben nach wie vor in den oberen Ständen weit verbreitet blieb. Kinderlose Senatoren hatten eine besondere und nicht geringe Steuer zu zahlen. Es fand ja überhaupt in dieser Zeit eine Rückbesinnung auf die alten Werte statt, jedenfalls verordnete der greise Herrscher – er hatte die Siebzig längst überschritten – entsprechende Maßnahmen, ließ alle wichtigen Tempel wieder herrichten, kümmerte sich um die Auffrischung der Kulte und hegte wohl die Hoffnung, dies werde das zunehmend egoistische Denken der Oberschichten beeinflussen. Wie du weißt, mein Plinius, erreichte er nichts damit.
Tiberius freilich war in den folgenden Wochen und Monaten rastlos tätig. Es mußte Ersatz geschaffen werden für das untergegangene niederrheinische Heer. Er erhöhte sofort die Zahl der Legionen von fünf auf acht. An die Stelle des bisher einheitlichen Oberkommandos an der Rheingrenze setzte er zwei einander gleichgestellte Befehlshaber, je einen Legaten consularischen Ranges. Die Hauptquartiere legte er nach Castra Vetera und Mainz. Die XX. Legion verlegte er aus Illyricum* an den Niederrhein, ebenso die XXI. aus Vindelicien;** die XIII. Legion erhielt ihr Standlager in Vindonissa.*** Das Heer im Jenseitigen Spanien wurde aufgelöst: Die II. Legion wurde in Mainz, die V. in Castra Vetera stationiert. Durch Wiedereinberufung von Veteranen und die zwangsweise Rekrutierung von Freigelassenen in Rom wurde eine neue I. Legion gebildet anstelle der in Spanien stark dezimierten gleicher Nummer. So standen am Niederrhein die Legionen I, V, XX, XXI, in Mainz die II, XIII, XIV und XVI. Mit all diesen organisatorischen Aufgaben war Tiberius drei Jahre lang beschäftigt, und wieder einmal zeigte sich sein unvergleichliches Können als Stratege, denn er leitete selbst die Ausbildung des neuen Heeres und die kommenden Operationen gegen die Germanen

* *Illyricum* (Illyrien) ist die Gebirgslandschaft an der Ostküste des Adriatischen Meeres, das heutige Dalmatien, Bosnien und Albanien umfassend.

** Das Gebiet der *Vindelici* zu beiden Seiten des Lech, zwischen Alpen und Donau.

*** *Vindonissa*, Stadt in der heutigen Schweiz an der Aar, jetzt Windisch.

unter Mitwirkung seines Neffen Germanicus, dem Sohn seines Bruders Drusus.
Aber damit habe ich bereits vorgegriffen. Mich beschäftigten damals ganz andere Dinge.

Nur wenige Eingeweihte wußten etwas von der geplanten Exkursion, doch hatte sich beim betroffenen Personal des Lazaretts herumgesprochen, daß unser Vorhaben mit allerhöchstem Einverständnis geplant und durchgeführt werde, und entsprechend war unser Ansehen bei den Chargen gestiegen: das meine, weil es ganz und gar außergewöhnlich war, daß ein Zivilist, gar ein griechischer Arzt, bei einer quasi militärisch ausgerichteten Aktion im Mittelpunkt stand; das des Macarius, weil längst bekannt geworden war, daß die Überlebenden der Varus-Schlacht sozusagen ins Exil geschickt worden waren, indem sie Italien nicht betreten durften.
In einem längeren Gespräch mit Asprenas waren wir dann so verblieben: Falls sich die Gelegenheit ergeben würde, sollten wir Kontakt zu Marobodus, dem Fürsten der Markomannen, aufnehmen. Seine derzeitige Haltung war vollkommen unklar. Es bestand nach wie vor die Möglichkeit, daß er sich mit Arminius und dessen Anhang verbünden würde. Schon der geringste Anhaltspunkt in dieser Sache konnte für das Oberkommando sehr wichtig sein. Das setzte voraus, daß wir einen weiten Umweg machen würden, falls er sich auf einer seiner Festungen im Süden aufhalten würde. Es konnte allerdings auch sein, daß er sich, um schneller Kontakt zu Arminius zu erhalten, in nördlicheren Regionen des von ihm kontrollierten Herrschaftsgebietes aufhielt. Nach intensivem Studium der vorhandenen Karten und nach Gesprächen mit einigen Ortskundigen neigten wir dazu, daß er sich jenseits der Quellen des Mains im nördlichen Böhmen aufhalten könnte. Da dies ohnehin der Raum war, den wir als Basis unseres weiteren Vordringens nach Norden und Nordwesten ins Auge gefaßt hatten, änderte sich an der anfangs geplanten Route nichts.
»Niemand weiß«, bemerkte Asprenas dazu, »wie die dortigen Wege sind, ob es sie gibt, ob sie für Wagen durchgehend befahrbar sind. Doch pendeln

schon seit alten Zeiten Händler mit ihren Gespannen zwischen der Donau und der Elbe hin und her, so daß ihr wohl irgendwann auf diesen Weg stoßen werdet. Alles übrige müßt ihr selbst an Ort und Stelle entscheiden.«
Ich benutzte die verbleibenden Tage, um meinen germanischen Grundwortschatz zu vervollständigen, und ich war durchaus in der Lage, mich soweit verständlich zu machen, daß mein Gegenüber meinen Wunsch nach Brot, Wasser, Bier oder anderen Lebensmitteln verstehen könnte. Die entscheidenden Gespräche würde Macarius führen.
Der Tag des Aufbruchs kam. Als ich mich bei Tiberius melden ließ, wurde ich unverzüglich vorgelassen. In den Gängen war ein unruhiges Kommen und Gehen. In seinem Besprechungsraum standen Offiziere über Pläne gebeugt, es wurden wohl strategische und taktische Maßnahmen für die nächste Zeit erörtert. Als er mich bemerkte, hellte sich sein ernstes Gesicht auf: »Darf ich euch Antonius Castor vorstellen?«
Geschickt benutzte er meinen romanisierten Namen, der ihnen meine Herkunft anzeigen sollte. Sie wandten sich mir alle zu und musterten mich kritisch. Doch schienen sie durch Tiberius bereits über mein Vorhaben informiert worden zu sein, denn einer der Legaten meinte schmunzelnd: »Die Absicht des Entschlossenen kennt kein Schwanken!«
Dies war eine der berühmten Sentenzen aus der Spruchsammlung des Publilius Syrus, eines Komödianten aus der Zeit Caesars. Ich konterte gutgelaunt: »Bei keinem Vorgang darf die Vorsicht fehlen! Beim Wagen wächst der Mut, die Furcht beim Zögern!«
Und schlagfertig darauf Tiberius: »Das Herz, das fürchten kann, trotzt auch Gefahren! Wir alle wünschen dir den Segen der Götter. Jeder hier weiß um die Gefahr dessen, was du dir vorgenommen hast. Ich werde dem Aesculapius opfern, daß er dich gesund und unverletzt zurückbringen möge. Wann brichst du auf?«
»Morgen.«
»Gut. Asprenas wird dich mit dem nötigen Geld ausstatten. Ich habe Weisung gegeben, dir vor allem griechische Silberdrachmen in ausreichender Menge auszuhändigen. Die Götter mit dir!«

Und wieder zeichnete er mich sichtbar vor allen Anwesenden aus, indem er zu mir trat und mich kurz umarmte, was von allen mit Staunen registriert wurde, denn es war höchst selten, daß Tiberius Gefühle zeigte. Diese Szene sollte allen in Erinnerung bleiben, denn noch Jahre später wußte man darüber in Rom zu berichten, und ich galt von Stund an als Freund des Thronfolgers und künftigen Kaisers.

XIII

Ich verzichte darauf, mein Plinius, dir die Reise in allen Einzelheiten zu schildern. Es würde uns zu weit vom Thema abbringen. Zum anderen liefe es letztendlich auf die stete Wiederholung der Schwierigkeiten hinaus, die wir zu bewältigen hatten. Darum nur das Wichtigste in Kürze.

(Wir bedauern dies natürlich sehr, zumal gerade diese Dinge, die wir heute die verkehrstechnische Erschließung eines Landes nennen, für uns von außerordentlichem Interesse sind. Es zeigt sich hier allerdings auch eine Besonderheit von Berichterstattern wie Menandros und anderen, die sich vornehmlich nur für das politische und menschliche Geschehen interessierten: Obwohl sie diese fremden Landschaften und Regionen aus eigener Anschauung kennengelernt haben, halten sie die Beschreibung der geographischen Details und geologischen Besonderheiten für zweitrangig; alles wird stets mit den Augen eines Angehörigen der überlegenen mediterranen Kultur gesehen und beurteilt. Freilich müssen wir Menandros zugute halten, daß die in den östlichen, riesigen Weiten Germaniens wohnenden Völker keine schriftlichen Zeugnisse über sich selbst hervorgebracht haben. Erst Tacitus sollte am Ende des 1. Jahrhunderts die erste tiefer schürfende Monographie über die Germanen schreiben, die bis heute die einzige größere schriftliche Quelle über das Leben unserer Vorfahren zu dieser Zeit geblieben ist. Immerhin sind wir dankbar, überhaupt Berichte wie den unseres Menandros zur Verfügung zu haben.

Wer mehr wissen will, kommt nicht umhin, zu den Schriften des Plinius selbst zu greifen oder die »Germania« des Tacitus zu studieren.)

Wer sich außerhalb der Grenzen des Römischen Imperiums bewegt, wird plötzlich mit vollkommen anderen, primitiveren Bedingungen des Lebens auf allen Ebenen konfrontiert. All die Einrichtungen, die wir in unseren Städten und Siedlungen als selbstverständlich hinnehmen, sind plötzlich nicht mehr vorhanden. Es sind vor allem jene Dinge, die unser tägliches Leben so angenehm machen und von denen uns gar nicht bewußt ist, daß es außerhalb der Provinzgrenzen anders zugeht.
Als erstes vermißt du drüben unsere festen Straßen. Schon nach einigen Meilen wird die Fahrt mit dem Wagen über die unbefestigten Wege zur Tortur. Und vollends wird dir die Nützlichkeit unserer Straßen bewußt, wenn du in tagelangem Regen unterwegs bist. Wir sind es gewöhnt, daß unsere Straßen die kürzeste Verbindung zwischen zwei Punkten darstellen. Wir scheuen nicht die Mühe, Felsüberhänge zu beseitigen, aufgeschüttete Trassen anzulegen, Brücken zu bauen, Knüppeldämme anzulegen, um es dem Reisenden so bequem wie möglich zu machen. Schau dir etwa den Verlauf der Via Appia in Italien auf einer Karte an, dann weißt du, was ich meine. Und gerade der Straßenbau ist wohl eine der größten Errungenschaften der Menschheit. Ich bin überzeugt, noch in Jahrhunderten wird man die hohe Kunst unserer Straßenbauer rühmen.
Nichts davon im Barbarenland. Es mangelt dort nicht nur am technischen Vermögen. Was fehlt, ist die zentrale Steuerung durch einen festgefügten, klar von oben nach unten organisierten Staat. Wahrscheinlich erkennt man die Höhe einer Kultur zunächst daran, ob es ihr gelingt, den Menschen die Wege zueinander zu ebnen, und dies im wörtlichen Sinne.
Im Grunde gibt es draußen nur drei Möglichkeiten, über Land einigermaßen zügig vorwärtszukommen: am Rande der Flüsse, auf den Flüssen selbst oder auf den Bergkämmen. Die Täler sind im Frühjahr und im Herbst häufig überschwemmt, die Flüsse sind reißend oder für Schiffe nicht tief genug. Darum benutzen die Einwohner schon seit Urzeiten jene Wege, die

über die Kämme der Gebirge verlaufen. Erst wenn man mühsam eine solche Kammhöhe erreicht hat, geht es einigermaßen zügig voran. Im übrigen haben unsere Armeen, auch die des Varus im Saltus Teutoburgiensis, gerade die letzte Möglichkeit stets genutzt. Ich werde gerade auf diesen Sachverhalt im Zusammenhang mit der Katastrophe im Land der Cherusker noch ausführlich zu sprechen kommen.

Zunächst also nutzten wir die Wege, die südlich der Mainmündung parallel zum Fluß nach Osten führen. Diese Gegenden sind ja einigermaßen erschlossen, nicht zuletzt durch die Nähe zu unseren überall angelegten Castellen und Niederlassungen.

Nun ändert der Main aber schon bald seine Richtung. In gewaltigen Bögen strömt er mal nach Norden, dann wieder nach Süden. Also verließen wir sein Tal und folgten den Wegen, die zwischen den großen Windungen über Gebirge führen, die in diesen Gegenden mittlere Höhen erreichen. Wären wir den schweifenden Linien des Flusses gefolgt, hätten wir mehr als das Doppelte der Strecke zurücklegen müssen.

Anders als in unseren Provinzen, fehlt es weithin auch an Herbergen und Übernachtungsmöglichkeiten. Meist schliefen wir unter Decken und Fellen im Wagen, denn wir wollten unter allen Umständen vermeiden, gleich zu Beginn unserer Reise in einer Taberna nach dem Woher und Wohin gefragt zu werden; die Gefahr war zu groß, daß unsere römische Herkunft erkannt und von Spionen an die Führer der germanischen Aufrührer gemeldet werden konnte.

Das wiederum hatte die unangenehme Folge, daß Macarius und ich des Nachts abwechselnd wachen mußten, um das Lagerfeuer bei kleiner Flamme zu halten, als Abwehr gegen die in den Wäldern streunenden Wolfsrudel. Nicht weniger unangenehm war, daß die Körperpflege aufgrund der dortigen Herbsttemperaturen nur hin und wieder aus einem belebenden, kurzen Bad in einem quirligen Waldbach oder unter den stürzenden Fluten eines einsamen Wasserfalles bestehen konnte. Wie sehnten wir uns nach unseren Thermen!

Unsere Ernährung bestand hauptsächlich aus Brot, Wasser, Käse und

Früchten. Wir deckten uns in den am Wege liegenden Siedlungen stets für mehrere Tage ein. Dabei war es für mich wichtig zu beobachten, wie unser Äußeres, unsere griechische Sprache, unser Wagen samt Ausrüstung auf die Einwohner wirkten. Es lief immer wieder auf dasselbe hinaus: Sobald man in uns Griechen erkannte, schwand nach kurzer Zeit das natürliche Mißtrauen, das man wohl jedem Römer entgegengebracht hätte. Wenn sich dann während des folgenden kurzen Gesprächs herausstellte, daß es sich gar um einen Arzt und seinen Begleiter handelte, brachte man spontan Kranke zur Behandlung herbei. Wir nutzten dann die Gelegenheit, unsere Bestände an einheimischen Heilkräutern zu ergänzen oder zu vergrößern, und man gab uns reichlich, ohne dafür etwas zu nehmen. Hierbei erlebte Macarius nun den ersten medizinischen Ernstfall der Exkursion, als wir einem etwa 40jährigen Bauern einen Backenzahn ziehen mußten. Nach einer solchen Behandlung wurden wir stets zum Übernachten eingeladen. Wir nahmen natürlich immer gerne an, denn dann konnten wir unter einem festen Dach auf weichem Heu oder warmem Stroh schlafen – meist ging ein Vollbad in einem großen hölzernen Zuber voraus. Nach dem Abendessen erfuhren wir oft einiges über die Gesamtlage in der Region. Ich kann die Gastfreundschaft dieser einfachen Menschen nicht hoch genug loben. Wir wurden wie Könige behandelt.
So näherten wir uns allmählich den Quellen des Mains und mußten uns entscheiden, ob wir noch weiter nach Osten, nach Böhmen, vorstoßen sollten. Natürlich konnten wir nicht rundheraus fragen, ob Marobodus sich in der Nähe aufhielt und wenn ja, auf welcher Burg er sein Standquartier hatte. Doch dies war nicht nötig: Die Einheimischen, die zwar außerhalb des Machtbereichs der Markomannen lebten, kamen bald von sich aus darauf zu sprechen. Und je näher wir den Gebirgen kamen, die die Wasserscheide nach Osten bilden, desto mehr erfuhren wir über die machtpolitischen Verhältnisse der Region.
Ich fasse das, was ich damals und auch später erfuhr, einmal zusammen, denn vielleicht kannst du, mein Plinius, ja das eine oder andere davon für deine Darstellung gebrauchen.

In jungen Jahren war Marbod – wir nennen ihn Marobodus – nach Rom gekommen, wahrscheinlich in Absprache zwischen seinem fürstlichen Vater und Augustus, der damals noch davon ausgehen mochte, daß man germanische Fürstensöhne am ehesten zu Romfreunden machen könnte, wenn man sie in Rom erzog. Ähnlich verfuhr er ja auch mit Arminius und seinem Bruder Flavus. Aus damaliger Sicht der Dinge mochte diese Entscheidung richtig sein; heute sieht man es anders, aber man ist bekanntlich stets klüger, wenn man aus der Curie nach Hause geht.
Es heißt, Augustus habe den jungen Marobodus gefördert. Das kann alles Mögliche bedeuten, doch letztendlich läuft es darauf hinaus, daß der junge Mann die Möglichkeit erhielt, militärische, politische und auch administrative Erfahrungen zu sammeln. Er muß damals auch das römische Bürgerrecht bekommen haben. Wie lange er in Rom und Italien weilte, konnte ich nicht feststellen; es spielt auch keine große Rolle. Entscheidend ist: Gleich nach seiner Rückkehr in die Heimat trat er, wie es bei einem unserer Gewährsmänner heißt, »aus dem Privatstand an die Spitze der Staatsgeschäfte, errang sich die Herrschaft und unterwarf sich außer den Markomannen noch eine weitere Zahl von Stämmen«.
Hinter dieser lakonischen Mitteilung verbirgt sich eine der aufregendsten Geschichten jener Jahre, und es gibt wohl kaum eine vergleichbare Karriere unter den damaligen »jungen Wilden«, wie ich diese Fürstensöhne einmal nennen will. Zu der Zeit, als Tiberius in seinem selbstgewählten Exil auf der Insel Rhodos lebte und schmollte,* hatten sich nämlich die Markomannen** der Bedrohung durch unsere Truppen an der Donau, in Mainz und der Taunusfestung entzogen und waren vom mittleren und oberen Maintal in das sichere Böhmen gezogen. Dort glaubten sie sich, ringsum durch dichtbewaldete Höhenzüge umgeben, zunächst einmal vor einem römischen Angriff sicher.

* 8-6 v.Chr.

** *Markomannen* heißt übersetzt die ›Grenzmänner‹ (daher auch z.B. Grenz*mark*).

Später führten Drusus und Tiberius ihre Feldzüge im nördlichen Germanien zwischen Rhein und Weser, schließlich marschierte Tiberius weiter bis zur Elbe. Der alte Traum Caesars zeichnete sich ab, eine Verbindung zwischen Germanien und dem Pontos Euxeinos* herzustellen. So schien die Überquerung der Elbe nur noch eine Frage der Zeit zu sein. Also lag es nahe, die Gebiete jenseits des Rheins befriedet zu halten, um demnächst weiter ausgreifen zu können. Das aber setzte voraus, daß man die Markomannen ruhighalten mußte. Es gab noch lebendige Erinnerungen an den Beginn von Caesars Einschreiten in Gallien; damals hatten markomannische Kontingente auf seiten des Suebenkönigs Ariovist gegen Caesar gekämpft, und du weißt, mein Plinius, nichts vergißt Rom so wenig wie alte Feindschaften.

* *Pontos Euxeinos* (griech.) ist das Schwarze Meer.

Das Erstaunliche an den folgenden Ereignissen ist nun, daß sie von einem sehr jungen Mann, eigentlich noch einem Jüngling, in die Wege geleitet wurden. Über die Einzelheiten ist bis heute nicht viel bekannt geworden. Wahrscheinlich sollte es das auch nicht, denn all diese seltsamen Dinge stehen jetzt im Schatten der Katastrophe des Varus. Niemand weiß und wußte mir zu sagen, wieso dieser Marobodus, eigentlich ein Privatmann, dazu noch nicht zwanzig Jahre alt, einen solchen Einfluß auf einen Volksstamm von immerhin einigen zweihunderttausend Menschen hatte, daß er sie veranlassen konnte, zu einem bestimmten Zeitpunkt ihre bisherigen Wohnsitze am Main zu verlassen und über das Gebirge nach Osten zu ziehen. Aber vielleicht hast du selbst darüber bessere Nachrichten erhalten? – Nein? Aha, so siehst du, daß diese Frage bis heute offen geblieben ist. Und wie die Dinge liegen, wird dies wohl für immer so bleiben. Es sei denn, das kaiserliche Archiv enthält geheime Berichte, die wir nicht kennen. Fest steht, und alle Autoren, die ich gelesen habe, sind sich darin einig: Dieser Exodus erfolgte auf den Rat eben dieses jungen Marobodus. Unserem Oberkommando in Germanien muß freilich die Räumung eines so wichtigen Aufmarschgebietes nicht ungelegen gewesen sein.

Ich habe noch einmal bei Velleius Paterculus nachgelesen, und er führt dazu folgendes aus: »Außer dem Volksstamm der Markomannen blieb in Germanien nichts mehr zu erobern übrig. Diese waren unter ihrem Führer Marobodus von ihren bisherigen Wohnsitzen aufgebrochen, hatten sich ins Innere des Landes zurückgezogen und bewohnten nun die Gegenden innerhalb des Hercynischen Waldes« – er meint das schon genannte Böhmen jenseits der Quellen des Mains. Und fährt fort: »Wenn ich auch noch so rasch vorgehe, so darf ich doch diesen Mann nicht unerwähnt lassen. Marobodus war aus einem vornehmen Geschlecht und besaß einen kühnen Geist – mehr seiner Abkunft als seinen geistigen Fähigkeiten nach ein Barbar. Seine Vorherrschaft über seine Stammesgenossen hatte sich nicht im Drang des Augenblicks zufällig ergeben, noch war sie auf einen gewissen Zeitraum beschränkt und vom guten Willen der Gehorchenden abhängig. Marobodus hatte vielmehr die Idee eines festgegründeten Reiches mit königlicher Gewalt und beschloß daher, sein Volk weit von den Römern entfernt an einen Ort zu bringen, wo er es, nachdem er der stärksten Macht gewichen war, selbst zur stärksten machen konnte. Deshalb besetzte er die erwähnten Gegenden, unterwarf sich alle Nachbarn entweder im Krieg oder gewann sie durch Verträge für sich.«

Und nun bringt Velleius eine interessante Beobachtung: »Die Truppe, die sein Reich schützte, brachte er durch beständige Übung fast auf den Stand römischer Disziplin. In kurzer Zeit hatte er sie auf eine solche Höhe gebracht, daß sie selbst unserem Reich bedrohlich erschien. Gegen die Römer verhielt er sich so: Er vermied es, uns zum Krieg zu reizen, gab aber kund, daß er, falls er selbst gereizt würde, die Kraft und den Willen zum Widerstand besäße. Die Gesandten, die er zu Augustus schickte, empfahlen ihn bald wie einen Schutzflehenden, bald sprachen sie von ihm wie von einem Gleichrangigen. Volksstämme und einzelne Personen, die von uns abfielen, fanden bei ihm Zuflucht. Im ganzen verhielt er sich wie ein Rivale Roms, was er nur schlecht verhehlte. Sein Heer, das er auf die Stärke von 70 000 Fußsoldaten und 4 000 Reitern gebracht hatte, übte er in beständigen Kriegen gegen die Nachbarvölker und bereitete es so auf eine größere Aufgabe als die gegenwärtige vor. Marobodus war auch deswegen zu fürchten, weil er zur Linken und vor sich Germanien, zur Rechten Pannonien und im Rücken seines Gebietes die Noriker hatte. So wurde er von allen gefürchtet, als würde er jeden Augenblick gegen sie vorrücken. Ja, er ließ auch Italien nicht die Möglichkeit, beim Anwachsen seiner Macht ruhig zuzusehen, da zwischen den höchsten Alpenpässen, die Italiens Grenze bilden, und der vorderen Grenzlinie seines Reiches nicht mehr als zweihundert Meilen* lagen.«

* Etwa 350 km.

Der Ausbruch des pannonischen Aufstandes hinderte Tiberius dann, wie du weißt, Marobodus zu unterwerfen. Nach Beendigung des pannonischen und dalmatischen Krieges hinderte die Varus-Katastrophe Tiberius wiederum daran, gegen Marobodus vorzugehen. Denn mittlerweile war jenseits des Rheins eine völlig neue Lage entstanden. Dies alles mußt du, mein Plinius, bedenken, wenn du verstehen willst, mit welcher Spannung wir uns der Grenze seines Machtbereiches näherten.

Wir wußten nicht, ob er sich Rom gegenüber als Freund oder Feind oder lediglich als neutraler Beobachter verhalten würde, und es war eine unserer Aufgaben, dies herauszufinden.

XIV

Es kam dann alles ganz anders, als wir erwartet hatten. Wir hatten die letzten Höhen des dichtbewaldeten Quellgebirges des Mains noch nicht erreicht,* die bis auf 3 000 Fuß ansteigen, und mußten uns entscheiden, ob wir noch weiter nach Osten oder Südosten vorstoßen sollten, als wir der schwierigen Wahl der weiteren Route enthoben wurden, freilich auf eine Weise, mit der wir nicht gerechnet hatten.

* Menandros meint hier wohl das Fichtelgebirge.

Ein anstrengender Tag lag hinter uns. Die anfangs schauerartigen Niederschläge waren, je höher wir kamen, in Dauerregen übergegangen. Unser Weg, der sich in der Nähe eines der Quellbäche des Mains entlangschlängelte, war streckenweise völlig aufgeweicht; an anderen Stellen setzte von den Hängen herabgeschwemmtes Geröll den Maultieren so arg zu, daß wir uns entschlossen, bei nächster Gelegenheit unser Lager aufzuschlagen.

Zum erstenmal kamen wir uns wie am Ende der Welt vor. Weit und breit keine Siedlung, kein Einzelgehöft, weder Wagen noch Wanderer. Als der Regen etwas nachließ, senkten sich Nebelschwaden über das Hochtal, es begann früher zu dunkeln, und der ohnehin kurze Tag ging in ein zwielichtiges Grau über. Unsere Stimmung war schlecht. Die Nässe war überall, am Boden, in der Luft, in den Planen des Wagens; das Wasser schwappte bei jedem Schritt zwischen Fuß und Sohle, denn wir gingen zu Fuß, um es den Zugtieren so leicht wie möglich zu machen. Das Lederzeug war gequollen, wir selbst naß bis auf die Haut. Die Nebelbänke vereinigten sich zu immer größeren zusammenhängenden Partien, die uns die Sicht nahmen. Wie ein graues Tuch lagen sie schwer über der Landschaft. Es tropfte von den Bäumen, riesigen Tannen und Fichten; die lang herabhängenden Bartflechten hatten sich wie Schwämme vollgesogen. Nirgends eine trokkene Stelle.

Im letzten Licht des schwindenden Tages entdeckten wir seitlich, auf einem kleine Plateau, eine Lichtung, und wir entschlossen uns, dort unter den Zweigen der Tannen zu übernachten. Ein Blick zum verhangenen Himmel hatte uns noch vor dem Niedergehen des Nebels gezeigt, daß es wohl die ganze Nacht durchregnen würde. Zum erstenmal wurde mir bewußt, was es bedeutete, in den unermeßlichen Weiten der Hercynischen Wälder unterwegs zu sein. Im Umkreis vieler Meilen waren wir die einzigen Menschen weit und breit.

Mit letzter Kraft legten sich die Maultiere in die Riemen und zogen den Wagen auf die höher gelegene Lichtung. Es war schon so dunkel geworden, daß wir nur schemenhaft die Umrisse der Bäume wahrnahmen, die wie hünenhafte Wächter die freie Fläche umstanden.

Plötzlich blieb Macarius, der die Tiere führte, stehen und hielt das Gespann an.

»Was ist?« fragte ich und kam nach vorne.

»Da!«

Eine dunkle Fläche zeichnete sich in der Finsternis ab. Wir ließen den Wagen zurück und näherten uns langsam und vorsichtig dem Schatten, der sich schließlich als Wand einer Hütte zu erkennen gab. Wir blieben stehen und lauschten. Stille. Nichts regte sich. Nur der Wind fuhr in Böen durch die hohen Bäume und schleuderte uns den Regen ins Gesicht. Wir traten nahe an das Haus heran und erkannten allmählich Einzelheiten: Es war aus rohen Stämmen geschichtet, die sich an den Enden kreuzten. Neben der Tür ein kleines Fenster, mehr ein Windloch, das mit einem Laden geschlossen war. Wir gingen bis zum Ende der Längsseite. Daneben ein Unterstand mit trockenem, festem Boden. Im Dunkeln ertasteten wir Eisenringe an den mittleren Ständern. Ein Stall also! Aber er war leer. An der Rückwand Stapel von Heu und Stroh für die Tiere.

Wir gingen um die Hütte herum. Gleich dahinter begann der Wald. Wir vermuteten, daß dort ein Pfad durch das Dickicht führen würde. In der Finsternis war freilich nichts zu erkennen.

Kurz entschlossen trat ich zur Tür und klopfte kräftig dagegen. Nichts rührte sich. Mit den Fingern tastete ich den Türrahmen entlang und fand, wie erwartet, eine lederne Schleife, die die Tür geschlossen hielt. Vorsichtig löste ich sie von dem dicken Nagel, hob sie an und spürte, wie die Tür sich öffnete. Völlige Dunkelheit vor uns. Ich schnupperte in die Finsternis. Es roch nach Harz und Asche. Vor nicht allzu langer Zeit mußte hier ein Feuer gebrannt haben.

Wir traten ein, tasteten uns mit ausgestreckten Händen an den Wänden entlang und erreichten so die Feuerstelle. Der gemauerte Herd war noch warm, und bei genauerem Hinsehen entdeckten wir unter der Asche noch Glut. Ich beugte mich darüber, blies vorsichtig so lange, bis die halbverbrannten Scheite aufleuchteten und sich von neuem entzündeten. Im Schein der schwachen Flämmchen entdeckten wir neben dem Herd aufgestapeltes Brennholz, auch Reisig und Stroh, und binnen kurzem gelang es uns, das Feuer neu zu entfachen.

Während ich mich um das Feuer kümmerte, bugsierte Macarius Wagen und Tiere in den trockenen Unterstand, spannte die Maultiere aus und band sie an den dafür vorgesehenen Ringen fest. Gleich in der Nähe fand er eine Tonne mit frischem Wasser, daneben einen hölzernen Eimer, und als erstes gab er den Tieren zu trinken und band ihnen ihren Hafersack um. Seine Augen hatten sich mittlerweile an das Nachtgrau gewöhnt, und er entdeckte ein hölzernes Gitter, mit dem er den Unterstand vor streunenden Wölfen schützen konnte.

Es war uns klar, daß die Hütte bewohnt war, denn überall fanden sich Spuren hierfür: Ein Beutel mit Brot hing am Deckenbalken, über der Feuerstelle ein angeschnittener Schinken; in einem irdenen Krug Schmalz, in einem anderen Hartkäse, in einem weiteren Milch. Wir mußten also damit rechnen, daß der oder die Bewohner jeden Augenblick zurückkehren konnten. Dennoch sahen wir dieser Möglichkeit recht gelassen entgegen; gingen wir doch davon aus, daß gerade hier, in der Wildnis, das ungeschriebene Recht des Gastes für den Fremden galt, das – wie wir schon so oft erfahren hatten – gerade bei den Barbaren gepflegt wurde. Selbstverständlich würden wir für alles, was wir verbrauchten, in barer Münze bezahlen.

Wir fanden ein paar verrußte, speckig glänzende Öllampen und zündeten sie mit einem brennenden Hölzchen an. Ich ging noch einmal zum Wagen, holte von unserem eigenen, nicht mehr ganz frischen Brot, auch von unserem Hartkäse, und schöpfte etwas von der Milch – es war Ziegenmilch – in unsere Becher. Wir aßen schweigend im heimeligen Schein der Lampen und des Feuers, das wir bei kleiner Flamme hielten. Wohlige Wärme machte sich allmählich breit. Der Rauch zog durch das Dach nach draußen. Wir konnten uns sehr gut vorstellen, daß man, wenn man über genügend Lebensmittel verfügte, sehr wohl den Winter an diesem Ort verbringen konnte.

Gleich neben dem aus Natursteinen gemauerten und mit Lehm verputzten Herd befand sich eine Strohschütte am Boden, breit genug für mindestens vier, fünf Menschen. Allerdings war uns aufgefallen, daß die Hütte wohl nur von Männern bewohnt wurde. Nirgendwo Kleidungsstücke, die von Frauen oder Kindern getragen wurden. Wir stellten darüber Vermutungen an, neigten schließlich zu der Ansicht, daß hier ein oder mehrere Hirten ihr Unterkommen hatten; doch fehlten dafür wiederum entsprechende

Hinweise, außer daß wir in einer Ecke einen großen Freßnapf fanden, wie man ihn Hunden vorsetzt.
Wir waren, nicht zuletzt durch die Strapazen des Aufstiegs ins Gebirge bei den schlechten Wetterverhältnissen, todmüde und machten uns gleich nach unserer Mahlzeit ein Nachtlager auf dem Stroh zurecht. Danach entledigten wir uns unserer nassen Sachen, zogen trockene an und hängten die feuchten Stücke über ein neben dem Feuer zwischen den Wänden gespanntes Seil zum Trocknen auf. Dann füllten wir die Öllampen auf, verkleinerten die Dochte, damit sie noch einige Stunden brennen würden, und krochen unter unsere Decken. Falls die Bewohner noch in der Nacht zurückkehren sollten, würden wir uns beim Schein der Lampen schnell ein Bild machen können. Im übrigen waren wir zu müde, um noch weitere Mutmaßungen anzustellen, die doch zu nichts führen würden. So lagen wir schon nach wenigen Augenblicken in tiefem Schlaf.
Hundegebell weckte mich. Zunächst dachte ich zu träumen, und es dauerte einige Augenblicke, ehe ich begriff, daß das Kläffen von draußen kam. Ich wollte Macarius wecken, doch er saß schon aufrecht neben mir. Ehe wir aufspringen und zu den Waffen greifen konnten, wurde die Tür aufgerissen, und mehrere männliche Gestalten betraten den Raum. Draußen war der Tag gerade angebrochen, die Wolken hatten sich verzogen, und die Strahlen der frühen Sonne blendeten uns. Die Männer traten näher heran, zwei von ihnen hielten große Hunde, den Molossern* ähnlich, an kurzen Leinen. Schweigend betrachteten sie uns. Wir rührten uns nicht und warteten ab. Schließlich befahl uns einer von ihnen, ein etwa 30jähriger kräftiger Bursche, der hier wohl das Sagen hatte, aufzustehen.
Seine Sprache glich jener, die mich Flavus gelehrt hatte, doch klangen die Vokale anders.
Wir leisteten der Aufforderung schweigend Folge und klopften uns das Stroh von Hose und Tunika. Sie ließen uns nicht aus den Augen, und auch die Hunde belauerten uns drohend.
»Wer seid ihr?« fragte der Mann.

* *Molosser* waren eine unseren Doggen ähnliche Hunderasse mit entsprechender Größe, Kraft und Kampfeswut.

Macarius erwiderte auf germanisch, in der Hoffnung, daß man ihn verstehen würde. Er teilte das mit, was wir für einen solchen Fall vorgesehen hatten: daß wir griechische Reisende seien, unterwegs auf einer Forschungsexkursion in den Norden. Dabei ließ er hin und wieder ein paar griechische Worte einfließen, wiederholte sie auf germanisch, und ich beobachtete währenddessen das Gesicht des bärtigen Mannes, der uns gefragt hatte. Das Mißtrauen blieb in seinen Zügen, sonst zeigte er keine Regung. Als Macarius fertig war, fragte er: »Und der Wagen draußen? Was ist in dem Wagen?«
Auch das erklärte ihm Macarius, wies dabei auf mich, sagte, daß ich Arzt sei, daß sich meine Interessen aber auf geographische und botanische Fragen richteten. Mir entging nicht, wie die Augen des Mannes kurz aufleuchteten.
Es fiel kein Wort darüber, daß wir in die Hütte eingedrungen waren; stattdessen wandte er sich an mich: »Kannst du eine Verstauchung behandeln?«
Seltsamerweise wechselte er ins Lateinische, und ich zögerte einen Augenblick, in welcher Sprache ich antworten sollte. Er hatte in vollendetem Latein gesprochen; so sprach nur jemand, der in Italien aufgewachsen war. Vom Typ her paßte er ohnehin nicht in diese Regionen, denn er trug tiefschwarzes, lockiges Haar und hatte sehr dunkle Augen, auch entsprach sein Körperbau mehr dem der mediterranen Menschen. Was machte er hier? Wie war er hergekommen, was hatte er mit den hiesigen Menschen zu tun? Zugleich dachte ich: Warum sollte es mir gefährlich werden, auf Latein zu antworten? War es doch selbstverständlich, daß ein griechischer Arzt die Sprache des Imperiums verstand und handhabte wie seine eigene. Also sagte ich ruhig: »Selbstverständlich! Wo ist der Mann?«
Er winkte mit der Hand nach draußen, und ich folgte ihm. Gleich neben der Tür saß ein Germane am Boden, den Rücken gegen die Hauswand gelehnt, ein Bein angewinkelt, das andere von sich gestreckt.
Der Mann sah ängstlich auf, als ich mich über ihn beugte.
»Was ist ihm passiert?« fragte ich, wieder auf Latein, und der Anführer

antwortete in der gleichen Sprache: »Er hat sich bei einem Sprung von einem Felsen verletzt. Du solltest dir seinen rechten Fuß anschauen!«
Mit einem Blick erkannte ich, daß es entschieden mehr als eine Verstauchung war, denn der ganze Knöchel war dafür zu stark angeschwollen. Die Schwellung lief um das ganze Gelenk herum.
»Ist er damit gelaufen?«
»Nein. Wir haben ihn gestützt.«
Ich griff zu meinem Dolch, zog ihn aus der kurzen Scheide und machte mich daran, sein Schuhwerk zu lösen.
»Hilf mir!« bat ich den Anführer. »Halte das Bein weiter oberhalb!«
Er tat wie geheißen, und behutsam, um dem Verletzten so wenig Schmerzen wie möglich zu bereiten, löste ich die Riemen, die gegenläufig um den Unterschenkel gewickelt waren, streifte das Hosenbein zurück und zerschnitt ebenso vorsichtig den Schuh. Das Leder war weich, aber zäh, und es dauerte lange, bis ich den Rest des Schuhs von den Zehen streifen konnte.
Längst waren die anderen aus der Hütte getreten und umstanden uns mit neugierigen Blicken. Und jedesmal, wenn der Verletzte vor Schmerzen zuckte, übertrug sich dies auf die Gesichter der Zuschauer, wie ich es schon oft beobachtet hatte.
Ich untersuchte das Gelenk sehr genau, um ganz sicher zu gehen, stellte Fragen nach den schmerzempfindlichsten Stellen, bewegte selbst ganz leicht den Fuß und kam schließlich zu dem Ergebnis, daß das Gelenk wenn nicht gebrochen, dann angebrochen war.
Längst war Macarius neben mich getreten, und ich teilte ihm mit, was ich diagnostiziert hatte und daß wir das Gelenk schienen müßten. Er nickte und ging wortlos zum Wagen, um die notwendigen Utensilien zu holen. Währenddessen erklärte ich dem Anführer, worum es sich handelte.
»Ich werde das Bein vom Knie abwärts stillegen. Das Gelenk darf weder belastet noch überhaupt bewegt werden. Es ist gebrochen.«
Der Anführer übersetzte dies in die Sprache des Verletzten, der seinen Blick dabei zwischen seinem Führer und mir hin- und herwandern ließ,

und am Ende stieß er einen kräftigen Fluch aus, den ich zwar nicht verstand, dessen Tonfall jedoch alles sagte.
Die nun folgende Prozedur dauerte etwa eine halbe Stunde, und alle waren Zeugen und sahen, wie ein erfahrener griechischer Arzt einen solchen Fall behandelte. Der Fuß wurde behutsam gewaschen, mit einigen die Heilung anregenden Salben versehen und schließlich mit Tüchern, die in flüssigen Gips getaucht wurden, umwickelt. Dies mußte sehr schnell gehen, denn schon nach wenigen Augenblicken setzt das Abbinden des Gipses ein. Ich hatte Macarius noch im Lager zu Castra Vetera besonders mit dieser Technik vertraut gemacht und ihn das Binden an hölzernen Modellen üben lassen. Er machte es nun fast so gut wie ich.
Als wir fertig waren, wandte ich mich an den Patienten, der alles über sich hatte ergehen lassen, ohne einen Laut von sich zu geben: »Du mußt das Bein nun einige Tage völlig ruhighalten.«
Der Anführer übersetzte ihm, was ich sagte.
»Danach kannst du dich vorsichtig bewegen. Doch solltest du dir eine hölzerne Stütze machen, die du unter die rechte Schulter klemmst. Und nun legt ihn drinnen aufs Stroh! Er muß sich von den Strapazen erholen!«
Alle wollten beim Transport helfen. Danach trat der Anführer neben mich und fragte: »Was sind wir dir schuldig?«
»Nichts. Was sind wir *dir* schuldig?«
»Nichts.«
»Gut. Dann sind wir quitt.«
Ich schaute ihn fest an. »Du sprichst ein ausgezeichnetes Latein!«
»Du auch!« Er grinste.
»Du bist kein Germane . . .«
»Nein. Warum soll ich es verheimlichen? Ich stamme aus Praeneste, östlich von Rom.«
Erst jetzt fielen mir Tonfall und Melodie seiner Sprache auf, die ich sehr wohl aus der Gegend von Praeneste kannte.
Wir stellten uns vor, ich natürlich mit meinem griechischen Namen; er hieß Marcus Caesius Fronto. Als ich den Namen hörte, stutzte ich, denn »Cae-

* Der Geschlechtsname einer römischen Familie.

sius« war der Gentilname* eines römischen Adelshauses. Ich machte eine entsprechende Bemerkung. Darauf schwieg er eine Weile, schaute über das Tal und erklärte dann: »Es ist, wie du sagst. Ich war einmal stolzer Angehöriger der römischen Armee . . . Ich gehörte zum Stab unter Sentius Saturninus und machte vor drei Jahren seinen Zug gegen die Markomannen mit.«
»Vor drei Jahren, ich weiß . . .« Damals waren spektakuläre Dinge geschehen; man glaubte noch fest daran, ganz Germanien unterwerfen zu können. Ich machte eine Andeutung in diese Richtung, und Fronto nickte grimmig: »Auch ich glaubte damals an den Erfolg, mehr noch, an die Rechtmäßigkeit des römischen Ausgreifens nach Osten. Sind wir nicht alle so erzogen worden, daß Rom das Recht hat, allen Randbewohnern des Imperiums unsere Vorstellungen aufzuzwingen?«
Er schwieg, und Verbitterung stand ihm im Gesicht geschrieben.
Leise fragte ich weiter: »Du kamst in Gefangenschaft?«
»Ja. Und du kannst dir vorstellen, daß ich mit dem Leben abgeschlossen hatte. Immerhin kursierten wilde Gerüchte darüber, wie der Feind gefangene Römer behandelt.«
Ich nickte, denn ich erinnerte mich an die Aussagen der Legionäre während des Verhörs in Castra Vetera.
»Aber du lebst!« stellte ich fest.
»Sicher. Ich weiß nicht, ob und was du schon von Marobodus gehört hast?«
»Nicht viel. Es heißt, daß er ein geschickter Diplomat ist.«
»So ist es. Es gibt wohl keinen zweiten germanischen Fürsten, der eine solche Kenntnis der römischen Verhältnisse besitzt wie er. Er verbrachte seine Jugendjahre in der Urbs.«
»Ich hörte davon.«
»Er kannte Drusus, kennt Germanicus und Tiberius. Seine Gesandten haben noch heute das Ohr des Augustus.«
»Du wurdest ihm vorgeführt?«
»Ja. Freilich nicht so, wie ich mir das vorgestellt hatte. Weder in Ketten noch sonst in irgendeiner Weise erniedrigt. Er begann mit mir eine lockere

Plauderei, stellte Fragen nach Rom, nach den neuesten Stücken, die im Pompeiustheater gegeben würden, wollte die Namen der besten Gladiatoren der Saison wissen und dergleichen mehr. Irgendwann aber kam er, was mich betraf, auf den Punkt.«

»Er stellte dir frei zurückzukehren?«

»Genau das. Und als er es sagte, spielte ein ironisches Lächeln um seine Lippen. Er wußte genau Bescheid darüber, was auf mich zukam, wenn ich zurückkehrte: Ehrlosigkeit, Ausstoß aus der Armee, Absinken in die politische Bedeutungslosigkeit! Er war sehr genau unterrichtet über meine Familienverhältnisse, wußte, daß ich ledig und kinderlos bin, kannte die harte Haltung meines Vaters, den er einmal kennengelernt hatte. Überhaupt hatte ich damals den Eindruck, daß er ein unglaubliches Gedächtnis für Personen, Gesichter und die kleinsten Ereignisse hatte. Und aus jedem Detail verstand und versteht er seinen Nutzen zu ziehen.«

»Er machte dir wahrscheinlich ein Angebot . . .«

»Ja. Er griff nach einer Waage, die er zum Prüfen von Münzen benutzte, legte Gewichte auf beide Schalen, nannte die eine Seite mit den Konsequenzen, die in Rom auf mich warteten, bestückte die andere mit Dingen, die er mir bieten könnte . . .«

»Und – was bot er dir an?«

»Mein Leben! Meine Freiheit! Meine Würde! – Er schlug mir vor, mit ihm zusammenzuarbeiten.«

»Gegen Rom?«

»Nein, eben nicht! Aber er rechnete mit meiner Mitarbeit gegen benachbarte Stämme, die er zu unterwerfen gedachte oder die er bei der Stange halten wollte. Letztlich rechnete er damit, daß ich ihm helfen würde, seine Stellung gegenüber den nördlichen Stämmen, vor allem Cherusker und Chauken, zu behaupten.«

»Wußte er von dem bevorstehenden Aufstand unter Arminius?«

»Das verriet er mir nicht. Doch ich glaube, daß Arminius sein Hauptkonkurrent war – und jetzt sein Hauptgegner ist. Und so versucht er, aus der Niederlage des Varus für sich das Beste zu machen.«

»Und was hast du konkret zu tun?«
Fronto kniff die Augen zusammen: »Sagen wir einmal so: Ich habe ihm eine Art Zuträgerdienst aufgebaut. Ich greife immer zu, wenn Händler, Reisende und Geschäftsleute im Grenzbereich auftauchen. Die Anweisung ist eindeutig: Möglichst keine Gewalt! Kluges Vorgehen, um an neue Informationen zu gelangen. Wir sammeln jede Kleinigkeit, die wir hören, und gewinnen so ein besseres Bild von den Ereignissen im Westen und Süden.«
»Also sind wir für dich sehr interessant . . .«
Wir lächelten uns an.
»Durchaus, ja. Wenn auch ein griechischer Arzt sich für andere Dinge interessiert. Aber du wirst ihn wohl kennenlernen . . .«
Ich horchte auf: »Ist er in der Nähe?«
»Ja. Nach den Ereignissen im Saltus Teutoburgiensis hielt er es für zweckmäßig, sich selbst in den Norden Böhmens zu begeben, um das cheruskische und römische Gras besser wachsen zu hören. Er dürfte dich als willkommenen Gast behandeln, denn es fehlt überall an guten Ärzten. Ich habe soeben selbst gesehen, daß du ein Meister deines Fachs bist. Wenn es dir recht ist, kannst du uns begleiten.«
Hinter dieser so freundlich vorgebrachten Einladung erkannte ich sehr wohl die Absicht, mich, wenn nötig, auch mit Gewalt mit in das Hauptquartier des Königs zu bringen. Darum sagte ich lächelnd: »Ich weiß wohl, daß du mich zwingen würdest mitzukommen, darum gehe ich freiwillig mit. Ich nehme dein Angebot an. Wann brechen wir auf?«
»Noch heute!«

XV

Wir erfuhren, daß Fronto und seine Männer, wie auch andere Aufklärungskommandos von Marobodus, diese Hütte zeitweise als Quartier benutzten. Eingeweihte wußten darum, und Fremde, die davon hörten, machten gewöhnlich einen großen Bogen um den Ort. Wir aber waren in gewissem Sinne froh, daß man uns gerade hier und auf diese Weise »aufgegriffen« hatte, denn so ergab sich die unwiederbringliche Gelegenheit, den Markomannenfürsten persönlich kennenzulernen. Fronto deutete später noch an, daß er nicht der einzige Römer im Dienste des Marobodus sei; freilich sei er dem Fürsten aufgrund seiner Herkunft der interessanteste und wertvollste. Er könne sich frei bewegen, niemand erteile ihm Befehle, denn alles, was er unternehme, tue er aus freien Stücken, und er habe sein weiteres Schicksal mit dem des Fürsten eng verbunden.
Zwei Tage später erreichten wir die Burg von Marobodus, und ich will die Gelegenheit nutzen, mein Plinius, dir die Besonderheiten dieser Befestigung kurz zu beschreiben; vielleicht kannst du auch diese Angaben in deinem Bericht verwenden.
Wollte ich die Wirkung großer Gefahr auf den Menschen in einem Satz zusammenfassen, dann so: Gefahr erweckt bei den Bedrohten zuerst den Gedanken zu fliehen, dann den, sich zu verstecken, endlich den, Widerstand zu leisten und sich dazu möglichst vorteilhafte Gegebenheiten zu schaffen.
Diese vier Momente finden ihren Ausdruck in den ältesten Verteidigungsanlagen. Die bedrohten Landbewohner verlassen ihre unbefestigten Wohnstätten, fliehen in den Wald, der sie versteckt, bereiten sich da eine Zufluchtsstätte, die sie, wenn der Feind bis zu ihnen vordringt, verteidigen. Sie erschweren ihre Zugänge und geben ihrem Zufluchtsort eine sturmsichere Umschließung, die es den Verteidigern erlaubt, sich dem Handgemenge zu entziehen, den Kampf auf den Stein- und Speerwurf zu beschränken und sich nur in günstigen Augenblicken durch einen Ausfall auf den Angreifer zu stürzen.

Vorteilhaft ist der Wurf von der Höhe herab, weil er dem Stein oder Geschoß einen Zuwachs an durchschlagender Kraft gibt, während der Flug der nach der Höhe geworfenen Körper unter dem Einfluß der Schwerkraft ermattet. Der Verteidiger bereitet sich den hohen Wall vor, wo leichte Schutzwände, Brustwehren und Zinnen genügen, ihn zu decken, während der Angreifer, kaum geschützt durch den tragbaren Schild, aus der Tiefe hochsteigen muß.
Auf diesem naturgegebenen Verhältnis und auf dem Vorteil, den der Blick in die Ferne gewährt, von wo der Angreifer zu erwarten ist, beruht die Wahl von Berggipfeln und die Aufschüttung hoher Wälle für die besten Befestigungen.
Diesen Wall legen die Germanen im allgemeinen kreisförmig an, um den größten inneren Raum bei kleinstem Umfang zu umschließen. Dort aber, wo das Gelände selbst schon eine gewisse Sicherheit gewährt, wo Wasser, Sumpf oder Felsen einen Teil des Geländes für den Angreifer unzugänglich machen, hat der Wall nur einen kürzeren Abschnitt zu ergänzen. Auf einer nach drei Seiten abfallenden Bergzunge zum Beispiel braucht er nur den Zugang vom übrigen Gebirge aus abzuschneiden.
Nun unterliegt es sicherlich keinem Zweifel, daß runde Grundrißformen von Verschanzungen den barbarischen Kulturstufen, die geradlinigen, zumal die mit vorspringenden rechten Winkeln, den höheren angehören. Wenn schließlich Verschanzungen mit einspringenden Winkeln vorhanden sind, dann aus dem Gedanken heraus, mit weittragenden Waffen von der Seite zurückschlagen zu können. Der überlegene Stand römischer Verteidigungsanlagen läßt sich gerade am zuletzt erwähnten Zustand erkennen; sie beruhen auf einer möglichst geringen Anzahl von geraden Linien und sind ohne Rücksicht auf das Gelände errichtet. Aber das brauche ich dir ja nicht zu erklären.
Ich erwähne dies hier nur, damit du mein Erstaunen nachvollziehen kannst, als ich vor den Verteidigungswerken des Marobodus stand: Es handelte sich nämlich um eine römisch-germanische Mischform, geschaffen mit den Mitteln, die den Barbaren zur Verfügung standen. Leider kann

ich dir die genaue Lage seiner Burg nicht angeben, weil sie weitab von uns bekannten Bezugspunkten mitten im Hercynischen Wald liegt. Im übrigen wird sie, da Marobodus keinen ihm würdigen Nachfolger erhielt, nun nicht mehr bestehen, denn ihre Erhaltung war sehr aufwendig, und dies ist wohl unter den jetzt herrschenden Verhältnissen dort nicht mehr gegeben.

Die Burg lag auf dem Plateau eines die nahe Flußebene überragenden Berges, und das Besondere war ihre geometrisch exakte Anlage. Hier war Roms Festungsbau das Vorbild. Auch die vor- und zurückspringenden Mauerteile waren nach römischem Muster angelegt, lediglich das Material und seine Verwendung entsprachen den vorhandenen Möglichkeiten am Ort. Die äußeren Mauern waren aus Quadern von durchschnittlich drei bis fünf Fuß Länge und zwei Fuß Höhe errichtet – allerdings ohne Verfugung. Um so erstaunlicher war, mit welcher Genauigkeit gebaut worden war. Durchbrüche für Fenster und Tore wurden von Eichenbalken getragen. An den gefährdetsten Abschnitten, wo die Verteidiger am ehesten mit dem Ansturm des Feindes zu rechnen hatten, war die Mauer innen mit einem aufgeschütteten Erdwall verstärkt worden. Im Zentrum befanden sich mehrere feste Gebäude, Ställe, Werkstätten, Vorratshäuser, die den Verteidigern im Ernstfall ein langes Ausharren ermöglichten.

Als ich ankam, hatte die Festung ihre Bewährungsprobe noch nicht zu bestehen gehabt. Doch hatten sich in ihrem schützenden Schatten, unten in der Ebene, bereits einige hundert Menschen mit ihren Gewerben niedergelassen, und es bestätigte sich wieder einmal die Erfahrung, daß der Krieg Vater aller Dinge ist.* Die Burg war Zufluchtsort für die Bevölkerung der fruchtbaren Ebene und wichtigstes Bollwerk am westlichsten Punkt des markomannischen Territoriums.

Macarius und ich hatten uns unter vier Augen noch einmal gegenseitig ermahnt, vorsichtig zu sein mit allem, was wir sagten, um – beim Hercules! – nicht unsere wahre Identität zu verraten. So waren wir uns auch einig, daß wir besonders Fronto gegenüber jedes Wort

* Nach Heraklit: »Der Kampf ist Vater aller Dinge, aller Herrscher ist er, die einen erweist er als Götter, die anderen als Menschen, diese macht er zu Sklaven, jene zu Freien.«

zu wägen hatten, denn er war von Herkunft, Bildung und Intelligenz her am ehesten in der Lage, unsere Maskerade zu durchschauen. Vor allem gab uns zu denken, daß er keine Fragen über den bisherigen Verlauf unserer Route gestellt hatte und sich mit unseren doch recht allgemeinen Erklärungen zufriedengab.

Wir waren übrigens nicht die einzigen Reisenden. Händler hatten in den Herbergen der Siedlung unten im Tal Rast gemacht, bevor sie weiter nach Osten oder Norden vorstießen; sie ließen fällige Reparaturen an ihren Wagen vornehmen, erholten sich einige Tage von den Strapazen und verkauften und tauschten schon hier einen Teil ihrer Waren aus dem Westen und Süden gegen die Produkte des Landes. Sie führten Wein aus Gallien und Italien ein, Olivenöl, aber auch luxuriösere Dinge wie Gefäße aus Glas, verschiedene Farbstoffe, feinste Textilien, Schmuck, Elfenbein und verschiedene Drogen und Aromatika, worunter sich sogar Weihrauch aus Arabien befand. Die Einheimischen lieferten Felle, Leder, Daunen, Nüsse, Honig und Frauenhaar, und wenn ich mir ausrechnete, zu welch hohem Preis gerade letzteres in Rom zur Herstellung der so beliebt gewordenen blonden Perücken gehandelt wurde, und dies verglich mit dem, was man den Menschen am Ort zahlte, fand ich wieder einmal mehr bestätigt, daß der wirtschaftlich höher entwickelte Teil der Menschheit stets auf Kosten der sie umgebenden Randvölker lebt, denn die Gewinnspanne steht in keinem Verhältnis zu den Leistungen der Lieferanten. Und dies sollten wir auf die Dauer nicht zu gering einschätzen, weil darin in kommenden Zeiten eine große Gefahr für das Imperium liegt: Die Bedürftigen werden nicht in alle Zeiten geneigt sein, sich wie Bettler abspeisen zu lassen. Vielleicht solltest du, mein Plinius, gerade auf diese Dinge in deinem Bericht einmal warnend hinweisen, wenngleich ich weiß, daß derlei Ermahnungen wohl gelesen werden, aber keine Veränderungen im Denken und erst recht nicht im Tun bewirken. Der Egoismus der Menschen ist stärker, und sie lassen die Dinge treiben, bis es zu spät ist. Aber ich schweife schon wieder ab . . .

Macarius und ich hatten vor, in einer der Herbergen Quartier zu nehmen,

aber Fronto schüttelte entschieden den Kopf; das komme nicht in Frage, wir sollten uns als Gäste des Herrschers betrachten. Daraus schlossen wir, er müsse eine sehr hohe Stellung im Umkreis des Fürsten einnehmen, daß er, ohne diesen zu fragen, so frei verfügen konnte.
Also ließen wir zunächst den Wagen unten im Tal, zwei seiner Männer wurden als Wachen abgestellt; wir übernahmen deren Pferde und ritten mit Fronto und dem Rest seiner Leute auf der steilen und gewundenen Straße hinauf zur Festung. Eine kurze Erklärung Frontos ließ die Wachen am ersten Tor beiseite treten, und wir passierten es wie Freunde des Herrschers. Das Innere des ummauerten Areals war so angelegt, daß sich im Kriegsfall einige tausend Menschen mit ihrem wichtigsten Hab und Gut dort bequem aufhalten konnten. Die eigentliche Burg war noch einmal von starken Mauern gesichert und durch einen zwingerartigen Engpaß zu betreten. Auch hier überall Wachen in kriegerischer Ausrüstung. Doch bedurfte es wiederum nur einer kurzen Mitteilung Frontos, und wir konnten passieren.
Es ging gegen Mittag. Der Duft von derben Speisen lag in der Luft, es roch nach Erbsensuppe und Speck, und wir sahen, wie einzelne Trupps von Bewaffneten sich zu einem größeren, teils aus Stein, teils aus Fachwerk errichteten Haus begaben, wo sie verpflegt wurden. Einer der diensthabenden Offiziere trat zu Fronto und grüßte ihn knapp und diszipliniert, fast nach römischer Art; auf Frontos Frage teilte er mit, daß der Fürst sich außerhalb der Festung in der Umgebung aufhalte; man rechne mit seiner Rückkehr im Laufe des Nachmittags. So führte uns Fronto einstweilen in eines der immer bereitgehaltenen Gästequartiere, wo wir das Wenige, das wir in Beuteln und Taschen bei uns trugen, ablegen konnten. Der Raum war nicht groß, doch mit allem Notwendigen ausgestattet. Die Wände aus Natursteinen enthielten Nischen zum Ablegen der Utensilien, sogar ein Abtritt war in der Außenwand; in einer Ecke eine große massive Eichentruhe mit Schloß, in der Mitte ein stabiler rustikaler Eichentisch, drumherum vier Hocker, und an den Wänden gegenüber je eine hölzerne Pritsche mit Decken, Fellen und einem Rollkissen für den Kopf. Die schmalen

Fenster waren mit hölzernen Läden verschließbar, um des Nachts die Kälte auszusperren. Der Boden bestand aus gestampftem Lehm. Alles machte einen sauberen, ordentlichen und zweckmäßigen Eindruck. Doch im gleichen Augenblick schoß mir durch den Kopf, daß man den Raum auch als Gefängniszelle benutzen konnte . . .

»Ihr solltet zunächst ein Bad nehmen. Danach lasse ich euch etwas zu essen und zu trinken schicken. Nach dem Essen ruht euch aus, denn ihr habt viel Zeit. Wenn der Fürst zurück ist, komme ich wieder. Dieser Mann hier« – er wies auf einen seiner Leute – »wird euch zum Bad begleiten.«

Wir dankten ihm und folgten dem Mann ins Badehaus. Große hölzerne Wannen standen bereit mit heißem und kaltem Wasser, Tüchern, Bürsten und Schabern; sogar an Salböl hatte man gedacht. Wir genossen natürlich diesen Komfort, den wir nicht erwartet hatten, schwiegen aber, da zwei Sklaven zu unserer Bedienung bereitstanden und wir nicht sicher waren, ob sie unser Gespräch belauschen sollten.

Danach ging es zurück in unser Quartier, wo bereits das Essen in irdenem Geschirr aufgetragen war. Die Suppe war gut und herzhaft, der Schinken von jener außerordentlichen Qualität, wie man sie nur in Germanien bekommt; und gefragt, ob wir Wein oder Bier trinken wollten, zogen wir letzteres vor, da es ein vorzügliches Mittel zum Entspannen ist. Nachdem das Geschirr und die Speisereste abgeräumt und wir endlich allein waren, unterhielten wir uns leise miteinander, und wir waren uns einig, daß man uns vor allem deswegen von unserem Wagen getrennt hatte, um sein Inneres in aller Ruhe durchsuchen zu können. Wir wiegten uns in Sicherheit, sofern man uns nur abnahm, daß wir als neugierige Forschungsreisende unterwegs waren.

So legten wir uns zuversichtlich und entspannt auf die Pritschen und schliefen auf der Stelle ein.

XVI

Du kannst dir vorstellen, daß wir der Begegnung mit Marobodus mit großer Spannung entgegensahen. Als wir erwachten, dämmerte es bereits; also mußten wir an die drei Stunden geschlafen haben. Wahrscheinlich hatte man längst nach uns gesehen, uns aus Höflichkeit aber nicht geweckt, und auch das war für uns ein gutes Zeichen.
Kurze Zeit später klopfte es, Fronto trat ein, fragte nach unserem Befinden und erklärte, der Fürst erwarte uns. Er enthielt sich jeder weiteren Mitteilung, und wir stellten keine überflüssigen Fragen, sondern folgten ihm durch Gänge und über Treppen in den höhergelegenen Teil der Burg, wo Marobodus residierte. Fronto führte uns in einen nicht sehr großen Raum, der wohl als Vorzimmer diente; die beiden vor der Tür postierten Wachen nahmen Haltung an und grüßten korrekt. Ohne anzuklopfen, öffnete Fronto eine weitere Tür, trat ein und winkte uns mit der Hand zu folgen. Dieser Raum war zwar größer als das Vorzimmer, behielt aber dennoch einen gewissen privaten Charakter, ja strahlte eine heimelige Wohnlichkeit aus, denn an den Wänden hingen mehrere kostbare Teppiche, wie ich sie aus Persien kannte. Die vornehmen Möbel waren aus dunklen und ebenmäßigen Hölzern, mit reichem Schnitzwerk versehen und gepolstert. In den Nischen und auf mehreren kleinen Tischen standen Kandelaber, die golden schimmerten, doch vermutete ich, daß sie aus Messing waren. Sie trugen Kerzen, die den ganzen Raum erleuchteten, und das Rot der Wand- und Fensterbehänge gab allem etwas Festliches. Die Läden der nach Westen gehenden Fenster waren offen und ließen den Blick weit über die Gebirgskämme schweifen, bis er sich am Horizont im Abendrot verlor.
»Der Arzt Menandros mit Philon, seinem Begleiter!«
Hinter der hohen Rückenlehne eines Sessels erhob sich eine große, schlanke Gestalt und kam uns langsam entgegen: Marobodus. Sein dunkelblondes, volles Haar war kurz geschnitten, das Gesicht glatt rasiert. Aus großen, stahlgrauen Augen schaute er uns entgegen, ruhig, neugierig und prüfend, ob das, was man ihm geschildert hatte, der Wirklichkeit ent-

sprach. Ich schätzte ihn auf Mitte bis Ende dreißig. Erste Falten zeichneten sich um die Augen und an den Wangen ab; die Nase war gerade geschnitten, der Mund voll, das Kinn energisch und breit. Er entsprach genau dem Bild, das man sich in Rom von einem Germanen machte, und ich konnte mir gut vorstellen, daß er vor Jahren den Blick mancher Römerin auf sich gezogen hatte, als er noch in der Urbs weilte. Am interessantesten waren die Augen, von großer Lebendigkeit, dauernd in Bewegung, so daß man den Eindruck hatte, ihnen entginge nichts. Zugleich verrieten sie, daß er von einer großen inneren Unruhe getrieben war.

Er lächelte jungenhaft, wandte sich an mich und sagte mit wohlklingender Stimme: »Du mußt Menandros sein! Willkommen! Auch du, Philon!«

Er reichte uns beiden die Hand; sie war sehnig, trocken und fest. Er gefiel mir auf Anhieb. Er erkundigte sich mit weltmännischer Gewandtheit, ob wir gebadet und gegessen und uns von den Strapazen der Reise erholt hätten, was wir bejahten.

»Das freut mich. Ihr seid meine Gäste und sollt euch hier wohlfühlen. Bitte, nehmt doch Platz!«

Er wies auf zwei andere, kleinere Sessel in der Nähe seines großen. Wir setzten uns. Fronto nahm ebenfalls Platz.

»Welch glücklicher Zufall, daß ihr gerade in der Hütte wart, als Fronto mit dem verletzten Mann dort erschien. Man hat mir berichtet. Ich stehe in eurer Schuld.«

»Oh«, wehrte ich ab, »ein Arzt hilft jedem ohne Ansehen von Person, Stand oder Herkunft. Es war eine Selbstverständlichkeit. Der Mann wird in acht Wochen wieder völlig gesund sein.«

»Sehr schön! Aber leider sind ja nicht alle Fälle so einfach zu behandeln. Wir leben in schlimmen Zeiten. Da geht es nicht immer so glücklich zu wie bei einem falschen Sprung von einem Felsen. *Quae medicamenta non sanant, ferrum sanat, quae ferrum non sanat, ignis sanat, quae vero ignis non sanat, insanabilia reputari oportet.*«*

Ich muß wohl ein sehr überraschtes Gesicht gemacht haben,

* Das heißt: Was Arzneien nicht heilen, heilt das Eisen; was das Eisen nicht heilt, heilt das Feuer; was aber das Feuer nicht heilt, muß als unheilbar angesehen werden.

als er aus dem Stegreif diesen Aphorismus des Hippokrates zitierte, doch er fuhr erklärend fort: »Mein Vater sorgte dafür, daß ich mich in Rom nicht langweilte, und zum täglichen Pensum gehörte unter anderem das Auswendiglernen solcher Sprüche. Ich könnte sie dir heute noch alle hersagen. Damals freilich begriff ich nicht sehr viel von den darin versteckten Weisheiten. Heute um so mehr. Ich liebe besonders den Publilius Syrus. Kennst du ihn?«

Und ich:

»Wo Recht gebietet, beugt sich jeder gerne.
Laß eine Schandtat dir nicht Rettung werden.
Die Furcht sieht auch Gefahren, die nicht da sind.
Dem Schlechten schenken, heißt dem Guten nehmen.«

»Oh!« rief er. »Ich sehe einen Freund des Syrus vor mir! Warst du in Rom?«

»Ja, einige Male.« Ich sagte dies prompt und ohne mit der Wimper zu zucken. Wir sprachen ohnehin schon die ganze Zeit Latein miteinander. »Aber schon mein Vater sammelte diese Aussprüche.«

»War er auch Arzt?«

»Ja. Dieser Beruf bleibt oft in der Familie.«

»Fast wie bei den Fürsten. Hast du einen Sohn?«

»Nein. Ich bin ledig.«

So ging das eine Weile hin und her, mit kurzen Fragen seinerseits, die schnell die Themen wechselten, und ich meinte darin mehr als nur oberflächliches Interesse feststellen zu können. Erst viel später sollte ich ja die bekannte Charakterisierung des Velleius Paterculus über ihn lesen – ich habe sie, glaube ich, schon zitiert, mein Plinius. Und es stimmt schon, was er über den wachen Geist dieses Herrschers sagte. Er zeigte sich von jener Liebenswürdigkeit, die man gemeinhin einigen Königen aus dem Hause der Ptolemäer* nachsagt. Ja, mir kam es damals so vor, als ob er sich gerade vor mir, dem gebildeten Griechen, von seiner besten Seite zeigen wollte. Meine Anwesenheit schien ihm eine höchst angenehme Unterbrechung seines angespannten Lebens zu sein. Trotzdem blieb ich auf

* *Ptolemäer* nennt man alle ägyptischen Könige in der Nachfolge des Ptolemaios Soter, die von 323-30 v.Chr. regierten.

der Hut, denn ein Mann wie er, der sich sozusagen aus dem Nichts ein Reich geschaffen hatte, das bis an die Grenzen des Suebischen Meeres* im Norden reichte und dessen militärische Schlagkraft von Tiberius hoch eingeschätzt wurde, ein solcher Herrscher konnte sich nur halten, wenn er wacher als andere alles beobachtete, was inner- und außerhalb seiner Grenzen vor sich ging. Also mußte ich ihm als interessanter Gast erscheinen, dessen Beobachtungen und Wertungen für ihn von großem Nutzen sein konnten.

* Das *Suebische Meer* ist die Ostsee.

Es sollte sich noch zeigen, daß er ebenso über die zweite Seite des Machtmenschen verfügte, die von absoluter Skrupellosigkeit, kluger Berechnung und opportunem Verhalten gekennzeichnet ist. Doch bei diesem ersten Treffen spielte er den erfahrenen Kenner der von Rom beherrschten Welt heraus, darauf bedacht, auf mich, als einen Angehörigen dieses Kulturkreises, Eindruck zu machen. Mit einem Wort: Er wollte, daß ich in ihm den gebildeten Fürsten und nicht den Barbaren erkannte. Und dies ist ihm auch gelungen!

Ganz unmerklich kamen wir dann auch auf die Dinge und Probleme zu sprechen, die ihn beschäftigten, und nun mußte ich versuchen, etwas von dem aus ihm herauszulocken, was zu erfahren zu meinem selbstgewählten Auftrag gehörte.

»Ich habe«, begann ich, »bereits vor meinem Aufbruch Erstaunliches über deine Erfolge vernommen, und was ich unterwegs sah, bestätigt, ja übertrifft dies bei weitem. Du bist dabei, mitten in dieser Wildnis ein wohlgeordnetes Gemeinwesen aufzubauen!«

Er sah mich lange an, nickte bedächtig und erklärte schließlich: »Ich stehe erst am Anfang . . .« Er lehnte sich zurück, schlug die Beine übereinander und starrte auf einen Becher auf dem Tisch.

Längst hatten einige Sklaven Getränke und leichtes Gebäck aufgetragen; auch dies eine kleine Geste, die mir anzeigen sollte, daß er auf mediterrane Eßkultur Wert legte; bei den Barbaren wäre eigentlich ein bombastisches Auftischen von Unmengen an Fleisch und alkoholischen Getränken üblich gewesen.

»Ich hege nicht den Traum, ein zweiter Alexander* zu werden. Die Zeiten solcher Reiche sind vorbei. Die Welt ist bereits aufgeteilt. Vielleicht sind da aber ein paar Nischen übriggeblieben.«

»Du untertreibst!« sagte ich. »Sogar in Athen geht die Rede von deinen Erfolgen!«

»So?« Er lachte kurz auf. »Das freut mich. Aber in Athen wurde schon immer viel geredet. – Verzeih, ich wollte dich nicht beleidigen.«

»Oh, ich bin kein Athener!« bemerkte ich lächelnd. »Aber Athen ist stets sehr gut unterrichtet über das, was auf dem Erdkreis vor sich geht. Athen ist neugierig.«

»Ich weiß. Und was redet man denn so in Athen? Gibt man mir eine Chance?«

»Darüber wagt niemand ein Urteil. Die Entfernungen sind zu groß . . .«

»Und du? Was sagt der Weltreisende, der mit klugem Blick die Menschen beobachtet und auf ihre Worte achtet?«

»Nun, auch ich wage keine Prognose – oder soll ich ›Diagnose‹ sagen? Vieles wird wohl davon abhängen, wie man dich und deine Stellung auf dem Spielbrett der Mächtigen in Rom beurteilt. Immerhin ist ja nun eine neue Lage eingetreten, nicht wahr?«

Er wußte, was ich meinte, sah mich durchdringend an und fragte: »Du willst weiter in den Norden?«

»Ja.«

»Befürchtest du nicht, von gewissen aufgeregten Leuten aufgegriffen zu werden?«

Ich antwortete erst nach einer Weile, als ob ich über seine Frage nachdenken müßte: »Du wirst denken, ich habe mir den denkbar ungünstigsten Zeitpunkt für eine solche Unternehmung ausgesucht . . .«

»Oder den besten!«

Unsere Blicke trafen sich, und einen Augenblick lang hatte ich die Befürchtung, er würde mich durchschauen. Ruhig fuhr ich fort: »Das wird sich

---

* *Alexander der Große* (356-323 v.Chr.), König von Makedonien, eroberte das Perserreich und galt als der größte Eroberer der Antike.

herausstellen. Ich habe große Vorgänger unter meinen Landsleuten. Und sie haben ihre Forschungen stets unter mehr oder weniger ungünstigen Bedingungen betrieben, wenn sie sich, gedrängt von wissenschaftlicher Neugier, in die unermeßlichen Weiten des Nordens begaben. Ich erfuhr von den kriegerischen Ereignissen erst, als ich schon unterwegs war. Und wenn ich ehrlich bin, muß ich gestehen: Der Reiz weiterzureisen ist in der Tat dadurch gestiegen.«

XVII

Marobodus nahm sich eine ganze Stunde Zeit, um mit mir zu plaudern. Das heißt, hinter dieser lockeren Unterhaltung verbarg sich ein gegenseitiges, listiges und vorsichtiges Abtasten, und ich hatte zunehmend das Gefühl, als ob er mir und der Begründung meiner Reise nicht ganz über den Weg traute. Darum hatte ich es auch vermieden, schon während dieses ersten Gesprächs Fragen zu stellen, die ein solches Mißtrauen nähren konnten. Er behielt seine freundliche Gelassenheit bei, sagte, wir sollten uns in der Siedlung umsehen, und lud mich für den nächsten Tag zum Frühstück in seinen Gemächern ein – falls es uns gelegen komme. Ich sagte gerne zu. Er entschuldigte sich, daß er über den Abend nicht verfügen könnte, da er den Abgesandten eines befreundeten Fürsten als Gast zu bewirten habe. Da wir aber wohl einige Zeit bleiben würden, würde er dies gerne an einem der nächsten Tage nachholen.

Wieder in unserem Quartier, erschien einer der Sklaven und fragte nach unseren Wünschen bezüglich des Essens. Wir teilten ihm mit, daß wir das zu uns nehmen wollten, was ohnehin für die Bewohner der Burg vorgesehen sei. Er kam nach einiger Zeit zurück mit kaltem Braten, Brot, Käse und in saurer Sahne angemachten Salaten. Dazu tranken wir wieder Bier.

Nachdem die Reste abgeräumt und wir beim Schein der Lampen allein

waren, tauschten wir unsere ersten Eindrücke vom Charakter des Fürsten aus. Wir sprachen griechisch miteinander, aus Vorsicht, denn es war durchaus möglich, daß wir belauscht wurden.
»Seine Leutseligkeit entspricht genau dem Bild, das man sich im Westen von ihm macht«, meinte Macarius. »Aber das besagt gar nichts. Wir müssen auf der Hut sein. Wir wissen nicht, wie stark seine Stellung ist oder ob er Feinde hat. Wir sollten uns an Fronto halten. Er scheint sein vollstes Vertrauen zu genießen.«
Aber Fronto ließ sich in den nächsten Tagen nicht aus der Reserve locken. Jedenfalls zunächst nicht. Doch will ich nicht den Ereignissen vorgreifen, die bald eine überraschende, ja höchst gefährliche Wendung für uns nehmen sollten.
Am folgenden Morgen erschien, nachdem wir uns gerade von unserem Lager erhoben hatten, ein Bote von Marobodus, der uns mitteilte, der Herrscher erwarte uns zur vierten Stunde in seinen Privaträumen. Wir nutzten die verbleibende Zeit zu einem Gang durch die Siedlung. Unseren Wagen fanden wir wohlbewacht im Hof eines Wagenbauers, der uns mit einer Zuvorkommenheit behandelte, die wir vermutlich einer Anweisung der Burg zu verdanken hatten. Doch meinte ich auch bei ihm eine gewisse Vorsicht im Umgang mit uns zu spüren, und ich machte Macarius später darauf aufmerksam.
Er nickte nur: »Hast du anderes erwartet? Dieser Staat – wenn wir ihn denn so nennen wollen – befindet sich im Zustand des Nichtkrieges. Ich meine damit etwas anderes als Frieden . . .«
Ich verstand, was er meinte.
Überall sahen wir Bewaffnete. Die Schmiede hatten alle Hände voll zu tun, und es waren keineswegs nur Pflugscharen, Sicheln oder Hacken, die auf den Amboß kamen, sondern überall hantierten Meister und Gesellen mit den Rohlingen, die mehrmals gehärtet und gehämmert wurden, ehe sie die endgültige Form von Schwertern erhielten. Niemand hinderte uns daran, in diese Waffenschmieden hineinzugehen und den Männern bei der Arbeit zuzuschauen. Wollte man, daß wir andernorts darüber berichteten? Denn

wir waren uns einig: Hier, wie wohl im ganzen Land, wurde eine Armee ausgerüstet!
Pünktlich zur vierten Stunde ließen wir uns beim Herrscher melden und wurden unverzüglich vorgelassen. Diesmal befanden wir uns in einem anderen Raum, nicht größer als der, den wir am Vortag gesehen hatten, doch war er sogleich als Speisezimmer erkennbar, denn hier umstanden den mittleren Tisch an drei Seiten Clinen. Auch dies ein Brauch, den Marobodus aus Italien mitgebracht hatte. Sogar die Wände waren glatt verputzt und, wie in römischen Landhäusern, mit Rankenwerk, Kandelabern und Wandmalereien in roten rechteckigen Feldern geschmückt. Der Unterschied war lediglich, daß statt der Heroen aus der griechischen oder römischen Mythologie solche aus der germanischen dargestellt waren. Ich kannte sie nicht. Neugierig fragte ich ihn danach.
»Nun«, sagte er mit einem beinahe entschuldigenden Lächeln, »diese Gemälde können es sicherlich nicht mit den Bildern in römischen Villen aufnehmen, doch erinnern sie mich immer wieder an meine Jahre in Rom. Allerdings habe ich mich dabei über die hiesigen Gepflogenheiten hinweggesetzt, denn man scheut sich, die Götter in persona abzubilden.«
Daß er dies dennoch getan hatte, zeigte mir, daß er im Grunde seines Wesens ein Mann zwischen zwei Kulturen war; daß er es freilich wagen konnte, hier, mitten im Hercynischen Wald, sein Speisezimmer mit diesen mythischen Bildern zu schmücken, verriet aber auch etwas über seine machtvolle Stellung, denn es konnte seinen Gefolgsleuten nicht verborgen bleiben, daß ihr Fürst sich nicht an die uralten ungeschriebenen Gesetze hielt.
Da wir, mein Plinius, nun einmal bei diesen überaus interessanten Fragen angelangt sind, ist es wohl angebracht und lohnend, einiges über die Religion und die damit verwandten Dingen dieser Menschen zu sagen. Ich habe mich ja immer wieder umgehört und habe mir besonders von den Alten berichten lassen.
Sie verehren, zusammen mit vielen anderen Stämmen, eine Göttin Nerthus; so nennen sie die Mutter Erde, und sie glauben, diese nehme teil am

Treiben der Menschen und fahre bei den Völkern einher. Auf einer Insel des Ozeans, weit im Norden, gibt es einen unberührten Hain; darin steht, mit einem Tuch bedeckt, ein geweihter Wagen; ihn zu berühren, ist nur dem Priester erlaubt. Er allein weiß, wann die Göttin im Allerheiligsten weilt; und wenn sie, von heiligen Kühen gezogen, auf dem Wagen fährt, gibt er ihr das Geleit. Ein Besuch der Göttin ist Grund zu großer Freude. Man feiert ihre Einkehr mit einem Fest und läßt die Waffen ruhen. Dann kennt und liebt man nur noch Ruhe und Frieden, bis der Priester die Göttin, wenn sie des Umgangs mit den Sterblichen müde ist, wieder in ihr Heiligtum zurückbringt. Danach werden der Wagen, die Decke und – wenn man es glauben will – die Gottheit selber in einem verborgenen See gewaschen. Dabei dienen Sklaven, die alsbald derselbe See verschlingt. Daher denn auch der geheime Schauder, der die Menschen ergreift, wenn sie von Nerthus sprechen.

Überhaupt verehren sie ihre Gottheiten meist in heiligen Hainen. Dort werden auch die Kultbilder der Gottheit aufgestellt und die Altäre errichtet. Man bringt ihnen auch Menschenopfer dar – ich werde wohl noch an anderer Stelle darauf zurückkommen, da ich einen Ort dieser barbarischsten aller Sitten kennenlernte.

Nach germanischen Vorstellungen steht dem kämpfenden Krieger ein Gott zur Seite. Zu ihrem Kult gehört auch ein Kriegstanz, übrigens die einzige Art von Schauspiel, die sie kennen: Junge nackte Männer springen über Schwerter und scharfe Lanzen. Sie betreiben das geradezu als Sport. Sie machen das sehr geschickt, und ihre Bewegungen sind sehr anmutig. Im Gegensatz zu unseren Künstlern werden sie dafür aber nicht bezahlt. Der Applaus der Zuschauer ist der einzige Lohn für ihre waghalsige Vorstellung.

Priester, Priesterinnen und auch Seherinnen spielen im religiösen Denken der Germanen eine bedeutende Rolle, auch dem Los messen sie eine große Bedeutung zu, um den göttlichen Willen zu erkunden. Das beim Losen übliche Verfahren ist einfach: Von einem fruchttragenden Baum hauen sie einen Zweig ab und zerschneiden ihn zu Stäbchen. Diese machen sie durch

Einritzen bestimmter Zeichen kenntlich und streuen sie dann, wie es der Zufall fügt, über ein weißes Tuch. Bei einer öffentlichen Angelegenheit betet der Stammespriester danach zu den Göttern, hebt, den Blick zum Himmel gerichtet, drei Stäbchen auf, die er aufgrund der vorher eingeritzten Zeichen deutet. Bei privaten Angelegenheiten übernimmt das Familienoberhaupt die Rolle des Stammespriesters.
Das bekannte Verfahren, Vogelstimmen und Vogelflug zu befragen, ist ihnen ebenso geläufig wie uns. Eine Besonderheit dieses Volkes aber ist es, das Verhalten von heiligen Pferden zu deuten. Dafür werden auf Kosten der Allgemeinheit in den erwähnten Hainen und Waldlichtungen Schimmel gehalten, die durch keinerlei Arbeitsleistung für Sterbliche entweiht sind. Diese werden vor einen heiligen Wagen gespannt, dann schreiten der Priester und das Stammesoberhaupt neben ihnen her und achten auf ihr Wiehern und Schnauben. Kein anderes Vorzeichen findet größeres Vertrauen, nicht nur bei den einfachen Leuten, sondern auch bei den Vornehmen und bei den Priestern. Diese halten sich nämlich selbst nur für Diener der Götter, die Pferde jedoch für deren Vertraute.
Ich erfuhr damals auch einiges über die Rolle heiliger Frauen. Der Glaube an deren seherische Gabe bewirkt eine geradezu göttliche Verehrung. Einige dieser Schicksalsverkünderinnen haben deshalb einen bedeutenden Einfluß auf die Politik. Ich fühlte mich an ähnliche Überlieferungen Homers erinnert: Denke nur an die Rolle der Kassandra, aber auch an die Funktion unserer Sibyllen oder der Vestalinnen. Die berühmteste Seherin, so ein Gewährsmann, ist wohl Veleda aus dem Stamm der Brukterer. Sie bewohnt einen Turm, und die an sie gerichteten Fragen und ihre Antworten übermittelt ein von ihr dazu bevollmächtigter Verwandter wie ein Dolmetscher der Gottheit.
Vielleicht noch ein Wort zu ihrem Totenglauben. Das Gemeinschaftsbewußtsein schließt auch die verstorbenen Familienmitglieder mit ein. Man glaubt, in den Nachkommen könnten die Ahnen der Familie zurückkehren; darum erhalten die Kinder auch die Namen der Vorfahren. Die Verehrung der Toten und die religiöse Hinwendung zu den unterirdischen

und jenseitigen, den chthonischen Mächten, bei denen die Toten nach ihrer Vorstellung weilen, hängen bei den Germanen durchaus zusammen.
Diese Glaubensvorstellungen sind allen gemeinsam, und in gemeinschaftlich begangenen Kultveranstaltungen festigen sie das Stammesbewußtsein. Es ist so stark ausgeprägt, daß man bei einer Abspaltung vom »Mutterstamm«, etwa der suebischen Stämme von den Semnonen, das Gemeinschaftsgefühl in einer traditionellen Kultfeier bewahrt. Zu bestimmten Zeiten kommen Abordnungen aller Völkerschaften gleichen Blutes in einem heiligen Wald zusammen und bringen im Namen des Bundes ein Menschenopfer dar. Niemand betritt diesen heiligen Wald, ohne gefesselt zu sein, um den Göttern die menschliche Unterlegenheit zu bekunden. Wenn dabei jemand zufällig ausgleitet, darf er sich nicht aufheben lassen und nicht aufstehen; er wälzt sich auf dem Erdboden hinaus. Dieser Kult geht auf den Glauben zurück, daß hier der Ursprung des Stammes liege, hier der allherrschende Gott wohne, dem alles andere unterworfen sei und gehorchen müsse.

XVIII

Aber ich wollte dir von dem morgendlichen Gespräch mit Marobodus erzählen. Wir kamen sehr bald auf die politische Lage, und es war Marobodus selbst, der das Thema ansprach.
»Ihr habt in den letzten Tagen einiges mitbekommen, was in unserem Land vor sich geht.«
»Ja«, pflichtete ich spontan bei, und ich hatte nicht vor, mit unseren Beobachtungen hinterm Berg zu halten; denn je mehr ich es vermied, über die militärischen und kriegstechnischen Dinge, die wir gesehen hatten, zu reden, desto mißtrauischer würde er werden. Also teilte ich ihm ganz offen meine Beobachtungen mit: »Du läßt Waffen und Rüstungen in großer Zahl

herstellen. Rechnest du mit einem baldigen Zusammenstoß an den Grenzen deines Territoriums?«

Wieder sah er mich einen Augenblick starr an, und wieder war ich mir nicht sicher, ob er mich durchschaute.

»Jemand wie ich muß jederzeit mit dem Schlimmsten rechnen.«

»Aber Rom wird sich hüten, nach der katastrophalen Niederlage des Varus einen Waffengang gegen dich vom Zaun zu brechen. Man müßte doch wohl jederzeit mit der Waffenbrüderschaft der Cherusker und ihrer Freunde rechnen.«

»Für den Augenblick könnte das zutreffen. Tiberius aber . . .« – er ließ ein ebenso ironisches wie verächtliches Lächeln über seine Lippen wandern – »Tiberius muß in seinem Innersten getroffen sein! Wähnte er sich doch schon als der große Bezwinger des ganzen Germanien. Aber ich kenne ihn. Ein einmal gefaßtes Ziel läßt er nicht aus den Augen. Darum muß ich versuchen, ihn bei guter Laune zu halten. Natürlich wird man ihm minutiös berichten, was hier und andernorts geschieht. Und er wird nicht zögern, gegen mich zum entscheidenden Schlag auszuholen, sobald ihm die Gelegenheit günstig erscheint.«

»Weiß er, daß du römische Offiziere in deinen Diensten hältst?«

»Aber ja!« rief er. »Und er wird wohl auch wissen, daß diese Männer freiwillig kommen. Bei mir findet jeder Asyl, der ihnen davonläuft. Und es sind Männer von Adel darunter!«

»Doch wird er wegen eines Fronto oder anderer keinen Krieg beginnen . . .«

»Noch nicht. Doch wenn er die Zeit für reif hält, wird dies ein willkommener Anlaß sein, um loszuschlagen. Rom war noch nie verlegen, wenn es galt, einen Kriegsgrund zu finden. Früher hieß es, der Friede des römischen Volkes sei bedroht, seine Ehre verletzt. Ich habe Caesars ›Gallischen Krieg‹ genau studiert. Ein hervorragendes Lehrbuch über die Bemäntelung römischer Aggressionen!« Und er zitierte schalkhaft: » › . . . hielt es Caesar für angebracht, die Grenzen der Provinz zu überschreiten . . .‹ Oder lies doch die ähnlichen Berichte über die Eroberungen eines Sulla, Lucullus oder

Pompeius im Osten! Es ist immer dasselbe. Man sucht einen an sich nichtigen Anlaß, und man findet ihn, wenn man ihn braucht.«
»Dennoch glaube ich nicht, daß dir im Augenblick Gefahr droht.«
»Woher willst du das wissen? – Ich muß mich im Augenblick wie ein Hase verhalten, der sich in seine Mulde duckt.«
Wir sprachen noch eine ganze Weile über diese Dinge, doch es entging mir nicht, daß er sich gleichsam nur an der Oberfläche seiner Gedanken und Pläne bewegte, denn – darüber konnte er mich nicht hinwegtäuschen – er war und blieb mißtrauisch. Was hatte ich denn anderes erwartet? War es doch schon eine große Auszeichnung, mit dem nach Arminius im Augenblick wohl mächtigsten Fürsten an der Nordostgrenze des Imperiums in einem derart lockeren Gespräch zusammenzusitzen und über die Weltlage zu plaudern.
Danach wechselten wir bald zu angenehmeren Themen über, und wir sprachen über die aktuellen Strömungen des Theaters und der Literatur in Griechenland, was ihn alles sehr interessierte. Ganz plötzlich aber brach er das Gespräch ab, entschuldigte sich mit wartenden Aufgaben und entließ uns huldvoll.

Ich nutzte die zweite Hälfte des Tages, um meine Beobachtungen zu notieren. Danach ritt ich mit Macarius noch einmal in die Siedlung hinunter, um mich mit Papyrus aus unserem Wagen zu versorgen.
Wieder in unserem Quartier, badeten und aßen wir, wobei uns auffiel, daß die Männer, die innerhalb der Festung Dienst taten, uns mit größter Freundlichkeit behandelten. Geschah dies auch hier auf Anweisung?
Wir waren kaum in unserem Aufenthaltsraum zurück, als Fronto klopfte und mit der Begründung hereinschaute, er wolle nur sehen, ob es uns gut gehe. Doch spürten wir beide, daß er irgend etwas auf dem Herzen hatte und daß er gerne mit uns darüber reden wollte.
Er ließ einen Sklaven kommen und von ihm einen guten Wein holen, und da wir ohnehin nicht so recht wußten, wie wir den langen Abend verbringen sollten, war es uns ganz recht.

Schließlich sagte er geradeheraus: »Ihr müßt auf ihn einen sehr guten Eindruck gemacht haben.«
»So? Haben wir das?« fragte ich.
»Ja. Ich kann mich nicht entsinnen, daß er sich jemals soviel Zeit für zwei Fremde genommen hat.«
Keck meinte ich: »Vielleicht hält er uns für Spione!«
Und ohne eine Miene zu verziehen, sagte er: »Das ist durchaus möglich. Er ist sehr mißtrauisch.«
»Du auch?«
»Natürlich.« Er grinste. »Immerhin bin ich in einer Lage, die nicht unbedingt beneidenswert ist.«
»Was hast du von uns zu befürchten?«
»Ich nehme einmal das Beste an: nichts.«
»Du bist nicht der einzige Römer in seinen Diensten . . .«
»Das ist richtig.« Er nannte die Namen einiger anderer Offiziere, die sich damals, nachdem sie in einen markomannischen Hinterhalt geraten waren, zum Bleiben entschlossen hatten. Auch an die zwanzig Chargen der mittleren Hierarchie, einige Centurionen darunter, waren bei Marobodus hängengeblieben.
»Und sie wollen nicht zurück?«
»Sie haben keine Wahl. Die Ereignisse im Saltus Teutoburgiensis haben unsere Chancen verschlechtert.«
Wenn er uns für römische Spione hielt, hoffte er vielleicht, wir würden an diesem Punkt eine Bemerkung darüber machen, daß drüben jeder Mann gebraucht werde, also auch er und seine Schicksalsgenossen. Doch ich ging darauf nur mit allgemeinen Überlegungen ein, die unverfänglich waren: »Ich könnte mir denken, daß man drüben sehr gerne einiges von dem zu wissen wünscht, was du hier vor und nach der Katastrophe des Varus gesehen und gehört hast.«
»Genau das ist der Punkt. Er ist mißtrauisch. Und er hat durchaus die Mittel, dies zu verhindern.«
»Warum erzählst du uns das? Soll das eine Warnung sein?«

»Vielleicht. Seid nicht zu vertrauensselig. Und bleibt nicht zu lange. Ihr wollt doch noch weiter in den Norden. Dann solltet ihr vor den Winterstürmen aufbrechen.«
Kurze Zeit später verabschiedete er sich. Macarius und ich waren davon überzeugt, daß er uns in Gefahr sah und uns warnen wollte. Doch unsere Vermutungen führten zu nichts, und wir wiegten uns nach wie vor in der Sicherheit, er habe uns nicht durchschaut. Aber das war, wie sich schon am nächsten Morgen zeigen sollte, ein Irrtum.

XIX

Es begann damit, daß wir, nachdem wir uns angekleidet hatten und zur Tür gingen, um zu frühstücken, diese verschlossen fanden. Schlagartig wurde uns klar, daß wir wohl einen Fehler begangen haben mußten, denn die verschlossene Tür konnte nur bedeuten, daß wir über Nacht zu Gefangenen von Marobodus geworden waren.
Wir überlegten hin und her, besprachen leise unser Verhalten in den letzten Tagen, suchten nach einem Fehler, der uns unterlaufen war, und fanden nichts, was uns in seinen Augen verdächtig gemacht haben konnte.
Macarius inspizierte das auf den Hof gehende Fenster. Die Öffnung war zwar groß genug, um einen Menschen hindurchzulassen; aber unten, auf dem Hof, patroullierten an die zwanzig Bewaffnete, die wir gestern nicht dort gesehen hatten. An Flucht war überhaupt nicht zu denken.
»Komm doch mal her!« rief Macarius leise und winkte mich zu einer der Nischen. »Schau mal nach oben! Da!«
Ich folgte der Richtung seiner Hand, konnte aber nicht erkennen, was er meinte. Als ich mich noch weiter vorbeugte, entdeckte ich im obersten Punkt der Wölbung eine dunkle Stelle. Ich trat zum Tisch, nahm eine der Öllampen und leuchtete hinauf.

»Und?« fragte Macarius.
»Eine Öffnung, eine Art schmaler Kamin, der nach oben führt.«
»Dann ist alles klar. Man hat unsere Gespräche belauscht.«
Er hatte es kaum gesagt, als das Schloß entriegelt und die Tür aufgestoßen wurde. Marobodus betrat den Raum, der von einem Augenblick zum anderen zur Gefängniszelle geworden war: in militärischer Rüstung, mit Schwert und Helm, Lederkoller und Lederhandschuhen mit langen Stulpen, die den halben Unterarm bedeckten. Hinter ihm ein bewaffnetes Kommando mit gezogenen Waffen. Die Männer hielten den Eingang besetzt und postierten sich rechts und links von ihrem Herrn. Fronto war nicht darunter.
»Laßt mich allein mit ihnen! Wartet draußen!«
Seine Stimme hatte einen schneidenden Ton, der keinen Widerspruch duldete. So sprach jemand, der herrscht. Die Männer zogen sich zurück. Langsam, den Blick nicht von uns lassend, ging er rückwärts zur Tür und warf sie ins Schloß. Dann nahm er mit einem Ruck den Helm ab, strich sich das Haar glatt und befahl: »Setzt euch! Mir gegenüber!«
Wir gehorchten. Er griff sich einen der Hocker und nahm ebenfalls Platz, leicht vorgebeugt, einen Fuß weggestreckt, so daß er uns leicht von unten anschaute. Mit einer unendlich langsamen Bewegung setzte er den Helm auf dem Tisch ab. Stumm verfolgten wir alles. Schweigen. Nur der Tisch war zwischen uns. Er starrte auf den Helm. Mehrmals senkten sich seine Lider. Das Gesicht blieb unbewegt, die Lippen energisch geschlossen. Er wirkte wie jemand, der vor der Fülle der belastenden Fakten nicht weiß, womit er beginnen sollte. Dann sprach er leise, ohne uns anzuschauen, den Blick immer noch auf den Helm gerichtet: »Ich war von Anfang an mißtrauisch . . . Allerdings hätte ich eine solche Dreistigkeit nicht für möglich gehalten . . .«
Er sprach ohne Erregung, fast wie ein Lehrer, der einen Schüler ertappt hat. Seine Haltung und der Gesichtsausdruck ließen nicht erkennen, ob er mehr enttäuscht, zornig oder neugierig war. Vielleicht erwartete er, wir würden zu einer wortreichen Verteidigung ansetzen, aber wir schwiegen,

um ihn zum Reden zu zwingen. Plötzlich hob er den Blick, schaute mich an, und mit einem kühlen Lächeln sagte er: »Antonius Castor ist ein großer Arzt und Botaniker. Man rühmt in gewissen Kreisen Roms seine Züchtung neuer Rosen, nicht wahr?«
Ich starrte ihn an: Fronto! – Ich öffnete den Mund zu einer stummen Frage, doch er, als ob er Gedanken lesen könnte: »Nein, es war nicht Fronto! Fronto ist kein Verräter, weder an mir noch an euch. Du selbst, Menandros, hast eine winzige Kleinigkeit übersehen. Dabei hattet ihr alles so gut vorbereitet: Griechischer Arzt und Naturforscher, von Athen kommend, auf dem Wege nach Norden!« Er äffte mich nach: » ›Nein, ich bin kein Athener!‹ – Geschickt! Und dazu auch noch die Wahrheit! Beinahe wäre ich darauf hereingefallen. Aber du hast die genannte Kleinigkeit übersehen. Als ich mißtrauisch wurde, ließ ich den gesamten Inhalt eures Wagens untersuchen. Und da meine Leute sehr genau sind, fanden sie, was ich suchte: einen Hinweis, eine kleine Notiz nur, aber sie genügte, um euch zu entlarven. Unter deinen medizinischen Papieren, Rezepten und Aufzeichnungen fand sich ein Schreiben deines Vaters – nein, kein Brief, eigentlich nur eine Notiz, eine Anweisung von seiner Hand, zur Herstellung eines Schlaftrunks. Und am Ende nur ein kurzer privater Gruß: ›Lebe wohl und denke bisweilen an deinen alten Vater Antonius Castor!‹ «
Unsere Blicke trafen sich. Ich hatte ihn und seine Intelligenz unterschätzt. Er genoß seinen Triumph sichtlich, denn da war wieder dieses jungenhafte, stumme Lachen.
»Leugnest du?«
»Nein.«
»Wirst du dich verteidigen? Brauchst du einen Anwalt?« fragte er spöttisch. – »Ich könnte Fronto bitten, deine Verteidigung zu übernehmen.«
Meine Gedanken jagten sich.
»Wozu? Das Urteil steht doch fest! Du wirst mit uns nach deinem Gutdünken verfahren.«
»Nach meinem Gutdünken? – Wie heißt es doch bei Publilius Syrus, den wir beide so schätzen: ›Was klar ist, trägt sein Urteil in sich selber!‹ «

Ich schwieg dazu.
»Ihr wollt euch also nicht verteidigen?«
»Nein. Du bist zu klug, um nicht in allem, was wir vorbringen könnten, eine Finte zu sehen. Du wirst uns ein zweites Mal nicht trauen.«
»Eine gute, ehrliche Antwort. – Was also, denkt ihr, werde ich mit euch machen?«
»Nun, wir haben einiges gesehen, was dich daran hindern wird, uns in Frieden ziehen zu lassen.«
Er stand auf, ging zum Fenster und blickte durch die schmale Öffnung auf den Burghof. Dann winkte er uns neben sich und wies mit der Hand nach unten: »Erkennt ihr diese Männer?«
Wir beugten uns vor. Da unten standen, die Hände auf dem Rücken gefesselt und mit Ketten zwischen den Füßen, mehrere Gestalten, die Reste von römischen Kleidungsstücken am Leib trugen, Koller, Röcke, verbeulte Panzer.
»Bei den Göttern!« rief ich aus.
»Laß nur die Götter aus dem Spiel! Das sind römische Legionäre, darunter zwei Centurionen, die nicht auf meine Vorschläge eingegangen sind.«
»Was . . . was hast du mit ihnen vor?«
»Oh, das weiß ich noch nicht. Wie pflegtest du dich soeben auszudrücken? Ich werde ›nach meinem Gutdünken mit ihnen verfahren‹. Sie haben markomannische Krieger auf dem Gewissen. Vielleicht hängt es von euch ab, wie ich mit ihnen verfahre.«
Dann wandte er sich plötzlich um, schritt zur Tür und rief: »Ich wünsche euch einen guten Tag!«
Ohne ein weiteres Wort verließ er den Raum. Die Tür wurde geschlossen und verriegelt. Wir blieben allein in der Zelle zurück.
Als wir einen weiteren Blick auf den Burghof warfen, führte man die Gefangenen gerade ab.
»Ich hätte es mir denken können!« rief ich und schlug mir mehrmals mit der Hand gegen die Stirn. »Ein unverzeihlicher Fehler!«
»Das hilft uns jetzt auch nicht weiter.« Macarius legte mir kurz die Hand

auf die Schulter. »Dir dürfte nicht entgangen sein, daß er sich, alles in allem, recht vernünftig, um nicht zu sagen zurückhaltend geäußert hat.«
»Das meinst du doch wohl nicht im Ernst?«
»Aber ja doch! Sogar jetzt, nachdem er unsere Maskerade durchschaut hat, kam er persönlich, um mit uns zu reden. Und er sprach mit uns allein.«
»Was besagt das schon? Seine Leute standen draußen vor der Tür. Sie wissen Bescheid.«
»Wenn schon! Wenn er uns vernichten wollte, hätte er sich nicht selbst hierherbemühen müssen. Er will etwas von uns!«
»Das alte Spiel: Lösegeld?«
»Nein, das glaube ich nicht. Auch das könnte er ohne sein persönliches Erscheinen erreichen. Ich glaube, es ist an der Zeit, uns einmal klar zu machen, daß wir es hier mit einem der klügsten Barbaren zu tun haben, die wir je kennenlernten. Selbst wenn wir annehmen, er habe bereits während unseres längeren Gesprächs mit ihm Mißtrauen gefaßt . . . Natürlich könnte er uns als Geiseln benutzen, um Geld zu erpressen. Aber was würde dabei für ihn schon herausspringen? Ein Arzt und ein römischer Centurio dürften ihm keine Millionen einbringen. Es sei denn . . .«
Ich schaute ihn fragend an.
»Es sei denn, daß er mehr weiß, als er zuzugeben bereit ist. Woher wissen wir, ob nicht Fronto doch unseren Auftrag kennt? Vergiß nicht, daß wir mit Sicherheit belauscht wurden!«
»Wir werden es bestimmt auch jetzt! Darum sollten wir leise reden!«
Beide starrten wir zu der Stelle, wo sich im Gewölbe der Nische die Öffnung zu dem Kamin befand – und schwiegen.
Den Tag über kamen wir in leisen Gesprächen immer wieder auf die möglichen Schritte zurück, die Marobodus mit oder gegen uns unternehmen könnte; doch wie immer, wenn man sich fremden Mächten preisgegeben fühlt, führten die klügsten Erwägungen zu nichts. Immerhin hatte man mir meine Aufzeichnungen gelassen, hatte den Raum anscheinend nicht durchsucht, und sogar das Essen wurde uns pünktlich gebracht. Wieder klammerten wir uns an all diese kleinen Dinge, von denen wir nur

zu gerne auf ein gutes Ende unserer Gefangenschaft schließen wollten. Ich setzte mich dann hin und machte mir, wie an den vergangenen Tagen, Aufzeichnungen vom Geschehen, ohne jedoch etwas über unseren Auftrag und unsere Erwartungen zu schreiben, denn es bestand nach wie vor die Möglichkeit, daß man uns auch unser Tagebuch abnehmen würde. Da dies aber nicht geschah, legten wir auch dies zu unseren Gunsten aus.

Der Tag zog sich unendlich lange hin. Weder der Fürst noch Fronto oder sonst irgendeiner aus dem Umkreis des Fürsten ließ sich blicken. Wir blieben mit uns und unseren Gedanken allein.

Der nächste Tag begann durchaus wie üblich. Man brachte uns unser Frühstück und ließ uns in Ruhe. Es mochte gegen die vierte Stunde gehen, als die Tür entriegelt wurde und ein uns unbekannter Offizier eintrat, der uns in knappem Ton aufforderte, ihm zu folgen. Vorsorglich nahm ich alles Geschriebene an mich, steckte es in eine flache Ledertasche und hängte sie um. Er ließ es ohne weiteres geschehen. Als er uns jedoch über enge Treppen und Gänge nach unten in die Kellergewölbe der Festung führte, packte uns die Angst. Lebendig begraben in feuchten Zellen, der Willkür des Barbarenfürsten preisgegeben! Widerstand war zwecklos. Überall Wachen. Sie hätten sofort kurzen Prozeß mit uns gemacht.

Der Mann führte uns bis zum Ende eines unterirdischen Ganges. Von mehreren kleinen Luken fiel ein Rest von Tageslicht in die Finsternis dieser Unterwelt. Es roch muffig und feucht. Schon sah ich das Innere einer Zelle vor mir, meine verängstigte Phantasie hörte bereits das Zuschlagen der schweren Tür. Da blieb der Mann stehen, ließ sich von einem Posten eine Fackel reichen, die in einer eisernen Halterung an der Wand steckte, und befahl: »Nähertreten!«

Wir befanden uns vor einem eisernen Gitter. Dahinter, im flackernden Schein der Fackel kaum zu erkennen, eine größere Zelle. Allmählich erkannten wir Einzelheiten. Mehrere Männer lagen und kauerten auf dem mit Stroh bedeckten Boden. Seitlich ein hölzerner Kübel für die Notdurft. Es stank nach Fäulnis, Exkrementen und Urin. Wir erwarteten, daß man nun die Gittertür öffnen und uns hineinstoßen würde. Doch es geschah

nichts dergleichen. Wir standen und starrten in das Dämmerlicht der Zelle. Einige der Männer hoben müde den Kopf und schauten uns an. Sie schwiegen. Auch unser Führer schwieg.
»Was soll das?« fragte Macarius.
»Fragt sie!« kam die barsche Antwort.
Ich trat noch einen Schritt näher und wandte mich an den Nächstbesten: »Wie lange seid ihr schon hier?«
Ich hatte lateinisch gesprochen, und sie merkten auf. Zwei erhoben sich und kamen herangeschlurft. Einer von ihnen fragte: »Wer bist du?«
Was sollte ich ihm antworten?
»Das spielt jetzt keine Rolle. Antworte: Wie lange seid ihr schon hier?«
»Wir wissen es nicht mehr. Wir haben es aufgegeben, die Tage zu zählen.«
»Tage?« stieß der andere mit heiserer Stimme hervor. »Was ist Tag, was Nacht?«
»Wie heißt du?«
»Lucius Balbus. Und das da ist Marcus Metonius.«
»Ihr seid Centurionen?«
»Ja.« Er nannte die Namen ihrer Einheiten. Es waren die, welche vor Jahren gegen die Markomannen gekämpft hatten.
»Also seid ihr schon seid Jahren hier?«
»Nein. Hier sind wir erst seit einigen Monaten.«
»Und vorher?«
»In anderen Verliesen. Er schleppt uns mit sich herum.«
»Was hat er euch angeboten?«
»Wenn wir für ihn arbeiten, die Freiheit.«
»Aber ihr wolltet nicht . . .«
»Wir sind keine Verräter.«
»Fordert er Lösegeld für euch?«
»Ja. Aber wer soll uns auslösen?«
»Wieviel fordert er?«
»Mehr als wir je aufbringen könnten.«
»Seid ihr regelrecht verurteilt worden?«

»Nein. Der Befehl des Fürsten ist das Urteil.«
Und nach einer Weile der andere: »Wer seid ihr?«
»Ich sagte schon, das tut jetzt nichts zur Sache.«
Ich sah, wie sie mich, Macarius und unseren Begleiter der Reihe nach musterten. Das Licht der Fackel reichte aus, um zu erkennen, daß die Männer in einem schlechten gesundheitlichen Zustand waren. Ehe ich mich nach den übrigen, die erschöpft und teilnahmslos auf dem Stroh lagen, erkundigen konnte, befahl unser Begleiter: »Schluß! Folgen!«
Es ging den gleichen Weg zurück, und als wir wieder das Tageslicht erblickten, meinten wir, dem Hades* entstiegen zu sein.

* *Hades* ist die griechische Bezeichnung der Unterwelt und auch der Name des Todesgottes.

»Weiter!«
Er wies nach oben. Wir kannten die Treppe. Sie führte zu den Räumen des Fürsten. Leise flüsterte Macarius mir an einer Wende zu: »Na also! Wie ich vermutet habe!«
»Abwarten!«
Vielleicht machte es ihm Spaß, mit uns ein demütigendes Verwirrspiel zu treiben. Daß er grausam war, hatte er uns mit dem Gang in das Verlies bewiesen. Was wollte er damit bezwecken?
Unser Begleiter gab dem Posten an der Tür den Befehl, uns zu melden. Wie beim ersten Mal, als wir diesen Raum betraten, saß Marobodus mit dem Rücken zur Tür. Nach der Meldung erhob er sich und wandte sich uns zu; nur war jetzt jedes Lächeln aus seinen Zügen verschwunden. Geschäftsmäßig wies er uns die Plätze ihm gegenüber zu. Mit einer Handbewegung war die Wache entlassen.
Als sich die Tür geschlossen hatte, setzte er sich und begann ohne Umschweife: »Es ist genug geredet worden. Ich will es kurz machen. – Ihr habt die Gewölbe gesehen?«
Wir nickten.
»Dann wißt ihr auch, wie ernst die Lage ist.«
»Für wen?« fragte Macarius in einem stolzen Ton.
Marobodus blickte kurz auf: »Endlich hast du die Sprache eines römischen

Offiziers wiedergefunden! – Ich habe euch rufen lassen, um aus eurem Munde das zu hören, was ich vermute. Wie lautet euer Auftrag?«
Nach kurzem Überlegen erklärte ich: »Selbst wenn du es nicht glauben wirst: Ich habe mich aus eigenem Entschluß auf diese Reise begeben.«
»Nehmen wir an, es wäre so, wie du sagst. Was steckt dahinter? Wohin seid ihr unterwegs? Wie kommst du dazu, eine solche Strapaze auf dich zu nehmen, zu dieser Jahreszeit und noch dazu aus eigenem Entschluß?!«
»Weil ich weiteres Blutvergießen verhindern will.«
»Was soll das heißen? Handelst du etwa mit der Vollmacht des Tiberius?«
»Nein.«
»Was dann?«
»Vielleicht kann ich durch die Erkenntnisse, die ich in Germanien gewinne, dazu beitragen, daß Rhein und Donau keine Grenzen des Todes bleiben.«
»Aber die römische Führung weiß doch von diesem Unternehmen, oder etwa nicht?«
Das war der entscheidende Punkt dieser Unterredung. Wenn ich es abstritt, machte ich mich vollkommen unglaubwürdig; wenn ich bejahte, gab ich mich ganz in seine Hand. Doch meinte ich schon gestern gespürt zu haben, daß er jemandem, der die Wahrheit sagte, Respekt entgegenbrachte. Also sprach ich es im vollen Bewußtsein der Konsequenzen aus: »Ja.«
»Aber du willst mir doch nicht weismachen, daß du lediglich in rein friedlicher Absicht in die Wildnis der Hercynischen Wälder vorgestoßen bist! Nein, mein Lieber! So geht das nicht! Ich will dir auf den Kopf zusagen, wie dein ›selbstgestellter Auftrag‹ lautet: Du bist unterwegs, um auszukundschaften, wie sich Marobodus, der König der Markomannen, zu verhalten gedenkt, nachdem Rom im Saltus Teutoburgiensis die größte Schlappe seit Hannibal erlitten hat. So ist es doch, oder?«
Sein Ton hatte an Schärfe zugenommen, dennoch war ich überzeugt – ich weiß nicht warum –, daß dies alles nur dazu dienen sollte, uns einzuschüchtern. Also erklärte ich so gelassen, wie ich konnte: »Ja, so ist es.«
Erstaunt über meine Offenheit, sah er mich an: »Du weißt, welche Folgen dies für euch haben kann?«

Innerlich frohlockte ich, denn diese Frage schloß das unausgesprochene Eingeständnis in sich, daß er über unser Schicksal noch nicht entschieden hatte.
»Sicher.«
»Gut. Dann laß mich meine Vermutung zu Ende bringen: Ihr hattet vor, von hier aus weiter in den Norden vorzustoßen, um etwas über die Pläne eines gewissen Arminius und seines Anhangs in Erfahrung zu bringen. Ist es so? Antworte!«
»So ist es.«
»Dacht' ich's doch! – Aber daraus wird ja wohl nun nichts mehr – oder?«
»Es spricht alles dagegen.«
Er lachte laut auf: »Es ist nicht zu fassen! Du redest hier wie in einer Lehrstunde des Rhetors zu Rom! Oder wie auf der Bühne des Pompeiustheaters! Wie kannst du dir diesen Ton, diese Zuversicht leisten?«
»Weil ich weiß, daß du kein Barbar bist.«
Wieder starrte er mich an, die Augen leicht geschlossen, und ich spürte, wie er über meine Bemerkung nachdachte und abwog, ob darin eine Beleidigung stecken könnte. Ich wußte, ich hatte seinen empfindlichsten Nerv getroffen, denn er wollte um alles in der Welt vermeiden, als ein Barbar zu gelten.
»Aber du hast doch die Gefangenen auf dem Burghof und in den Verliesen gesehen!«
»Sicher. Und ihre Behandlung ist deiner nicht würdig.«
»Sind wir schon so weit, daß ich mir von dir Vorschriften machen lassen muß?« fragte er in drohendem Ton.
»Wie käme ich dazu? Ich sprach nur aus, was man jenseits des Rheins über dich erzählt. Und selbst in Rom gibt es Leute hohen Ranges, die sich gerne an dich und deine Zeit in der Hauptstadt erinnern.«
»Und du glaubst tatsächlich, ich werde dir diese Schmeicheleien abnehmen? – Die Zeiten sind zu ernst für Eitelkeiten. Spar dir das! – Zur Sache! Ihr wolltet in den Norden gehen – nun, ihr *werdet* gehen!«
Macarius und ich warfen uns einen ebenso erstaunten wie ungläubigen

Blick zu. Er sah es und fuhr fort: »Du warst ehrlich zu mir. Ich will es auch zu dir sein. Ist euch bekannt, daß Arminius mir das Haupt des Varus geschickt hat?«
»Bei allen Göttern, nein!« rief ich angewidert. Ich sah das abscheuliche Bild vor mir, und ich erinnerte mich an die Berichte der Soldaten während des Verhörs. Allmählich begriff ich, worauf er hinauswollte. Er spielte mit dem Gedanken, uns ziehen zu lassen, damit wir, sozusagen als Doppelspione, auch ihm unsere Erkenntnisse zukommen ließen. Aber wie wollte er das erreichen?
»Was hast du mit dem Haupt des unglücklichen Varus gemacht?« fragte ich.
»Ich habe es an den Kaiser nach Rom gesandt.« Und dann fügte er leise hinzu: »Es war widerlich.«
Wir schwiegen. Ich verstand plötzlich die ganze verzwickte Lage, in der er sich befand. Zugleich wußte ich, daß er uns kein Haar krümmen würde, mehr noch, daß ihm unser Wohlbefinden am Herzen liegen mußte. Er, der mich die ganze Zeit über angesehen hatte, schien meine Gedanken zu erraten: »Ich habe größtes Interesse daran zu erfahren, was Arminius plant. Wenn ihr auf meinen Vorschlag eingeht, wird es nicht zu eurem Schaden sein.«
»Und was ist, wenn wir ablehnen?«
Da wurde sein Gesicht hart: »Ihr habt doch die Männer in den Gewölben gesehen?« Er erwartete keine Antwort, denn unsere betroffenen Gesichter drückten beredt aus, daß wir verstanden hatten.
»Ihr Schicksal liegt in eurer Hand.«
»Du würdest sie töten?«
»Das wäre nicht nötig. Sie würden allmählich zugrunde gehen.«
»Das ist Erpressung!«
Er lachte höhnisch. »Nenne es, wie du willst. Was ist das Leben einer Handvoll Römer gegen das Wohl meines Volkes! Ich muß euch doch wohl nicht eine Lektion erteilen über die Machenschaften römischer Feldherrn! Vielleicht solltest du wirklich einmal den ganzen Kriegsbericht des großen

Caesar lesen, damit du begreifst, wovon ich spreche. Gab es doch einmal ein Volk mit Namen Eburonen ... Oder kennst du die Geschichte nicht?«
Ich kannte sie nur zu gut. Caesar hatte in einem ungeheuren Racheakt fast den ganzen Stamm ausgerottet, als Vergeltung für ihren fortgesetzten Widerstand gegen seine Maßnahmen an der Ostgrenze Galliens. Damals hatte Cato seine Auslieferung an die Feinde gefordert, ganz Rom war vom Schauder ergriffen, als der Völkermord bekannt wurde. Aber Caesar hatte sich darüber hinweggesetzt.
»Nehmen wir an, ich ginge auf deinen Vorschlag ein ... Wie sollten wir dir Nachricht zukommen lassen? Oder erwartest du, daß wir zurückkehren?«
»Das wäre gewiß die beste Lösung. Aber das können wir nicht so einfach vereinbaren, weil wir nicht wissen, was euch erwartet.«
»Und was ist, wenn wir festgesetzt werden – so wie hier?«
Er lächelte wieder: »Das muß nicht so kommen, weil ihr mächtige Verbündete finden werdet – wenn ihr es klug anstellt!«
»Du denkst an Segestes?«
»Durchaus, ja.«
»Wenn du so gut über die machtpolitische Lage informiert bist: Warum wendest du dich nicht gleich an Segestes und seinen Anhang?«
»Ha!« rief er. »Wenn es so einfach wäre, bräuchte ich euch nicht! Segestes ist vor allem und zuerst Cherusker! Man sagt allen germanischen Führern nach, daß sie untereinander zerstritten sind und sich nicht so leicht zu einer gemeinsamen Aktion gegen eine äußere Macht zusammenrotten. Es müßten sich schon ungeheure Dinge ereignen, die alle Völkerschaften östlich des Rheins bedrohten. Aber davon kann ja wohl im Augenblick keine Rede sein – oder?«
Dieses Oder war für ihn die entscheidende Frage. Macarius und ich spürten beide, daß er von uns eine Antwort erwartete, die ihm, wenn auch nur als Andeutung, etwas über die Pläne der römischen Führung mitteilte. Trotz seiner Drohungen blieb er mir in einer seltsamen anziehenden Weise sympathisch. Vielleicht lag es daran, daß er von Rom zu sehr geprägt

worden war, daß er die römische Überlegenheit bewunderte, den klaren Staatsbau, die allgegenwärtige Durchdringung des ganzen Imperiums mit der römischen Gesetzgebung, die den Menschen aller Rassen, Religionen und Sitten trotz der immer wieder auftretenden Pressionen einen Lebensraum geschaffen hatte, der die Entfaltung und Entwicklung eigener Kräfte begünstigte. Vielleicht hegte er den Traum, mit den ihm gegebenen Mitteln im kleineren Maßstab etwas Vergleichbares zu schaffen, denn – es war mir in den Tagen unserer Anwesenheit immer klarer geworden – er war ein Mann, der das Beste für sein Volk wollte; und wenn er zu machtpolitisch riskanten, harten, ja vielleicht auch brutalen Mitteln griff, dann nur, weil er sie einem größeren Ziel unterordnete. Um es ganz offen und vielleicht auch naiv zu sagen: Er hatte nichts Böses an sich. – Ich sehe dich lächeln, mein Plinius ... Nun, ich sagte dir gleich zu Beginn unserer Gespräche vor Tagen, daß ich die Personen, Dinge, Ereignisse zuerst einmal als Arzt, vielleicht auch als Philosoph betrachte, zumal ich nun ein alter Mann bin, der am Rande des Grabes steht. Darum lege ich großen Wert auf die Feststellung, daß die Berichte unserer Historiker – und du schickst dich an, in ihre Fußstapfen zu treten – leider allzu oft das gewaltige Geschehen lediglich aus dem machtpolitischen Blickwinkel betrachten, wie der vergöttlichte Augustus selbst in seinem Tatenbericht, wenn es dort heißt: »Die gallischen und spanischen Provinzen *und ebenso Germanien habe ich befriedet ...*« Davon kann doch keine Rede sein!
Doch zurück zur letzten Bemerkung des Marobodus in bezug auf eine Bedrohung aller Völkerschaften östlich des Rheins von seiten Roms. Ich muß wohl lange gezögert haben, ehe ich ihm darauf antwortete: »Ich weiß ebensowenig wie du, welche Pläne Tiberius in seinem Kopf wälzt. Und ich muß es noch einmal betonen: Ich bin aus eigenem Entschluß unterwegs, nicht auf Befehl. Ich bin Privatmann, kein römischer Militär. Und mehr denn je sehe ich meine Aufgabe darin, einen kleinen Beitrag zu leisten für das friedliche Miteinander hüben und drüben.«
»Aber du wirst«, warf er ein, »nach deiner Rückkehr Bericht erstatten! Man erwartet ihn von dir!«

»Selbstverständlich.«
»Was wirst du über mich sagen?«
Ich fragte dagegen: »Was willst du, daß ich sage?«
Er lachte wieder, und einen Augenblick lang nahm sein Charme mich wieder gefangen. Dann meinte er: »An dir ist ein guter Unterhändler verlorengegangen.«
»Keineswegs«, gab ich schmunzelnd zurück. »Ich bin es ja. Warum sitzen wir sonst hier zusammen und reden miteinander?«
Da er nicht darauf einging, erklärte ich: »Nun, ich werde ihm sagen, Marobodus ist ein Mann des Friedens. Er hat nur das Wohl seines Volkes im Sinn. Nichts liegt ihm ferner, als einen Feldzug gegen Rom zu beginnen. – Das möchtest du doch, oder?«
Ich hatte dies in gespieltem Pathos vorgebracht, als ob ich auf der Bühne des Theaters deklamierte, und ihm war der ironische Unterton meiner Antwort auf seine Frage nicht entgangen.
»Ob du es glaubst oder nicht«, sagte er, »genau das will ich. Aber du darfst in meinem Namen hinzufügen: Marobodus hat andere Sorgen als einen möglichen Krieg. Er möchte sowohl mit Rom als auch mit Arminius in Frieden leben. Er wird sich selbst in einem Krieg zwischen Rom und Arminius neutral verhalten. Allerdings nimmt er das Recht für sich und sein Volk in Anspruch, ein schlagkräftiges Heer zur eigenen Verteidigung unter Waffen zu halten. Ich betone: zur Verteidigung! Was aber die Möglichkeit eines Bündnisses angeht, so ist alles offen. Das hängt sowohl von den zu erwartenden Maßnahmen des Arminius als auch von den Plänen Roms ab. Das kommende Frühjahr wird zeigen, wie sich die Dinge entwickeln werden.«
Ich nickte dazu, meinte aber: »Es könnte nützlich sein, wenn du das, was du soeben erklärt hast, in einer schriftlichen Botschaft an Tiberius weitergibst.«
»Das ist richtig. Doch scheint mir die Zeit dafür noch nicht reif zu sein. Das wird auch von dem, was du zu berichten hast, abhängen.«
Damit war die Marschroute abgesteckt, nun ging es an die praktische Frage

der Nachrichtenübermittlung. Marobodus schlug vor, daß uns sein Vetter Aistimodius nach Norden begleiten sollte.

»Er ist nicht nur ein naher Verwandter, sondern ein Freund. Seine Kenntnis der Wege ist außerordentlich, da er schon mehrmals für mich im Norden unterwegs war. Da er aber noch nicht bei den Cheruskern war, kennt man ihn dort nicht. Er ist der Mann, der sich auch alleine wieder in diese Gegenden durchschlagen wird. Ihm könnt ihr vollkommen vertrauen. Es sei denn, die Umstände würden euch zwingen, selbst hierher zurückzukehren. Ich werde bis zum Frühjahr hier bleiben, der besseren Information wegen. Ihr werdet Aistimodius morgen kennenlernen.«

(An dieser Stelle muß sich Menandros ausführlich über die verwandtschaftlichen Verhältnisse des Marobodus ausgelassen haben, wie aus dem Beginn des folgenden Kapitels zu schließen ist. Es ist sehr bedauerlich, daß ausgerechnet von diesen Mitteilungen nichts schriftlich festgehalten wurde, denn über die markomannische Führungsschicht wissen wir so gut wie nichts. Ja, wir kennen noch nicht einmal den Namen der Sippe, geschweige denn den der Familie, der Marobodus entstammte. Insofern verhält sich Plinius wie seine historisch schreibenden Zeitgenossen, die dem keine Beachtung schenkten. Auch Plinius ist wohl nie auf diese Fragen eingegangen, es sei denn, in den verlorengegangenen Büchern.)

XX

Ob das, was ich dir, mein Plinius, über die Familie des Fürsten berichtet habe, für deine Arbeit wichtig ist, mußt du selbst entscheiden. Du fragst, ob ich von ihm etwas über Varus erfahren habe? – Nein. Zwar fragte ich danach, doch gab er mir den Rat, mich an Segestes zu halten, jenen Angehörigen der cheruskischen Oberschicht, der den Varus wohl wie kein zweiter gekannt habe. Ich sollte mich überhaupt zu ihm durchschlagen

und mich unter seinen Schutz begeben. Dort müsse ich dann entscheiden, ob ich es wagen könnte, mich ihm zu erkennen zu geben.
Versehen mit allem Lebensnotwendigen und guten Wünschen für das Gelingen, brachen wir am nächsten Morgen mit Aistimodius auf.
Ich will die Gelegenheit nutzen, mein Plinius, einiges über das Leben der Menschen in den Hercynischen Wäldern zu sagen, soweit ich es selbst beobachten konnte; denn ich weiß nicht, inwieweit du darüber aus eigenem Augenschein unterrichtet bist.
Sie leben auf Einzelgehöften und in Streusiedlungen. Meist erbauen sie ihre Häuser in Ost-West-Richtung, um den Winden möglichst wenig ausgesetzt zu sein. Nur in der Nähe römischer Siedlungen stehen die Gebäude rechtwinklig zueinander. Und dann sind auch die Wege im rechten Winkel wie bei uns angelegt. Gelegentlich findet man auch einen Schutzwall und einen Graben; sie ahmen damit die Anlage unserer Castelle nach, freilich nicht zur Abwehr von Feinden, sondern zum Schutz gegen Bären und Wölfe oder Raubgesindel.
Der Haustyp ist stets der gleiche, ein dreischiffiger Hallenbau, ein Wohn-Stall-Haus mit tief herabgezogenem Dach, das von einer Pfeilerkonstruktion getragen wird. Mit niedrigen Wänden aus lehmverstrichenem Flechtwerk oder aus Rasenziegeln birgt es Mensch und Tier unter einem einzigen Dach, das mit Schilfrohr gedeckt wird. Die Balkenkonstruktion ist stets sehr solide gearbeitet. Der Rauch des Herdfeuers zieht durch ein Loch im Dach ab.
Die Vorteile dieses Wohn-Stall-Hauses liegen für Mensch und Tier auf der Hand, besonders im Winter. Das Vieh ist unter ständiger Aufsicht und trägt zur Wärme im Innern bei. An die Ausdünstungen der Tiere gewöhnt man sich sehr schnell, nach einiger Zeit empfindest du den anfangs aufdringlichen Geruch der Rinder, Pferde und Schweine geradezu als behaglich. Mist ist ein hervorragender Wärmespender. Gegen die zahlreichen Mäuse halten sie sich gezähmte Frettchen.*
Diese Häuser haben eine Länge von etwa dreißig Fuß und beherbergen im Durchschnitt zwölf bis fünfzehn Stück Vieh.

* Die Katze war damals noch nicht im Norden heimisch.

Dieses Langhaus ist in Wohnteil und Stallteil gegliedert. Der Boden im Wohnbereich besteht aus festgestampftem Lehm. Man betritt das Haus von den Längsseiten aus, wo Wohn- und Stallteil zusammenstoßen. Der Stall ist in Boxen unterteilt, und an seinen Seiten ziehen sich Rinnen für die Jauche entlang.

Zu einem Gehöft gehören bisweilen auch in die Erde versenkte Wohngruben oder Erdhäuser, die mit Dung abgedeckt sind; man überläßt sie den Sklaven, benutzt sie auch als Kochhütten oder Vorratskeller. In Notzeiten dienen sie als Versteck für die Bewohner und ihre wertvolle Habe. Dann werden die Gebäude dem Erdboden gleichgemacht, mit Rasenstücken oder Büschen getarnt, und auf diese Weise bleiben sie häufig von Plünderungen verschont.

Die tragenden Holzkonstruktionen ihrer Häuser halten natürlich nicht sehr lang. Deshalb werden die Gebäude nach einigen Jahrzehnten abgerissen und neu gebaut.

Meist sind sie auf ein Steinfundament gesetzt; die Wände sind weiß gekalkt, damit sie gefälliger aussehen.

Ich habe mich damals und auch später oft mit den Fragen des Ackerbaus, der Landwirtschaft und der Viehzucht befaßt, habe auch bei unseren Schriftstellern nachgelesen, und so nehme ich an, daß bei den nördlichen Völkern eine ähnliche Entwicklung stattgefunden hat wie bei uns, nur eben langsamer und später.

Es ist ja durchaus mühsam, den Boden zu bebauen, und es ist für einen Mann, der von der Jagd lebt, nicht leicht einzusehen, warum er diese Arbeit auf sich nehmen soll. Nur der Druck der Not und der Wunsch nach materieller Sicherheit können den Übergang vom Sammler und Jäger zum Bauern erzwungen haben. Wahrscheinlich haben sie allmählich von den mediterranen Völkern, also den Vorfahren der griechischen und italischen Völker, die wichtigsten Getreidesorten übernommen. Sie kennen Weizen und Gerste, auch den Flachs, die Linse und die Erbse, ebenso den Hafer, die Hirse, die Ackerbohne, den Mohn und die Gartenmöhre. Seit etwa hundert Jahren, so erfuhr ich, bevorzugen sie den Anbau des Roggens, da

er sich als sehr widerstandsfähig erwiesen hat gegen das kältere Klima im Norden und Osten.
Ihre Landwirtschaft stellt eine Verbindung von Ackerbau und Viehzucht dar. Ihre Rinder sind im Durchschnitt nur drei bis vier Fuß hoch und wenig ansehnlich. Ihr Gehörn ist kurz und nicht so ausladend wie das unserer Rinder. Natürlich kennen sie die Kastration der Stiere, doch Züchtungen und Kreuzungen, wie wir sie gezielt durchführen, sind ihnen unbekannt. Nur dort, wo sie in den Grenzgebieten mit uns Kontakte pflegen, kommt es zu Mischungen mit den von uns eingeführten Rassen.
Auch ihre Schafe, Ziegen und Schweine sind kleiner als unsere. Berühmt sind ihre Gänse, die wegen ihres dichten Daunenkleides auch von uns sehr geschätzt werden. Daneben halten sie Hühner in großer Zahl, der Eier wie des Fleisches wegen. Von den verschiedenen Hundearten ist bei ihnen besonders ein großer Spitz zu finden, der äußerst wachsam ist.
Seit kurzem haben sie einen besseren Pflug in Gebrauch, der Vorschneidemesser, Streichbrett und Radvorgestell besitzt. Damit kann man endlich die Erde wenden. Aber ich fand auch noch den primitiveren älteren. Alle Teile sind aus Holz, bis auf den Pflugkeil, der mit Eisen beschlagen ist, um die Widerstandskraft zu erhöhen. Solange sie den Boden nicht wenden konnten, pflügten sie das Feld kreuzweise, um den Boden besser zu lockern.
Auch über die Düngung ihrer Felder konnte ich einiges in Erfahrung bringen. Stallmist wird sowohl als Brennstoff als auch als Dünger verwendet, aber die zur Verfügung stehenden Mengen reichen bei weitem nicht aus, alle Felder damit anzureichern. Darum pflügen sie oft auch Rasenplaggen oder auch Mergel unter. Dennoch ist der Boden nach drei bis fünf Jahren erschöpft. Dann lassen sie ihn liegen und verwildern. In dieser Zeit wird das Vieh auf das Brachland getrieben. Erst nach zehn bis fünfzehn Jahren wird der Boden wieder gerodet, und sie können wieder Getreide anbauen.
Sie ernten das Getreide mit einer eisernen Sichel, schneiden aber nur die Ähre. Der Halm bleibt fürs Vieh stehen oder wird abgebrannt. Mehr und

mehr gehen sie dazu über, mit der Sense zu schneiden. Dabei wird auch der Halm gekappt, und das Stroh wird für die Winterfütterung in die Scheune gebracht oder als Schütte im Stall verwendet, was wiederum größere Mengen an Mist für die Düngung ergibt. Wie du wohl selbst beobachtet haben wirst, mein Plinius, ist die Erntearbeit meist Frauensache, wie alle Arbeiten, die mühsam sind und weniger Kraft als Geduld erfordern. Zum Lösen der Körner aus den Ähren treiben sie das Vieh über das ausgebreitete Getreide und trennen danach mit Hilfe des Windes die Spreu vom Korn.

Die wohl anstrengendste und zeitraubendste Tätigkeit ist das Zerreiben der Körner, wofür wir – denke nur an die Mühlen in Transtiberim* – Wassermühlen einsetzen. In den Ostgebieten geschieht dies weithin noch mit einem Reibstein. Um drei römische Pfund** Weizen oder Roggen zu zerreiben, braucht man etwa eine Stunde. In den westlichen Regionen Germaniens ist allerdings schon die keltische Drehmühle in Gebrauch, die die zermürbende Reibbewegung durch wesentlich angenehmeres Kurbeln ersetzt. Dadurch wird es möglich, in einer Stunde die dreifache Menge zu mahlen. Ich habe dies mehrfach genau beobachtet und die Zeiten und Mengen für beide Methoden miteinander verglichen. Dies ist, wie ich meine, ein ausgezeichnetes Beispiel dafür, wie kleine Verbesserungen der Technik diesen Menschen einen großen Fortschritt bringen, und immer, wo es mir möglich war, wies ich die Betroffenen auf die notwendige Verbesserung hin. Doch mußte ich oft feststellen, daß sie hartnäckig und stur am Althergebrachten festhalten. Besonders deutlich wurde es mir, wenn ich ihren Garten- und Obstbau betrachtete. Sie übernehmen ja keineswegs sofort alles, was sie von uns kennengelernt haben, selbst wenn es für sie von Vorteil wäre. Kein Wunder, daß sie weit entfernt von der Gartenwirtschaft und dem Obstbau sind, wie sie bei uns selbstverständlich sind. Nur vereinzelt wagen sie sich, und zwar nur in der Nähe des Rheins und der Donau, an die Kultur von Weinrebe und Aprikose, Pfirsich und Walnuß, und wo es geschieht, übernehmen sie ohne weiteres

* *Transtiberim* (wörtlich: jenseits des Tibers) ist der rechts des Tibers gelegene Stadtteil Roms. Dort befanden sich am Flußufer Wassermühlen.

** Etwa 1 kg.

unsere Bezeichnungen dafür, die sie nur leicht in ihrer Sprache verändern. Dazu gehören auch Zwiebel und Knoblauch, Sellerie, Porree, Kopfsalat und Rettich, ebenso Gewürzpflanzen wie Dill, Majoran, Petersilie, Fenchel, Anis und Zichorie. Wein keltern sie nur aus Früchten oder Beeren, nicht aber aus Trauben.

Da ich weiß, wie dich all diese Fragen interessieren, sollte ich vielleicht noch folgendes erwähnen: Während Caesar in seinem »Bellum Gallicum« über eine jährliche Neuverteilung des Bodens spricht, haben meine Nachforschungen ergeben, daß der Boden »je nach Würde« verteilt wird. Das aber heißt mit anderen Worten: Hier zeichnet sich bereits die Entstehung von Grundeigentum ab. Der Besitzer läßt den Boden von Unfreien bewirtschaften und erhebt Abgaben.

Unser Reisebegleiter Aistimodius erwies sich als ein durchaus gebildeter Mann, dessen Blick, wie man so sagt, über den eigenen Tellerrand reicht. Von ihm erfuhr ich auch einiges über die gesellschaftliche Ordnung der Germanen. Er gebrauchte immer ein Wort, das so klang wie »Sippe« und das bei unseren Schriftstellern immer mit »familia« wiedergegeben wird. Unser Begriff umfaßt die Familienangehörigen und die Unfreien, also alle Hausgenossen. »Sippe« oder »Sibbe« aber meint die »Blutsverwandten«. Der Germane ist fest in seine Sippe eingebunden, und er weiß, daß er ohne sie nicht bestehen kann.

Ich hatte zuweilen den Eindruck, daß der Gesichtskreis der Germanen nicht über die eigene Sippe hinausreicht. Außerhalb davon stoßen Freund und Feind hart aufeinander. In der Sippe aber herrscht ein unverletzlicher Friede, der als naturgegeben betrachtet wird, während außerhalb der Sippe der Friede nur durch besondere Maßnahmen gewährleistet wird. Innerhalb der Sippe spricht die »Stimme des Blutes« – wie Aistimodius es nannte – das entscheidende Wort.

Ferner berichtete er, daß die Sippe sowohl die Lebenden als auch die Toten umfaßt, so daß ein geistig-mystischer Zusammenhang entsteht. Der Vater nimmt ein neugeborenes Kind rituell in die Hausgemeinschaft und damit in die Sippe auf. Wenn böse Zeichen, üble Träume oder andere schwerwie-

gende Gründe dagegen sprechen, wird das Kind ausgesetzt. Und wie bei unseren Vorfahren, wird ein Mädchen eher ausgesetzt als ein Junge.
Als die nächsthöhere Form des Zusammenlebens kennen sie den »Gau« und den »Stamm«, was bei uns meist mit »pagus« und »natio« wiedergegeben wird. Ich vermute – kann es aber nicht belegen –, daß sie mit »Gau« jene Siedlungsinseln bezeichnen, die in den Wälder verstreut liegen und Teil des Stammes sind.
Aus all dem, mein Plinius, wird klar, daß derjenige, der aus der Gemeinschaft seiner Sippe ausgestoßen wird, der ärmste Mensch auf Erden ist und bald in den Tiefen der Hercynischen Wälder elend zugrunde geht. Doch nun zurück zu den Umständen, die uns erwarteten . . .

XXI

Wie ich schon sagte, erwies sich Aistimodius als angenehmer Reisegefährte. Trotzdem war uns klar, daß er alles, was wir besprachen, und wie wir uns verhielten, nach seiner Rückkehr seinem Herrn und Fürsten berichten würde. Darum hielten wir uns sehr zurück mit allem, was die römischen Interessen berührte, und er drang auch nicht in uns.
Noch bevor wir von der Burg des Marobodus aufgebrochen waren, hatte der Fürst vorgeschlagen, daß Aistimodius sich im Norden und Nordwesten als Kaufmann ausgeben sollte. Wie er das denn glaubhaft machen wolle, warf ich ein. Doch wie erstaunt waren wir, als man uns zu einem Planwagen führte, einem leichten zweirädrigen Gefährt, das mit Waren aus den südlichen Regionen der Donau bis hin zu griechischen Produkten bestückt war. Zwei kräftige Maultiere wurden eingespannt, und zusätzlich trabten zwei Ersatztiere am Seil hinterdrein, die auch wir in Anspruch nehmen konnten, wenn es notwendig werden sollte. Sogar an einen »Gehilfen« mit Namen Aistolf war gedacht worden, ein Mann, dem man

aufgrund seiner Statur und Stärke durchaus zutrauen konnte, den Kampf mit einem Bären aufzunehmen.

Die Absicht war klar; kam es doch oft vor, daß sich Reisende zu einer kleinen Gruppe vereinten, um sich in der Wildnis beistehen und gegen Wölfe und Bären ebenso verteidigen zu können wie gegen übelgesinnte Menschen. Marobodus bot uns eine noch größere Eskorte an, doch lehnten wir, wie auch Aistimodius, dies ab mit der Begründung, daß eine, wenn auch kleine Streitmacht Verdacht schöpfen ließe. Im übrigen würden wir, so Aistimodius, allein schon dadurch Vertrauen erwecken, daß ein Arzt, der sich mit einem Händler zusammengetan hatte, grundsätzlich nur mit friedlichen Absichten unterwegs war; ganz abgesehen davon, daß wir ein doppeltes Angebot mitbrachten, Hilfe für die Kranken und seltene Güter.

Und diese Strategie sollte sich tatsächlich bewähren. Am meisten kam uns dabei des Aistimodius Kenntnis von Land und Leuten, von Weg und Steg zustatten, und mir wurde in den kommenden Wochen sehr bald klar, daß wir ohne ihn und seine Erfahrung wohl kaum das Ziel unserer Reise erreicht hätten.

Wir folgten zunächst den Höhenwegen, die jenen Gebirgszug begleiten, der von der Burg des Fürsten nach Nordwesten verläuft.*

Die Gespräche mit Aistimodius waren stets anregend, da er – darin dem Fürsten ähnlich – eine für einen Germanen ungemeine geistige Beweglichkeit besaß und sein Interessenfeld einen großen Radius hatte. Da diese Begabung mit einer gewissen Bauernschläue gepaart war, hieß es für uns, stets vorsichtig zu sein und unsere Zunge zu hüten. Er wiederum war bedacht darauf, nicht mehr über die jüngsten Pläne von Marobodus auszuplaudern, als ihm geboten schien. So war unser Umgang miteinander stets von einer gewissen distanzierten Höflichkeit.

Was jedoch unsere gemeinsamen Interessen anging, so arbeiteten wir eng zusammen und besprachen täglich mögliche Gefahren, da wir die derzeitigen politischen Verhältnisse im Norden nicht genau kannten.

Ohne unseren kundigen Führer wären wir im dunkeln getappt. Mit der

* Menandros meint wohl den Thüringer Wald.

Kartenskizze, die wir dabeihatten, konnten wir nun nichts mehr anfangen, denn schon bald stellte sich heraus, daß die Flüsse und Gebirge anders verliefen, als man uns gesagt hatte. So war fast jede Etappe eine Reise in unbekanntes Land, und wir rechneten immer mit unvorhergesehenen Ereignissen und Gefahren.

Die Einheimischen begegneten uns mit jener Freundlichkeit, die sie wohl jedem unverdächtigen Fremden entgegenbringen, wie dies ja bei allen Barbarenvölkern üblich ist. Sie tun dies aus der eigenen Erfahrung, daß jeder, der unterwegs ist, den Unbilden des schnell wechselnden Wetters und den Gefahren durch wilde Tiere ausgesetzt ist. So waren wir immer wieder froh, auf einem Einödhof für die Nacht Quartier zu bekommen, und sei es nur ein Lager auf Stroh und Heu in der Scheune oder auf dem Boden. Aistimodius zeigte sich sehr leutselig und erklärte immer gleich bei der Begrüßung, daß man es mit einem griechischen Arzt und Forscher zu tun habe, der durchaus in der Lage und gern bereit sei, akute Verletzungen schnell zu kurieren, Zähne zu ziehen und Mittel gegen Frauenleiden zu verabreichen.

So rückten wir allmählich dem Kerngebiet der Cherusker näher, und unsere Spannung stieg von Tag zu Tag. Äußerlich machte das Land einen ruhigen Eindruck. Wir standen unmittelbar vor Einbruch des Winters, und in dieser Jahreszeit ruhen bei allen Völkern, zumal im Norden, die Waffen, weil die Wege für große Heere und ihren Wagentroß nicht gangbar sind. Wann immer sich die Gelegenheit ergab, sprachen wir beiläufig von dem großen Sieg, den die Cherusker über die Römer errungen hätten, und stellten es so dar, als ob wir davon erst im Laufe unserer Reise erfahren hätten. Die Reaktion der Männer war fast immer die gleiche. Ihre Augen leuchteten kurz auf, der Blick ging in die Ferne, und ich spürte die Genugtuung, die es ihnen bereitete, daß ein Fremder, ein Nichtrömer, sie danach fragte. Wir wollten sie natürlich zu einem mehr oder weniger ausführlichen Bericht veranlassen, doch waren sie meist zu stolz und wortkarg, um darüber zu reden. Wenn überhaupt, dann gaben sie nur ganz allgemein ihrer antirömischen Haltung Ausdruck, und Äußerungen, die auf die

Pläne ihrer Führung schließen ließen, waren ihnen nicht zu entlocken, weil sie nicht zu den Eingeweihten des engeren Führungskreises gehörten.

Nun konnten wir uns natürlich nicht direkt nach solchen Männern erkundigen, denn damit hätten wir uns verdächtig gemacht. Also hieß es warten, bis vielleicht der Zufall uns zu Hilfe kommen würde. Und diese Hoffnung war nicht unbegründet, da es sich in ihrem Stammesgebiet herumsprechen würde, daß da drei Reisende, zwei Griechen in Begleitung eines Südgermanen, mitten im Winter unterwegs waren, durchaus eine höchst ungewöhnliche Sache. Gingen wir doch davon aus, daß wir, auch wenn wir es nicht bemerkten, längst beobachtet wurden; und in jedem, er uns begegnete, konnte sich ein Abgesandter der Führung verbergen. Also waren wir auf der Hut.

Der Landstrich, in den wir gelangt waren, ist ungewöhnlich abwechslungsreich. Die Berge erreichen Höhen von tausend Fuß oder etwas mehr. Dunkle Wälder bedecken sie, reich an Wild jeder Art. Herrlich klare Flüsse ziehen durch die Täler und streben nach Osten und Norden, der Weser zu, wie dieser mittelgroße, sanfte Fluß nach der Vereinigung seiner beiden Quellflüsse* heißt. Die Berge bilden die südliche Fortsetzung des Saltus Teutoburgiensis, man rechnet sie bei uns ja dazu, doch bei den Germanen tragen sie alle eigene Namen, auf deren Nennung ich hier verzichten will, da sie dir, mein Plinius, wenig sagen und sie für den Gang der Ereignisse ohne Bedeutung sind. *(Wir bedauern dies wiederum sehr, denn wir kennen ihre Namen nicht.)*

* Menandros meint hier die Flüsse Fulda und Werra.

Längst hatten wir bemerkt, daß auf den unzugänglichsten Gipfeln Burgen angelegt waren, Sitze von Territorialfürsten und wohl auch Zufluchtsstätten für die in den Tälern siedelnden Menschen. Wer dort hauste, wußten wir nicht, doch sollten wir es bald erfahren.

Es hatte seit Tagen geregnet, und Aistimodius erklärte, daß es unter diesen Umständen besser sei, die Talwege zu verlassen und auf den Bergkämmen weiterzureisen. Man könnte – so unser Führer – bei genauer Kenntnis über Hunderte von Meilen auf diesen Höhenwegen in alle Richtungen gelangen. Seit Generationen schon reisten die Händler über die Gebirgswege.

Daß uns niemand mit Bagage und Wagen begegnete, liege ganz einfach an der Jahreszeit. Das wiederum mußte unser Erscheinen doppelt verdächtig machen. Wir rechneten nun stündlich damit, auf einen Trupp mißtrauischer Bewaffneter zu stoßen.
Und so kam es denn auch!
Wir hatten gerade eine ziemliche Steigung hinter uns gebracht und freuten uns über den von nun an fast ebenen Verlauf des Weges, als das eintrat, womit wir schon seit Tagen rechneten.
Plötzlich brachen zwölf bis fünfzehn Mann von rechts und links aus dem Unterholz hervor und umringten uns. Sie musterten uns mit mißtrauischen Blicken. Dann trat einer aus der Gruppe zum Wagen, warf einen Blick unter die hintere Plane, wandte sich um und fragte: »Ihr seid keine Händler. Was macht ihr hier?«
Aistimodius gab kurz und sachlich Antwort: daß ein griechischer Forschungsreisender und Arzt mit seinem Gehilfen unterwegs sei, um die nördlichen Regionen aus rein wissenschaftlichem Interesse zu erkunden; daß wir schon vor vielen Monaten im Süden aufgebrochen seien und nun, vor Einbruch des Winters, ein festes Quartier suchten.
Der andere hörte stumm zu. Dann musterte er den Sprecher und fragte nicht ohne Ironie: »Und du? Haben die Markomannen nichts Besseres zu tun, als diesen hergelaufenen Fremden die Gegend zu zeigen?«
Er mußte am Tonfall den Markomannen erkannt haben. Leugnen nützte nichts. Doch Aistimodius ließ sich nicht aus der Ruhe bringen; lächelnd gab er zurück: »So ist es.« Und auf mich weisend: »Dieser Mann ist in seiner Heimat ein berühmter Arzt. Er wird ein Buch über seine Beobachtungen und Eindrücke schreiben, das dazu beitragen soll, daß sich die Völker besser kennenlernen. Ich habe mich ihm gerne zur Verfügung gestellt. Und ich glaube, du machst einen Fehler, wenn du . . .«
»Schluß jetzt!« herrschte der Cherusker ihn an. Dann gab er Befehl, Tiere und Wagen zu übernehmen. Wir hatten ihnen zu folgen. Ich befürchtete schon, daß sie uns fesseln würden, doch unterblieb dies zu unserer Erleichterung. Wie sollten wir ihnen auch entkommen?

Wir folgten dem Weg noch eine Viertelmeile, dann ging es seitlich steil bergauf, und nach dreihundert Schritt erreichten wir das Plateau des Berges, das von einem gewaltigen Steinwall gesichert war, der sich ringförmig um die ganze Anhöhe zog. In der nächsten Umgebung war der Wald gerodet worden, so daß die Verteidiger im Kriegsfall nach allen Seiten freies Schußfeld hatten.

War dies einer der Herrensitze, auf dem die Pläne zum Untergang von Varus und seinen Legionen geschmiedet worden waren?

Die innere Anlage der Festung war jener, die wir bei Marobodus kennengelernt hatten, nicht unähnlich, freilich war sie nicht so bis ins kleinste durchdacht und entbehrte auch des ästhetischen Reizes, da sie nur nach strategischen Gesichtspunkten angelegt war.

Man brachte uns in den inneren Hof, wo wir, unter strenger Bewachung, zu warten hatten. Aistimodius wußte auch nicht, welcher der cheruskischen Führer hier residierte.

Macarius Macco und ich hatten keine Gelegenheit, uns miteinander zu verständigen, da dies von den Posten verhindert wurde, die uns getrennt voneinander hielten. Und ich muß gestehen, daß ich mich damals einer entschieden größeren Gefahr ausgesetzt sah als nach unserer Ankunft bei Marobodus. Die höhnische Behandlung unseres markomannischen Führers durch den Cherusker ließ nichts Gutes ahnen; diese Männer hier standen unter dem Druck kriegerischer Ereignisse, vielleicht auch unter der Spannung der Konkurrenz ihrer Führer. Wußten Macco und ich doch aus den Berichten während der Verhöre in Castra Vetera, daß die cheruskische Führung in ihrem Verhältnis zu Rom gespalten war.

Endlich kam der Cherusker, der uns hergebracht hatte, zurück. Er wandte sich an mich: »Folge mir!«

Ich rührte mich nicht von der Stelle und erklärte ruhig: »Ich bin deiner Sprache nicht mächtig. Aistimodius soll mich begleiten.«

Er maß mich kurz mit einem mißtrauischen Blick, der dann auch den Markomannen und Macarius Macco streifte.

»Meinetwegen.«

Ohne ein weiteres Wort schritt er voraus und führte uns zu einem Fachwerkgebäude in der Mitte der Burg. Wir betraten einen großen Raum im Zentrum des Hauses. An einer Wand ein offenes Feuer auf einem gemauerten Herd, dessen Rauch durch das Dach nach außen zog. Winzige Fenster zwischen den sich kreuzenden Balken ließen soviel Licht herein, daß man sich nach dem Eintreten gerade orientieren konnte, wo man ging. Es dauerte eine Weile, bis sich die Augen an die Dämmerung gewöhnt hatten und ich Einzelheiten erkannte. Da standen an den Wänden rohe Bänke, davor ebenso rustikale Tische aus massivem Eichenholz. An den Kopfenden mit Bronzebeschlägen versehene Truhen. Der Boden war aus gestampftem Lehm, fest wie Mörtel. Nun erkannte ich auch die Schwerter und Schilde, die an den Wänden hingen. Also mußte es sich um einen Versammlungsraum handeln, in dem der Fürst oder wer auch immer seine ranghöchsten Ältesten zu Beratungen zusammenrief.
»Wartet!« befahl der Cherusker. Dann verließ er die Halle durch einen der an den Kopfenden abzweigenden Gänge.
Wir spekulierten darüber, in wessen Hände wir geraten waren, doch schon näherten sich Schritte, mehrere große Gestalten betraten den Raum, worunter uns sofort ein bärtiger Mann auffiel, der die anderen um die Länge eines halben Hauptes überragte. Er ging langsam und gemessen, doch meine Erfahrung als Arzt sagte mir, daß er weniger der Würde wegen so ging, sondern wohl, weil er von einem körperlichen Leiden geplagt wurde; dazu paßten die Züge des Gesichtes, denn er preßte beide Lippen fest aufeinander, als ob ihm jeder Schritt Schmerzen bereitete. Ich warf Aistimodius schnell einen fragenden Blick zu. Er nickte kurz und flüsterte: »Segestes.«
Ein Blick von Macco, ebenso schnell, bestätigte dies. Er hatte ihn noch vor einem Vierteljahr im Lager des Varus zu Gesicht bekommen. Es stand zu befürchten, daß Segestes den Centurio erkannte.
Und trotzdem wirst du verstehen, mein Plinius, daß ich in gewisser Weise erleichtert war. Galt Segestes doch unter allen Cheruskern als ein maßvoller, kluger Mann, der nicht ohne weiteres zum Schwert griff, weder gegen

Rom noch gegen andere. Ich hatte noch im Ohr, welche Worte die verschiedensten Männer über ihn während der Anhörung geäußert hatten. Das Urteil schwankte zwischen ehrlichem Botschafter des Friedens und Verräter an der germanischen Sache, es kam auf den Standpunkt an. Jetzt sah ich auch, daß einige der Waffen an den Wänden römische Schwerter, Lanzen und Schilde waren. Also war er an der Verteilung der Beute beteiligt worden, und das, was hier hing, war als Trophäe gewiß nur von symbolischem Wert; alles andere, Geld aus den erbeuteten Militärkassen, Wagen, Tiere, Gerät würde er an anderen Orten verwahrt halten. Ich war mir sicher, daß er auch ehemalige Legionäre unter seinen Sklaven hatte. Das alles machte ihn, seine Pläne, Absichten und Ziele rätselhaft. Hatte eine erneute Verständigung zwischen ihm und Arminius stattgefunden? War Arminius auf ihn und seinen gewiß großen Einfluß unter den Cheruskern angewiesen? Jetzt vielleicht mehr als vor der Schlacht?
Ich wurde in meinen schweifenden Gedanken unterbrochen, denn er und seine Begleiter kamen näher, blieben in etwa fünf Schritt Entfernung vor uns stehen. Immer noch die Lippen fest aufeinandergepreßt, sich schwer auf einen knorrigen Stock stützend, sah er uns regungslos an. Seine Augen waren stahlgrau, mit einem leichten Grünschimmer; das Gesicht im ganzen nicht unangenehm, eines von jenen, die auf geistige Beweglichkeit schließen lassen. Sein Haar, leicht gelockt, war durchgehend silbergrau, nur der Bart zeigte noch Farbe, ein Blond, das ins Rötliche spielte. Die Hände paßten zu seinem Gesicht, denn sie waren schmal und feingliedrig, doch hielt er die Linke wie eine offene Faust, und ich schloß daraus, daß er an der Gicht litt, ein Leiden, das in diesem Alter ja auch bei den südlichen Menschen häufig anzutreffen ist, um so mehr in den feuchteren und kälteren Regionen des Nordens.
»Soso«, begann er mit einer klangvollen Stimme in mittlerer Lage, »ein Medicus aus Griechenland!«
Er benutzte tatsächlich das lateinische Wort, wohl um von Anfang an klarzustellen, daß man es mit keinem Barbaren, sondern mit einem gebildeten Mann zu tun habe; und da er dies mit größter Selbstverständlichkeit

tat, wirkte es überhaupt nicht aufgesetzt, sondern eben so, wie er es meinte, denn Ärzte, wie wir sie ausbilden, kennt man in Germanien nicht. Da sein Blick dabei mit einem durchaus freundlichen Lächeln auf mich gerichtet war, kam ich nicht umhin zu antworten: »So ist es. Ich bin Menandros aus Athen. Das ist mein Gehilfe. Aistimodius hat uns freundlicherweise seine Begleitung angeboten, da wir weder Weg noch Steg kennen.«
Ich sah, wie ihn der markomannische Name aufhorchen ließ: »Es scheint im Süden bei den Markomannen ruhiger zu sein, als manche hier behaupten, wenn man einen tapferen Krieger entbehren kann . . .«
Er hatte dies in der Sprache der Markomannen gesagt, während er zuvor mit mir Latein gesprochen hatte; ich war in den nächsten Tagen immer wieder erstaunt, wie er ohne Schwierigkeiten von einer in die andere Sprache wechselte, auch dies ein Zeichen für seine Intelligenz und Wendigkeit. Schon in den ersten Augenblicken unseres Zusammentreffens war mir eines klar: Ein Mann wie Segestes mußte jeden römischen Feldherrn beeindrucken, selbst wenn er ihm mit mehr Mißtrauen begegnen würde als Varus.
Aistimodius hatte die leicht ironische Bemerkung mit einer ähnlich anzüglichen zurückgegeben, und Segestes nahm die Schlagfertigkeit des Markomannen lächelnd zur Kenntnis. Dann wandte er sich wieder mir zu und wechselte ins Lateinische: »Ihr werdet müde sein. Man wird euch ein Bad richten. Zwar kann ich euch nicht mit dem Komfort dienen, den man den mediterranen Völkern nachsagt – aber Wasser ist Wasser, gleich ob es in steinernen Becken oder hölzernen Zubern bereitet wird. Nehmt bitte einstweilen Platz und stärkt euch. Ihr werdet hungrig und durstig sein.«
War diese Gastfreundlichkeit echt? Oder wollte er uns nur in Sicherheit wiegen? Nahm er uns überhaupt ab, daß es sich um die Forschungsreise eines etwas sonderbaren Griechen in den Norden handelte, und das zu dieser Jahreszeit?
Er wies uns an einem der Tische Plätze an und setzte sich selbst dazu, wobei mir wiederum nicht entging, wie er sich mit einer übergroßen Vorsicht auf der harten Sitzfläche niederließ – so daß ich mir die Frage nicht

verkneifen konnte: »Verzeih, edler Fürst, aber dem Auge des Arztes entgeht nicht, daß du von einem Leiden gequält wirst. Vielleicht kann ich dir . . .«
Ein furchtbarer Fluch unterbrach meinen Satz, und sein Gesicht verzerrte sich, so daß wir alle erschrocken zu ihm hinstarrten.

XXII

Heute weiß ich, daß diese gewagte Bemerkung von mir ausschlaggebend war für die folgenden ebenso angenehmen wie lehrreichen Gespräche, die ich mit Segestes führen sollte. Aber ich will den Dingen nicht vorgreifen. Dem Fluch folgte eine Reihe von Verwünschungen gegen die Quacksalber, die ihn mehr quälten als heilten. Er habe schon ein Vermögen für alle möglichen, weithergeholten Medizinen und Mittel ausgegeben, aber es nütze alles nichts.
Da wagte ich die Frage, worum es sich denn handle. Aus seinem gequälten Gang schließe ich, daß es vielleicht etwas mit den Gelenken zu tun habe.
»Wie?« rief er. »Mit den Gelenken? Meine Gelenke sind in Ordnung und für einen Mann meines Alters gut in Form.«
Blitzschnell überschlug ich alle Möglichkeiten, die mir bekannt waren. Nach seinen Erklärungen fielen Rheuma und Gicht insofern aus, als sie nicht die Hüftgelenke betrafen. Ein Geschwür oder Gewächs kam auch kaum in Betracht, denn in dem Fall hätte er sich vermutlich gar nicht fortbewegen können. Also fragte ich vorsichtig weiter: »Wenn der Bewegungsapparat in Ordnung ist, vermute ich, daß es sich wohl mehr um ein inneres Leiden handelt, wobei ich die Betonung auf Leiden lege; denn ein Leiden ist bekanntlich etwas anderes als eine Krankheit . . .«
Ich sah ihn ganz offen an, zögerte einen Augenblick, erklärte dann aber mit Bestimmtheit: »Es scheint sich um das zu handeln, was wir Griechen

Hämorrhoiden nennen, knotenartige Erweiterungen am Ende des Mastdarmes!«
Er öffnete erstaunt den Mund: »Donnerwetter! Genau das ist es. Es plagt mich schon seit Jahren, aber in letzter Zeit hat es unerträgliche Formen angenommen. Kann man denn etwas dagegen tun? Ich meine, hast du Erfahrung in diesen . . . diesen Dingen?«
»Oh«, ich hob verständnisvoll die Hand und lächelte. »Dieses Leiden ist auch bei uns im Süden weit verbreitet, und ein Großteil meiner älteren Patienten quält sich damit.«
»Und hattest du Erfolg mit deiner Behandlung?«
»Oft, ja. Aber das läßt sich nicht ohne eine genaue Diagnose sagen, und eine Diagnose setzt den eigenen Augenschein voraus. Du verstehst, was ich meine.«
»Natürlich, natürlich!« Er war auf einmal ganz aufgeregt. »Würde es dir etwas ausmachen, wenn du mich gleich . . .?«
»Gerne. Wo soll es stattfinden?«
»In meinem Gemach, wenn es dir recht ist.«
»Ja, ich brauche Licht! Lampen! Kerzen!«
Er veranlaßte dies und schickte zwei der Leute los, den Raum zu richten. Ferner bestellte ich warmes Wasser und Tücher. Macco gab ich den Auftrag, die für eine solche Untersuchung notwendigen Utensilien und Instrumente aus dem Wagen zu holen.
Wie sich dann herausstellte, hatten die Knoten sich bereits entzündet. Sie hatten den ganzen Darmausgang umwuchert, und zwei von ihnen hatten die Größe von Taubeneiern erreicht. Die Schmerzen mußten unerträglich sein.
So zuckte er auch jedesmal, wenn ich den Entzündungsbereich berührte, zusammen, und ich sagte ihm, ich hätte bisher nur zweimal in meiner Praxis solch große Knoten vor Augen gehabt.
»Und konntest du sie heilen?« rief er mit gepreßter Stimme.
»Einen Fall konnte ich heilen. Du kannst dich setzen.«
»Und wie? Wie hast du es gemacht?«

»Ich mußte schneiden.«
Das Entsetzen stand ihm in den Augen. Dann erklärte er mit ruhiger Stimme: »Ich bitte dich: Tu es! So kann ich nicht leben. Ich kann es bisweilen nur im Liegen aushalten.«
»Das ist typisch für deinen Zustand.«
»Was ist, wenn du nicht schneidest?«
»Ich könnte die Knoten mit Tinkturen und Salben behandeln. Aber der Grad der Entzündung hat ein gefährliches Stadium erreicht. Du könntest ans Lager gefesselt werden.«
»Das kann ich mir nicht leisten. Wir leben in schweren, in unsicheren Zeiten. Ich trage Verantwortung . . .«
Er hatte dies leise, fast für sich selbst gesprochen, und ich ahnte, was ihm durch den Kopf ging.
»Gut«, sagte ich. »Es wird einen Augenblick sehr weh tun. Danach hast du Ruhe, denn die Knoten werden ausbluten. Die Wunden werden überhaupt lange bluten. Das ist gut. Denn dann werden die bösen Säfte aus dem Körper geschwemmt. Du mußt während dieser Zeit liegen und darfst nicht aufstehen.«
»Wie lange wird das dauern?«
»Das kann man nie voraussagen. Es hängt von der Beschaffenheit deiner Adern ab. Wie ich gesehen habe, hast du keine Krampfadern an den Beinen. Das ist gut. Krampfadern sind im Prinzip das gleiche wie Hämorrhoiden. So besteht die Hoffnung, daß die Wunden schnell abheilen. Allerdings mußt du dich an eine strenge Diät halten, die ich dir auferlege. Bist du einverstanden?«
»Tu, was du für richtig hältst, und wenn es gelingt, wird es nicht dein Schaden sein.«
Ich kannte sehr wohl das Risiko, das ich einging. Es bestand die Gefahr, daß sich die Wunde nicht gleich schließen würde und der Patient einen erheblichen Blutverlust erleiden würde. Es gab Beispiele aus der Literatur, daß jemand daran verblutet war. Außerdem konnte sich die Wunde entzünden, da sie ohnehin den schmutzigsten Ausscheidungen des Körpers

ausgesetzt war. Darum meine strikte Anweisung, nur wenig zu essen, kein Fleisch, kein Fett, nur leichte Nahrung, Haferbrei und reines Wasser. Er war mit allem einverstanden.
Ich ging mit äußerster Konzentration und Vorsicht an den Eingriff, sagte ihm vor jeder Hantierung, was ich vorhatte, und suchte ihn die ganze Zeit über durch ein Gespräch abzulenken. Als es dann zu den entscheidenden Schnitten kam, stöhnte er auf, und sein ganzer Körper zitterte. Er fühlte sich, was den Druckschmerz der Knoten anging, auf der Stelle erleichtert und wollte gleich aufstehen, was ich ihm natürlich strikt verbot, indem ich ihn noch einmal auf die möglichen Folgen hinwies.
»Bei den Göttern!« murmelte er mit matter Stimme. »Ich tue alles, was du willst, wenn es nicht wiederkommt!«

XXIII

Während er sich in den nächsten Tagen auf seinem Lager von dem Eingriff erholte, leistete ich ihm, wann immer er es wollte, Gesellschaft. Unsere Gesprächsthemen wurden immer anspruchsvoller, und ich staunte über sein außergewöhnliches Wissen. Er schwärmte mir auch von seinen Pferden vor, die er mit großer Liebe und Sachkenntnis züchtete, und konnte es kaum erwarten, sie mir bald vorführen zu können.
Keine Frage, wir waren uns sympathisch. Ich mußte ihm auch von meinem Beruf berichten, und er stellte gezielte Fragen nach der Behandlung bestimmter Krankheiten, bedauerte im übrigen mehrfach, daß es meistens nur Scharlatane seien, die sich hier in die Wildnis wagten. So konnte es nicht ausbleiben, daß wir irgendwann auf die Unterschiede zwischen seiner und der römischen Welt zu sprechen kamen.
»Warst du schon in Rom?« fragte er einmal unvermittelt.
Ich zögerte nicht mit der Antwort: »Natürlich. Ich habe dort Freunde.«

Er sah mich an, und ich spürte instinktiv, wie er mit sich zu Rate ging, ob er mir vollkommen vertrauen könne.
Und dann kam die Frage, die mich beinahe aus der Fassung gebracht hätte: »Kanntest du Varus?«
Ich muß wohl vor Schreck den Mund geöffnet haben, und mein Zögern tat ein übriges, denn sein Blick wurde hart, er kniff die Lider zusammen und bestand auf einer Antwort: »Du kanntest ihn!«
Meine Gedanken jagten sich: Wenn ich es leugnete, würde er, der ein großer Menschenkenner war, seine Folgerungen ziehen, und ich hätte mit einem Schlag sein Vertrauen verloren; wenn ich es bejahte, würde er nachfragen, denn es gehe doch wohl nicht an, daß ein Grieche, der vorgab, in Rom Freunde zu haben, ausgerechnet einen Varus kannte, einen Mann, der zum römischen Hochadel zählte und im nächsten Umfeld des Kaisers verkehrte.
Also sah ich ihn offen an und gab wie beiläufig zu: »Nun ja, ich kannte ihn.«
Sein Gesichtsausdruck wurde lauernd.
»Dacht' ich's doch! Dein Latein ist zu vollendet! So spricht kein Grieche, der in Rom nur zu Besuch ist. Ich kenne viele Römer. Und ich kenne Griechen. Wenn ein Grieche, der in Griechenland zu Hause ist, Latein spricht, klingt es weicher, und die o-Laute sind offener. Zwar spricht dein Gehilfe ein solches Latein, aber ich sage dir auf den Kopf zu: Er ist ein römischer Offizier!«
»Aber ein Centurio würde sich doch nicht einem Medicus als Gehilfe zur Verfügung stellen!«
»Unter bestimmten Voraussetzungen schon!« beharrte er. »Und was den Aistimodius angeht: Ein Markomanne seines Schlages gibt sich nicht als Reisebegleiter im Norden her. Auch ihm sieht man den Krieger auf drei Meilen an. – Menandros, deine Maskerade ist durchschaut.«
Sprachlos starrte ich ihn an, und ich wußte nichts zu meiner Verteidigung zu sagen. Er aber schien meine Unsicherheit zu genießen.
»Ein Wink von mir«, fuhr er lächelnd fort, »und du bist ein toter Mann.«

»Dazu wird es nicht kommen!« rief ich.
»Ach. – Und warum nicht? Weil du davon ausgehst, ich sei auf deine Hilfe angewiesen? Der Eingriff liegt hinter uns. Den Rest wird die Natur selbst besorgen.«
»Du hast keinen Beweis für deine Behauptungen.«
»Beweis? – Pah, ich besitze den Instinkt eines Mannes, der sein ganzes Leben lang auf der Hut ist. – Aber lassen wir das. Du weißt ganz genau, daß du in meiner Hand bist.«
»Nun, da ich sagen kann, was ich will, ohne daß du mir glaubst, wird es wohl so sein.«
»Das gefällt mir schon besser.«
Er lächelte wieder, und ich meinte darin nicht nur Ironie, sondern ein gewisses Schmunzeln über die sonderbaren Konstellationen zu spüren, die sich zwischen Menschen ergeben können. Doch ließ er immer noch offen, wie er sich entscheiden würde, als er weiterfragte: »Du kanntest also unseren Varus . . .«
Dieses ironische »unser« beruhigte mich etwas, denn es bezog mich auf listige Weise in seine Gedanken ein. Anders als bei Marobodus war ich mir diesmal sehr sicher, daß wir ungeschoren davonkämen. Es konnte dem Cheruskerfürsten in seine Pläne passen, wenn er erfuhr, wer Macco und ich wirklich waren. Immerhin hatte er noch unmittelbar vor der Schlacht den römischen Feldherrn aufgesucht und ihn auf die Verschwörung seiner Landsleute hingewiesen. Mit anderen Worten, er hatte – aus cheruskischer Sicht – Hochverrat begangen. Dabei spielte es keine Rolle, daß Varus ihm und seinen Warnungen keinen Glauben geschenkt hatte. Andererseits war er allem Anschein nach an der Beute beteiligt worden. Er war ein Fuchs und mit jener wendigen Intelligenz begabt, die die Fabel gerade diesem Tier nachsagt. Ich war mir sehr sicher, daß er auch jetzt noch seine romfreundliche Haltung besaß, wenn er sie nach dem, was geschehen war, vielleicht auch verstecken mußte. Daß er ungeschoren davongekommen war, konnte zwei Gründe haben: Arminius und sein Anhang wußten nichts von seinen Machenschaften; wenn er aber darüber informiert war,

mußte Segestes über eine außerordentlich starke Stellung in seinem Volk verfügen, mußte er mächtige Freunde oder Verwandte besitzen, die wie er dachten und ihn vor Arminius deckten.
Dies ging mir durch den Kopf, als ich an seinem Lager saß und sein Gesicht studierte. Um eine ehrliche Antwort kam ich nicht herum: »Ja, ich kannte ihn. Ich kannte ihn sogar sehr gut, denn ich war vor Jahren in Rom sein Arzt.«
»Dacht' ich's doch!« Er schlug sich impulsiv mit der linken Faust in die offene Rechte. »Der Arzt des Varus! Nun raus mit der Sprache! Du kommst nicht aus Griechenland!«
»Nein.«
»Aus Rom?«
»Nein.«
»Woher dann?«
»Aus Castra Vetera.«
»Nein!« Nun riß er staunend die Augen auf. »Das ist aber ein ziemlicher Umweg durch das Gebiet der Markomannen!«
»Das stimmt«, gab ich lächelnd zu.
»Ich verstehe.« Er ließ nicht locker. »Du wolltest sichergehen. Die einfachen Leute am Wege nahmen dir natürlich dieses Märchen ab. Aber Marobodus nicht – oder?«
»So ist es.«
»Bei allen Göttern! Und er hat dich so einfach ziehen lassen?«
»Ja. Er gab mir, wie du weißt, den Aistimodius als Begleiter mit.«
»Du meinst als Aufpasser!«
»So kann man es auch sehen.«
Er schüttelte mehrmals den Kopf: »Es ist nicht zu fassen! Und ich hielt mich selbst für einen durchaus fintenreichen Mann . . . Aber das hier übertrifft an Tollkühnheit alles, was mir je zu Ohren gekommen ist.«
Er machte Anstalten aufzustehen, doch ich drückte ihn aufs Lager zurück.
»Noch bin ich dein Arzt und verantwortlich für das Wohlbefinden deines Körpers.«

»Ach, fahr zur Hel!«* rief er. »Wenn ich dir nicht dankbar sein müßte ...«
Er unterbrach seinen Satz durch einen erneuten Fluch, und ich ergänzte: » ... hättest du dennoch das allergrößte Interesse an meiner Person. Im übrigen erwarte ich keine Dankbarkeit.«
Er ging nicht darauf ein, sondern fragte unvermittelt: »Welchen Eindruck machte er auf dich?«
Es war grotesk: Ich war hierhergekommen, um *ihn* nach Varus auszufragen, und nun wollte er von *mir* meine Meinung hören.
»Es ist lange her. Damals waren andere Zeiten. Er sonnte sich in der Gunst des Kaisers.«
»Du auch?«
»Nein. Aber ich war mit Drusus befreundet.«
»Dem Bruder des Tiberius?«
»Ja.«
»Und du kennst Tiberius? Ich meine persönlich?«
»Ja.«
Plötzlich wurde er sehr ernst: »Also bist du in seinem Auftrag hier?«
»Nein. Aber mit seinem Wissen und seinem Einverständnis.«
»Das verstehe ich nicht.«
Ich erklärte ihm, was mich und Macco veranlaßt hatte, auf eigene Faust in die feindliche Wildnis aufzubrechen, und ich ließ dabei einfließen, daß es mich ungemein interessierte, Näheres über die Gründe für das Versagen des Quinctilius Varus herauszufinden.
»Und von mir erhoffst du dir Auskünfte darüber?«
»Ja, sicher. Von wem sonst?«
»Von Arminius.«
»Das dürfte sehr schwierig sein.«
»Da dürftest du recht haben.« Er stierte auf einen imaginären Punkt, und ich spürte, wie er mit sich rang, den siegreichen Führer der Cherusker und der verbündeten Stämme nicht laut zu verwünschen. Schließlich fuhr er leise fort: »Es war eine unglaubliche Dummheit.«

* *Hel* (von helen = verbergen) ist die germanische unterirdische Totenwelt, zugleich aber auch der Name ihrer Beherrscherin (vgl. Frau ›Holle‹).

»Auf unserer Seite wurde bekannt, daß du den Feldherrn mehrmals gewarnt hast. Hofftest du, ihn überzeugen zu können?«
»Natürlich! Wie sonst wäre ich so weit gegangen? Sie hätten mir damals den Kopf vor die Füße gelegt, wenn sie davon gewußt hätten.«
»Du meinst Arminius und seine Freunde.«
»Ja, all diese Heißsporne, die sich jetzt als die großen Retter des freien Germaniens aufspielen.«
»Sind sie es nicht?«
»Das fragst *du?* Jemand, der die römische Führung besser kennt als ich? Der mit dem zukünftigen Kaiser auf gutem Fuße steht? Der mit seinem Bruder befreundet war?«
»Ich glaube, du überschätzt meine Stellung. Ein römischer Fürst pflegt nicht mit einem Arzt über militärische und politische Pläne zu plaudern.«
»Was soll das?« grollte er nun. »Du willst mir doch nicht weismachen, daß du von all dem keine Ahnung hast! Ich weiß doch, wie das bei euch zugeht: Alles sickert von oben über verschiedene Stufen nach unten durch. Und du bewegst dich sehr weit oben. Du hast Freunde und Informanten, von denen ich nur träumen kann. Also weißt du sehr wohl über die politische Wetterlage Bescheid. Und wenn du von mir erwartest, daß ich dich irgendwann in Frieden ziehen lasse, dann mußt du schon ein bißchen mehr auspacken, als du meinst, verantworten zu können. Ich könnte mich sonst leicht veranlaßt sehen, dich an Arminius auszuliefern.«
»Um dich selbst in ein besseres Licht zu stellen, wie?«
Ich hatte nicht vor, mich einschüchtern zu lassen, denn ich erkannte, daß er mich benutzen wollte, um seine Stellung im Land durch die möglichen Informationen, die ich ihm geben konnte, zu verbessern. Ich machte eine Andeutung dieser Art, und er ließ mich ausreden. Dann erklärte er, ruhiger als zuvor: »Du bist gerissener, als ich dachte. Aber ein Mann, der sich unter solch aberwitzigen Umständen in die Höhle des Löwen begibt, fordert schon allein deswegen Respekt. Also, laß uns ganz offen miteinander reden. Du kannst mir in der Tat nützlich sein – und ich dir. So kommen wir beide auf unsere Kosten. – Verdammt!«

Er stöhnte auf. »Ich glaube, ich muß ein Geschäft erledigen . . .«
»Ein kleines?«
»Leider nein . . .«
Ich gab ihm den Ratschlag, auf keinen Fall den Abgang des Stuhls durch Pressen zu beschleunigen, sondern den Dingen ihren natürlichen Lauf zu lassen. Die Wunden könnten sonst aufreißen, und das wäre äußerst schmerzhaft und auch gefährlich.
Er nickte, und ich half ihm, sich auf den hölzernen Eimer zu setzen.
Als es überstanden war, atmete er erleichtert auf: »Das werde ich dir nie vergessen.«
»Hoffen wir's!«
Der Bann war gebrochen. Ich wußte, hier war ich sicher.

XXIV

Obwohl ich nun täglich mit ihm zusammen war, hütete er sich, Einzelheiten preiszugeben über das Machtverhältnis zwischen ihm und Arminius und ihren jeweiligen Anhängern. Ich hatte den Eindruck, als ob er bewußt den Namen des Siegers über Varus mied. Bis dann ein Ereignis eintrat, das alles veränderte.
Längst hatte ich auch Segestes' Tochter kennengelernt, Thusnelda, eine junge Frau von etwa achtzehn Jahren; und ich muß dir gestehen, mein Plinius, daß ich selten von einer Germanin so beeindruckt war. Nicht, daß sie besonders hübsch war, mit großen dunklen Augen, zierlicher Gestalt und vollem Mund wie die mediterranen Frauen. Andererseits war sie aber auch keineswegs häßlich, hatte weder eine zu große noch eine zu kleine Nase oder eine zu niedrige Stirn, was ja bei den nordischen Völkern gar nicht unüblich ist. Sie war auch nicht feingliedrig, und ihr Händedruck war fest und trocken. Sie hatte die wachen, klugen, sehr hellen Augen des

Vaters, und von ihnen ging ein Leuchten aus, wie ich es selten bei einem Menschen gesehen habe. Die Augen standen weit auseinander. Ich empfand dies in Verbindung mit ihrer hohen makellosen Stirn als schön und erhaben. Wenn sie sprach, dann mit einer ruhigen Altstimme, aber sie sprach wenig, ihr Schritt war gemessen, ihr Körper stark und knochig, und man sah ihr an, daß sie vor keiner schweren körperlichen Arbeit zurückscheute. Anders als in unseren vornehmeren Kreisen halten es die Frauen und Töchter der Fürsten nicht für unter ihrer Würde, selbst in Haus und Hof mit Hand anzulegen. So war sie es auch, die mir, wenn ich eine Mahlzeit zu mir nahm, den Tisch deckte und sich um mein Wohl kümmerte, obwohl ihr eine Reihe von ergebenen Mägden und Sklavinnen zur Verfügung stand.

Ihre anfängliche Zurückhaltung mir gegenüber legte sie allmählich ab, als sie sah, auf welch vertrautem Fuße ich mit ihrem Vater stand, den ich von seinem sehr schmerzhaften Leiden erlöst hatte.

Zugleich aber meinte ich beobachten zu können, daß zwischen ihr und dem Vater gewisse Spannungen bestanden, deren Gründe ich nicht kannte, die ich aber bald kennenlernen sollte. Der Tag, der alles veränderte, begann mit klarem, wolkenlosem Himmel, und es war kalt. In der Nacht hatte es gefroren, und Rauhreif hatte die Zweige der Bäume und Büsche überzogen. Segestes wollte mir an diesem Morgen seine Pferde zeigen. Natürlich widersprach ich, doch er ließ sich nicht davon abbringen. Immerhin konnte ich ihn dazu bewegen, nicht zu reiten, sondern den Wagen zu nehmen, da das Auf und Ab im Sattel die frisch verheilte Wunde aufreißen konnte.

So fuhren wir, von einem Trupp Schwerbewaffneter zu Pferd begleitet, zu seinem Gestüt, das etwa eine Meile entfernt im Schutz eines Tals lag. Die Tiere waren natürlich nicht mehr draußen, und er führte mich in die Ställe. Es waren die edelsten, rassigsten und schönsten Pferde, die ich je im Norden gesehen habe. Mir ging durch den Kopf, daß schon Caesar seine Reiterei immer wieder aus germanischen Beständen ergänzt hatte, und seit damals galt sie als die beste, so daß es mittlerweile kaiserliche Tradition

geworden war, nicht nur die taktische Reiterei, sondern auch die Leibgarde des Herrschers aus Germanen zu rekrutieren.
Ich machte eine entsprechende Bemerkung, und Segestes nickte: »Auch ich habe dem großen Augustus schon mehrmals den Bestand ergänzt. Sie stammen alle von Thor* ab!«
Er wies auf einen Hengst, der sich an ihn herandrängte und von ihm mit einem Stück Brot bedacht wurde. Sein Kopf erinnerte mich an die Pferde, die Phidias am Parthenon zu Athen gemeißelt hatte.
»Ich kenne seinen Stammbaum über viele Generationen hinweg und weiß auch die Namen meiner Väter, die sie besessen und gezüchtet haben. Wir glauben, daß diese Tiere göttlichen Ursprungs sind. Darum auch der Name Thor. Niemand käme auf die Idee, sie vor einen Wagen zu spannen – es sei denn, einen Kultwagen. Sie sind den Göttern heilig. Ich weiß nicht, ob ein Südländer wie du das verstehen kann.«
»Oh ja!« rief ich. »Auch in unseren Sagen spielt das Pferd eine wichtige Rolle, und die schönsten besitzt Poseidon, der Beherrscher der Meere.«
»Ich weiß«, nickte er, und wir unterhielten uns eine Weile über diese Zusammenhänge. Wenn er so sprach, war er nicht mehr der listige, mit allen Wassern gewaschene Fuchs, der stets seinen Vorteil erkennt. Er war einer jener Menschen, wie man sie meist nur dort antrifft, wo zwei grundverschiedene Welten aufeinanderstoßen.
Oft hatte ich bei Segestes das Gefühl, er wisse nicht, ob er noch Germane oder schon Römer sei. Immer, wenn er von römischen Dingen sprach, wurde er auf eine seltsam verhaltene Weise leise, und er sprach von der römischen Kultur wie von etwas Edlem, das man erstreben, das man aber nie ganz erreichen könne. Ich hoffe, du verstehst, was ich damit sagen will. Ein Grieche, Gallier oder Karthager wird kaum in diesen inneren Zwiespalt geraten, weil er sich von Kindesbeinen an als Angehöriger des Reiches betrachtet und sich in dessen Grenzen geborgen weiß. Dabei spielt es kaum eine Rolle, daß er eine eigene Muttersprache redet, zu anderen Göttern betet, sich anders kleidet und sich auch in den Sitten des Umgangs,

* *Thor* ist der große germanische Wettergott. Die Südgermanen nannten ihn Donar (von ›Donner‹; vgl. Donnerstag = Donars Tag).

der Speisen, der Feste von einem in Italien geborenen Römer unterscheidet.
An jenem Nachmittag kamen wir uns sehr nahe, weil wir unmerklich auf solche Dinge zu sprechen kamen.
Ich fragte ihn geradeheraus: »In welchem Verhältnis standest du zu Varus? Warst du sein Freund?«
Während sein Blick über die sanften Hügel des Cheruskerlandes wanderte, sagte er: »Vor einem halben Jahr war er hier, an dieser Stelle . . .«
»Varus?«
»Ja.«
»Hattest du ihn eingeladen?«
»Nein. Er kam aus eigenem Antrieb. Er nannte das schelmisch einen *cursus amicitiae*, eine Freundschaftsreise, und ich sehe noch sein Lächeln vor mir, denn bei euch in Rom gibt es ja den anderen Begriff des *cursus honorum*, des Ehrenlaufs, wie ihr die Karriere eines tüchtigen Mannes im Staat nennt.«
Wieder staunte ich über seine unglaubliche Fähigkeit, sich in die römische Denk- und Sprechweise hineinzuversetzen. Also mußte ihm auch die feine Ironie aufgefallen sein, als Varus sich dieses Wortspiels bediente.
»Er interessierte sich natürlich für die Pferde. Wer tut das nicht? Aber wir sprachen auch über die Zukunft Germaniens.«
Ich wußte, nun würde ich vielleicht erfahren, was der Statthalter von sich und seinem Auftrag in dieser Wildnis hielt, doch unterbrach ich Segestes nicht, der nach einer längeren Pause fortfuhr: »Er entwarf damals die Zukunft eines großen Germaniens und verglich es mit dem heutigen Gallien und dessen Rolle innerhalb des Imperiums.«
»Bat er dich um deine Mitarbeit?«
»Das war nicht nötig, er wußte, daß ich seiner Meinung war.«
»Seit wann?«
»Wir hatten uns schon kurz nach seiner Übernahme der Statthalterschaft getroffen.«
»Allein?«

»Nein. Er hatte alle Fürsten der Gegend zu sich gebeten. Aber es ergab sich dabei die Gelegenheit zu einem Gespräch unter vier Augen.«
»Wie war der erste Eindruck? Ich meine, wie wirkte er auf dich?«
Er überlegte: »Nun, ich spürte, daß er bemüht war, von Anfang an die *ratio* walten zu lassen.«
»Die Vernunft? Wie meinst du das?«
»Nun, er erklärte mir – wenn auch sehr vorsichtig und bemüht, mich nicht vor den Kopf zu stoßen –, es gäbe für die Zukunft nur den einen Weg, den der Verständigung mit Rom. Die Weltmacht werde es nicht hinnehmen können, an der Rheingrenze immer wieder tödlich bedroht zu werden. Er berief sich auf Caesar und dessen Zug durch Gallien. Dabei gab er zu bedenken, daß die meisten Gallier heute treue Angehörige des Reiches seien und ihr Land mit römischer Hilfe zu einer der blühendsten Provinzen gemacht hätten.«
»Und das war auch deine Meinung?«
»Aber sicher. Ich habe Teile von Gallien in meiner Jugend kennengelernt. Und ich hatte es mir zum Ziel gesetzt mitzuhelfen, Germanien auf eine ebenso hohe Stufe zu bringen.«
»Und du sagtest es ihm?«
»Nicht so direkt, aber ich ließ erkennen, daß ich ähnlich dachte.«
»Warst du der einzige unter den Fürsten, der so argumentierte?«
»Nein, ich habe gleichgesinnte Freunde.«
»Und Arminius? Kanntest du ihn damals schon?«
»Natürlich. Ich kenne ihn seit seiner Jugend.«
»Dann mußtest du es doch befürworten, als man ihn in die römische Armee gab . . .«
»Ja. Und er machte dann auch schnell Karriere.«
»Gegen den Willen seines Vaters?«
»Durchaus, ja. Aber damals – es ist viele Jahre her – war die Übernahme des Fürstensohnes in die Armee mehr oder weniger eine versteckte Geiselnahme. Es hatte Auseinandersetzungen gegeben, und die damaligen römischen Führer am Rhein griffen zu harten Maßnahmen.«

»Die du für falsch hieltst?«
»So ist es. Doch geschehen solche Dinge oft, wenn zwischen einer Großmacht und einem von ihr abhängigen Volk Spannungen bestehen, die jederzeit zu kriegerischen Auseinandersetzungen führen können.«
»Nun« – ich wollte die günstige Gelegenheit beim Schopf packen – »dann ist man doch damals auch schon an dich herangetreten, oder?«
»Ja, denn man wußte, daß ich oft über den Rhein ging und Kontakte mit Freunden drüben pflegte. So etwas spricht sich schnell herum.«
»Freilich nicht nur drüben! Die Familie des Arminius . . .«
Er machte eine wegwerfende Bewegung. »Du weißt wahrscheinlich, daß es zwischen den hiesigen führenden Familien seit Generationen Eifersucht, Neid und Konkurrenzkampf gibt. All das ist bei benachbarten Völkern, den Chatten etwa oder auch den Markomannen, nicht anders. Und vor Caesars Eingreifen in Gallien war es dort genauso. Mein Pech war, daß ich damals noch keinen erwachsenen Sohn hatte. Segimundus war noch ein Kind. Wäre er älter gewesen, hätte man auch ihn mit als Geisel aufs rechte Rheinufer geholt.«
»So aber konnte man es auch umdrehen und behaupten, du verfügst über besondere Beziehungen zur römischen Führung.«
»Genau das geschah. Und dies ist auch einer der vielen Gründe für die beginnende Feindschaft zwischen den beiden führenden cheruskischen Familien.«
Ich konnte mir gut vorstellen, wie im Haus von Arminius' Vater offen über den »Verrat« des Segestes geredet wurde.
»Aber«, warf ich ein, »Arminius kann doch nicht schon damals jene romfeindlichen Pläne im Kopf gewälzt haben, die schließlich zu der gewaltigen Katastrophe führten! Die gesamte römische Führung in den Lagern am Rhein vertraute ihm doch! Und schließlich wurde er auch an anderen Kriegsschauplätzen eingesetzt! In führenden Kommandos!«
»Richtig. Und ich glaube, es hat ihm sogar Spaß gemacht.«
»Wie meinst du das? Ergab sich die Gelegenheit zu solch einem Gedankenaustausch, wie wir ihn gerade führen?«

»Nein. Das war ganz unmöglich. Es war von Anfang an jene unsichtbare Schranke zwischen uns, die die Familien trennte.«
»Worüber spracht ihr dann?«
»Na, worüber wohl? Über die römische Armee! Sie faszinierte ihn, denn es gab und gibt in den Legionen Kämpfer und Offiziere von großem Schneid, Männer, die auf einen jungen Fürstensohn wirken wie Hektor oder Achill in eurer Sage vom Kampf um Troja.«
»Und du? Warst du auch fasziniert von der römischen Armee?«
»Ich war darüber hinaus. Ich war kein junger Kämpfer mehr. Ich hatte vielmehr große Sorge vor dem Übermut gewisser Leute in eben dieser Armee. Denn gerade die, die die besten Soldaten sind, neigen bekanntlich gegenüber dem Besiegten oder Abhängigen zu herausforderndem Übermut.«
»Aber irgendwann muß es doch im Denken dieses rombegeisterten jungen Mannes zu einer Kehrtwende gekommen sein!«
»Sicher, aber frage mich nicht, wodurch sie ausgelöst wurde – ich kann es dir nicht sagen.«
Dabei machte er allerdings ein Gesicht, das mit dem, was er sagte, nicht übereinzustimmen schien. Wußte er mehr, als er zu sagen bereit war?
Zugleich versuchte ich mir vorzustellen, was in den Jahren vor der Katastrophe geschehen sein mochte, und urplötzlich wurde mir bewußt, daß wir von den Beweggründen der Beteiligten, von ihren Zielen, auch ihren Idealen, nicht nur wenig, sondern nichts wußten.
Varus . . . In Rom, Gallien und dem linksrheinischen Germanien wurde nur das verbreitet, was der kaiserlichen Propaganda nützlich schien: Varus, der Versager! Der Furchtsame, der Feigling! – Arminius . . . Der Undankbare! Der Listige, Hinterhältige! Der Verräter! Der unberechenbare, ehrlose Barbar! – Und was war mit Segestes? Agierte er nicht zwischen allen Fronten? War er nicht die Fahne im Wind, ein prinzipienloser Opportunist?
Alle weiteren am Aufstand Beteiligten waren unbekannt, sofern sie mit wichtigen Aufgaben betraut waren. Je länger ich darüber nachdachte, um

so unklarer und rätselhafter wurden mir die Beziehungen zwischen Segestes und Arminius und ihrem jeweiligen Anhang. Beide Familien hatten die Unterstützung des Kaisers erfahren, beide waren sie zu römischen Bürgern erhoben, beide so sichtbar vor anderen herausgestellt worden. War daraus eine Konkurrenz erwachsen, die zur Feindschaft, schließlich zum Haß eskalierte?

Ich versuchte mir ihr Verhalten im *Thing*, ihren Ratsbesprechungen, vorzustellen, wo beide ein gewichtiges Wort mitzureden hatten. War der Ton, den sie pflegten, von jener Ironie, die mehr verletzen kann als eine plumpe Beleidigung? Oder wahrten sie vor anderen die Form und sprachen in der Öffentlichkeit betont höflich miteinander? Und schließlich war durch den Aufstand und gelungenen Überfall eine ganz neue Lage entstanden. Zwar hatten sie drei Legionen des Kaisers vernichtet, aber sie hatten nicht die Rheingrenze überschritten. Warum nicht? Hatte Segestes sich durchgesetzt, oder hatte Arminius aus eigener Kenntnis der Befestigungsanlagen davon abgeraten? Stand am Ende ein solcher Schlag für das kommende Frühjahr bevor? Würde Segestes ihn unterstützen, würde man ihn zwingen, selbst ein Kommando zu übernehmen und in vorderster Front mitzukämpfen? Fragen, auf die ich im Augenblick keine Antwort wußte. Es gab nicht nur den Fall Varus, sondern ebenso das Rätsel der cheruskischen Führung, und vielleicht standen beide Probleme in einem engen Zusammenhang.

Auf der gemächlichen Rückfahrt schwiegen wir beide und hingen unseren Gedanken nach, und ich hatte das sichere Gefühl, als ob Segestes auf irgend etwas wartete. Aber worauf?

XXV

Wir hatten die Burg noch nicht erreicht, als uns im Galopp eine Gruppe von Reitern entgegensprengte. Segestes hielt den Wagen an.
»Was gibt's?«
Der Mann, den er ansprach, antwortete nicht sofort, und ich sah, wieviel Mühe es ihn kostete, seiner Erregung Herr zu werden.
»Deine Tochter ...«
»Was ist mit Thusnelda?«
»Man hat sie ... entführt.«
Ich sah, wie Segestes erblaßte, aber nur kurz, dann schoß ihm das Blut in die Wangen, er öffnete den Mund, behielt ihn einen Augenblick lang sprachlos offen, dann stöhnte er auf und sagte leise, daß es nur die Nächststehenden hörten: »Der Hund! Also hat er es wahrgemacht!«
Dann drosch er auf die Maultiere ein, daß sie mit einem Satz nach vorn schossen und wir gegen die Rückenlehne der Sitzbank geschleudert wurden. Immer wieder schlug er auf die Tiere ein, als seien sie an der Entführung mitschuldig. Dieses Verhalten hatte ich schon oft bei erregten Menschen beobachtet, und es scheint in der Natur der gequälten Seele zu liegen, daß sie den oder das Nächstliegende zum Sündenbock macht.
Wir erreichten den Vorplatz der Burg. Gruppen von Männern und Frauen standen zusammen und starrten uns entgegen. Es hatte sich schnell herumgesprochen, was geschehen war. Der Wagen hielt. Segestes sprang mit einem gewaltigen Satz – seine Operation vergessend – vom Bock, ging auf die Nächststehenden zu und sprach sie direkt an: »Wer hat es gesehen?«
Niemand antwortete. Einige senkten die Blicke, ob aus Angst oder Scham, war nicht auszumachen.
In ohnmächtigem Zorn ließ er den Blick über die Köpfe wandern. Dann schlug er sich mit der Faust in die Hand, schüttelte den Kopf und wandte sich zum Tor. Dort trat ihm einer seiner Unterführer entgegen.
»Warst du Zeuge?«
»Nein.«

»Was weißt du? Berichte!«
»Er muß auf der Lauer gelegen haben . . .«
»Auf der Lauer! Und wie konnte es passieren, daß niemand etwas bemerkt hat?« donnerte er.
Er drehte sich um, wandte sich an die Knechte, die ihm vorsichtig gefolgt waren: »Wer etwas berichten kann, trete vor!«
Ein alter Mann meldete sich zu Wort: »Er muß sich als Händler verkleidet haben. Ein Wagen fuhr vor. Ein Mann stieg aus, verkaufte allerhand Tand an die Frauen, fragte nach dir, Segestes.«
»Und?«
»Als er erfuhr, daß du nicht da bist, sagte er ›Schade‹ . . .«
»Und dann?«
» . . . fragte er nach deiner Tochter. Er habe ein besonders schönes Kleinod für sie . . .«
»Man holte sie?«
»Nein, sie kam bereits aus der Burg.«
»Allein?«
»Ja.«
»Was geschah dann?«
Segestes hatte sich soweit beruhigt, daß er gezielte Fragen nach dem Ablauf des Geschehens stellen konnte. Der Alte, der es erleichtert registrierte, fuhr ruhig fort: »Plötzlich schoß ein Trupp Reiter auf den Hof. Sie hatten zwei gesattelte Pferde ohne Reiter dabei. Es ging alles sehr schnell. Der Mann, der sich als Händler ausgegeben hatte, packte deine Tochter, und Thusnelda . . .«
Segestes beugte sich vor: »Ließ sie es geschehen?«
Der Mann überlegte: »Ja, so kann man es sagen.«
»Sie stieg also auf eines der Pferde?«
»So war es.«
»Wurde Gewalt angewendet?«
»Es sah nicht so aus. Bevor die Umstehenden überhaupt begreifen konnten, was vor sich ging, sprang der als Händler verkleidete Mann auf das

zweite bereitstehende Pferd. Dann schlug er mit der Gerte auf den Hengst ein, und wie die wilde Jagd* galoppierte der ganze Trupp davon.«

»Habt ihr sie verfolgt?«

»Ja. Aber ehe die Unsrigen auf den Pferden saßen, waren die Entführer schon im Wald verschwunden.« Und er fügte hinzu: »Es war wie . . . wie ein böser Spuk!«

In diesem Augenblick kamen die Verfolger zur Burg zurück. Ein Trupp von vielleicht zwanzig Berittenen näherte sich, und man sah den Männern an, daß sie ein schlechtes Gewissen hatten. Stumm kamen sie näher und bildeten um uns einen Halbkreis. Die Pferde waren schweißnaß.

»Und?« Segestes forderte einen Bericht, doch der Anführer des Trupps zuckte nur mit den Schultern.

Alle erwarteten nun einen Zornausbruch, und ihre Blicke schweiften unruhig hin und her. Doch er schwieg. Alle schwiegen, betroffen von der Kühnheit der Entführung sowie von der eigenen Ohnmacht. Es entging mir nicht, wie es um Segestes' Mundwinkel zuckte. Endlich erklärte er: »Trocknet die Pferde! Geht! Aber haltet euch bereit!«

Sie zogen sich zurück. Segestes aber wandte sich unvermittelt an mich: »Komm mit! Ich habe mit dir zu reden!«

Langsam schritt er voraus zum Tor, und an seinem vorsichtigen Gang erkannte ich, daß er starke Schmerzen hatte.

* Wenn der Gott *Odin* (südgermanisch: *Wotan*) mit seiner wilden Schar im Sturm über den Himmel reitet, spricht man von der *Wilden Jagd*.

XXVI

Wir betraten die große Halle. Er schickte das anwesende Personal nach draußen und ließ sich stöhnend auf der Bank nieder, stützte sich schwer auf der eichenen Tischplatte auf und starrte auf die schwingenden Linien der groben Holzmaserung, tief in Gedanken versunken. Ich nahm ihm

gegenüber Platz und wartete. Sein Gesicht blieb unbewegt. Die Zornesröte war nun grauer Blässe gewichen. Er schien gealtert. Sein Gesicht spiegelte seine Verletzung, Verzweiflung und Ratlosigkeit wider.
»Ich ahnte es schon lange«, begann er sehr leise.
Er hob den Blick und sah mich an, ganz der verzweifelte Vater, der von seiner einzigen Tochter hintergangen worden war. Ich erkannte, daß er sie sehr liebte. Und mir kam in den Sinn, daß ja auch Augustus ähnliches Leid erfahren hatte. Aus Gründen der Staatsraison hatte er seine geliebte Tochter Iulia verstoßen wegen ihres lockeren und unsittlichen Lebenswandels, und ganz Rom hatte daran Anteil genommen, teils verstehend, teils mißbilligend. Denn sobald ein Herrscher, und sei er noch so erhaben, das Leid kennenlernt, das ihm von seinem eigenen Kind zugefügt wird, steigt er von seiner unnahbaren Höhe herab, wird er zum Menschen wie jeder andere, und das ganze Volk erkennt betroffen, daß auch der Kaiser verletzbar ist.
Ich wagte die Frage: »Seit wann weißt du um ihr Verhältnis?«
»Das ist schon einige Zeit her. Es war nach seiner Rückkehr aus Pannonien. Ich hatte ihn eingeladen. Damals sah alles noch so aus, als ob er es sich zur Ehre anrechnete, bis zum Praefekten der römischen Armee aufgestiegen zu sein.«
»War er allein hier?«
»Sein Bruder war dabei, Freunde, Verwandte . . .«
»Auch Römer?«
»Sicher. Leute aus dem Stab des Varus.«
»Der Statthalter auch?«
»Nein. Aber er sah solche Einladungen gern. Damals liefen die Dinge ja ganz so, wie wir es uns vorgestellt hatten.«
»Du meinst mit ›wir‹ Varus und dich . . .«
»Ja.«
Ich stellte mir das Fest hier in der Burg lebhaft vor. Sah, wie Thusnelda zu dem erfolgreichen römischen Bürger, Praefekten und Ritter Arminius bewundernd aufblickte, einem Cherusker, der sich weit im Süden an der

Spitze eines einheimischen Kontingentes im Kampf für den Kaiser ausgezeichnet hatte – sah, wie auch er Feuer fing und ihre Nähe suchte.
»Kam er danach öfters?«
»Einige Male, ja. Es waren nichtige Anlässe, nichts von Bedeutung.«
»Trafen sie sich heimlich?«
»Ich bitte dich!« rief er und lächelte ironisch. »Verliebte finden immer eine Gelegenheit, sich von den anderen abzusondern.«
»Und du hattest anfangs durchaus nichts dagegen, nicht wahr?«
Er nickte langsam.
»Aber das änderte sich, als sich zwischen dir und Arminius allmählich unterschiedliche Meinungen über das weitere Verhältnis zu Rom entwickelten ...«
»So ist es.«
Er sah mich offen an, und ich spürte, daß es ihm ein Bedürfnis war, über alles, was ihn bedrückte, mit jemandem zu reden, den er für kompetent hielt, sich ein menschlich objektives Urteil zu bilden. Daß seine Wahl dabei auf mich fiel, kam sicherlich nicht von ungefähr. Die Tatsache mußte ihm entgegenkommen, daß ich griechischer Arzt *und* römischer Bürger war, also jemand, der sowohl die seelische als auch die politische Seite der Angelegenheit beurteilen konnte. Es schien ihn auch nicht zu stören, daß ich es zunächst war, der die Fragen stellte.
»Du sagtest mir vor einer Stunde, als wir bei den Pferden waren, daß du die Gründe für seine Kehrtwendung nicht kennst ...«
Damit war ich bis an die Grenze dessen gestoßen, was ein Fremder diesen Mann, einen Fürsten der Cherusker, stolz und mit einem sehr hohen Ehrbegriff ausgestattet, fragen durfte.
»Ich kann nur Vermutungen anstellen ...«
»Mein Fürst! Du sagtest soeben, du wollest mit mir reden. Gehe ich recht in der Annahme, daß du am Ende unseres Gedankenaustauschs mit einer ... nun, sagen wir: mit einer Bitte an mich herantreten wirst? Wenn ja ...« Ich ließ ihm keine Zeit zu antworten, sondern fuhr im gleichen Atemzug fort: » ... dann vermute ich, daß du mich bitten wirst, meine

Exkursion als griechischer Forschungsreisender fortzusetzen und mich in die Nähe von Arminius zu begeben. Habe ich recht?«
Ein müdes Lächeln huschte über sein Gesicht: »Du wärst in Rom ein guter Anwalt geworden.«
»Du weichst aus!«
»Nein, keineswegs, ich mag nur Männer, die schnell denken. Deine Annahme ist richtig.«
»Hm«, nickte ich und studierte in Ruhe sein Gesicht, und es kam mir vor, als ob ich ihn schon eine Ewigkeit kannte. »Ich bin, wie du dir denken kannst, sehr gerne dazu bereit . . .«
»Aber?«
»Im Gegenzug möchte ich von dir alles über Varus wissen!«
»Alles? Was heißt das?«
»Die Wahrheit!«
»Was ist Wahrheit . . .«
»Nun, ich möchte Einzelheiten über das Geschehen vor und während der Schlacht! Du warst doch noch unmittelbar vor den Ereignissen bei ihm! Du hast ihn gekannt wie kaum ein anderer. Es liegt mir sehr daran zu erfahren, aus welchen Gründen und in welcher Weise der Statthalter versagt hat! Ob er im Sinne eines Richters – wenn es denn einen gäbe – schuldig ist! Wenn nicht, dann gibt es nur zwei Erklärungen: Verrat im übelsten Sinne . . .«
»Oder?«
»Oder gab es Anzeichen für eine Krankheit? Und wenn ich dieses Wort benutze, dann meine ich beide Möglichkeiten, denn es gibt nicht nur körperliche, sondern auch seelische Beeinträchtigungen, die einen Menschen mit großer Verantwortung daran hindern, das ihm Aufgetragene zu tun.«
»Warum willst du das alles so genau wissen? Ich kann mir nicht vorstellen, daß etwa der erhabene Kaiser derlei Fragen in seinem Kopf wälzt. Noch weniger die militärische Führung der Rheinarmee. Anders gesagt: Ich verstehe nicht, daß du wiederum auf solche Dinge kommst, da ich einfach

nicht glauben kann, daß man dich hierhergeschickt hat, um solche Fragen zu stellen.«
»Da hast du recht. Aber ich deutete dir schon früher an, daß mich der Fall Varus in einem höheren Sinne interessiert. Ich will ganz offen sein. Natürlich brach ich von jenseits des Rheins mit dem wohlwollenden Einverständnis des Tiberius auf; doch ist der Auftrag von Tiberius für mich zweitrangig, wenn auch nützlich, weil ich von ihm mit allem Notwendigen für die Reise ausgestattet wurde. Aber . . .« Ich beugte mich vor: » . . . du wirst dir lebhaft vorstellen können, daß Publius Quinctilius Varus nach Bekanntwerden der Katastrophe mit der *damnatio memoriae,* wie es bei den Römern heißt, belegt wurde: Man hat ihn gleichsam posthum geächtet und zur Unperson erklärt. Über Varus redet man nicht. Ihn kann man nun bequem für alle Fehler der römischen Führung verantwortlich machen, denn ein Toter kann sich nicht mehr wehren.«
Ich schilderte ihm in allen Einzelheiten die Folgen, die seine Familie, die Frau, den Sohn, die Töchter, den Neffen Asprenas betrafen, und er hörte mit großem Interesse zu, ohne mich zu unterbrechen.
Als ich fertig war, sagte er nach einem langen Schweigen: »Deine Motive ehren dich, Menandros. Dennoch glaube ich nicht, dir in irgendeiner Weise helfen zu können, daß du den wahren Grund für das Versagen des Feldherrn findest. Gewiß, ich kannte ihn wie kein zweiter auf dieser Seite des Rheins – vielleicht Arminius ausgenommen. Doch auch mir ist vieles an ihm rätselhaft geblieben, wie ja auch ich vielen meiner Landsleute rätselhaft bin. Es war schon immer sehr leicht und einfach, Menschen, die versagt haben, negativ zu beurteilen. Und gerade die, die für kurze oder längere Zeit große Macht in Händen hielten, sind in der Gefahr, von den Nachgeborenen für alles und jedes zum Sündenbock gemacht zu werden. Wer weiß, was kommende Generationen über mich berichten werden . . . Dennoch bin ich sicher, daß viele Jahre später, wenn Menschen leben, die nicht mehr direkt betroffen sind, die Wahrheit, wie du es nennst, an den Tag kommt – und sei es nur die ernüchternde Erkenntnis, daß es gerade diese Wahrheit nicht gibt! Daß es sie nie geben kann!«

»Warum nicht?«
»Weil wir als geschichtliche Wesen immer nur den kleinen Radius dessen überblicken, was uns sichtbar wird. Vielleicht kann dieses Gleichnis verdeutlichen, was ich meine: Du stehst vor einem jungen Baum und siehst, wie sich seine Äste und Zweige nach den verschiedenen Seiten entwickeln. Du siehst einen stärkeren Ast und denkst, er, und kein anderer, werde den gesamten Baum in die ihm von der Natur vorgegebene Höhe bringen. Welch eine Anmaßung! Er kann beim nächsten Sturm gebrochen werden und verdorren! Andere Äste werden seine Aufgabe übernehmen, freilich die, deren Stärke dem Betrachter im Augenblick nicht erkennbar ist, weil er das Zukünftige nicht weiß, nicht wissen kann.
Was ich sagen will: Arminius und sein Anhang halten sich für die Befreier Germaniens! Überall singt man schon Heldenlieder von ihm! Kann es nicht sein, daß dieser Ast – ich bleibe bei meinem Bild – nur eine scheinbare, eine vorgetäuschte Stärke besitzt? Steht nicht neben diesem germanischen ›Baum‹ der römische? Wird er ihn nicht durch den gewaltigen Schatten, den er schon jetzt wirft, erdrücken und ihm das Licht zur weiteren Entwicklung rauben?«
Er sah mich lange und eindringlich an. Ich war sehr beeindruckt von dem, was er sagte.
»Doch zurück zu Varus!« rief er temperamentvoll. »Wie kannst du, wie kann ich wissen, ob man ihn nicht dereinst als Helden feiert? So, wie das offizielle Rom heute Caesar als den Schöpfer des neuen, den ganzen Erdkreis umspannenden *Imperium Romanum* feiert – obwohl er hingemordet wurde von Männern, die zutiefst überzeugt waren, ihre Tat in den Dienst einer *Res Publica* zu stellen? Ist doch der Name Caesar dabei, zum Ehrennamen des Herrscherhauses zu werden, immerhin einer Dynastie, die in vielem gerade das Gegenteil dessen praktiziert, wofür sich Brutus oder Cassius an den Iden des März unter Lebensgefahr einsetzten.«
Er machte eine kurze Pause und fuhr ruhiger fort: »Ich weiß, das alles sind Gedanken, die das, was dich beschäftigt, wenig berühren. Dich interessiert der Mensch Varus in seinem Scheitern. Du betrachtest den Einzelnen und

suchst nach seinen ganz persönlichen, ja intimen Gründen. Aber ich glaube kaum, daß du sie finden wirst. Sind wir doch kaum in der Lage, uns selbst vorurteilsfrei zu betrachten. Wie können wir es wagen, einen anderen mit den eigenen, sehr fragwürdigen Maßstäben zu messen? Und ich frage mich selbst ununterbrochen, ob das, was ich tat oder nicht tat, der Sache angemessen war. Ich sage Sache, aber ich meine die Menschen, für die ich – wie auch Arminius – Verantwortung trage. Denn die große Masse, der *populus*, wie ihr sie nennt, oder herabsetzend die *plebs*, ist nicht fähig, das zu erkennen, was im höheren Sinne der göttlichen Vorsehung gut ist. Schau sie dir an! Niedere Triebe beherrschen ihr Denken und Handeln. Kurzfristige Erfolge versetzen sie in einen rauschhaften Taumel. Und der, der sie dahin gebracht hat, wird von ihnen vergöttert. Doch allzu schnell kann das Pendel in die andere Richtung ausschlagen, wenn die Realitäten auf Dauer nicht ihren zu hoch angesetzten Hoffnungen entsprechen. Noch ist Arminius im Zenit seines Glücks. Noch kann er die Menschen nach seinem Willen führen. Aber es wird der Tag kommen . . .«
»Und das wird dann dein Tag sein?«
»Vielleicht. Aber ich bin dann nicht mehr so wichtig. Ich werde alt sein und kraftlos. Doch es wird eine neue Generation nachwachsen. Und ich sehe meine Aufgabe darin, sie auf die Stunde der Wahrheit vorzubereiten.«
»Und wie willst du das machen?«
Und er, mit großer Überzeugung: »Kommt Zeit, kommt Rat. – Alles hat seine Zeit: der Triumph wie die Niederlage. Der Sieger aber ist immer in der Gefahr, das Falsche zu tun, denn er ist verblendet vom allzu leichten Erfolg. Darum pflegt er seine kommenden Möglichkeiten zu überschätzen.«
»Mag sein, aber was ist mit dir? Er hat deine Tochter entführt! Er wird keine Skrupel kennen, dich gänzlich auszuschalten!«
Er antwortete lächelnd: »Oh, das wird er nicht wagen. Ich bin ihr Vater! Indem er Thusnelda achtet, achtet er mich, ihren Erzeuger! Noch hat er sich an Recht und Sitte seines Volkes zu halten!«
»Aber du kannst es nicht hinnehmen, daß er sie mit Gewalt nahm!«

»Nein, natürlich nicht. Und darüber habe ich mit dir zu reden . . .«
Das, was er mir dann vorschlug, zeigte, daß er jede Möglichkeit nutzen würde, seine vor aller Öffentlichkeit verletzte Ehre wiederherzustellen. Ich ahnte, daß die Familienehre bei einem Mann von seiner Herkunft vielleicht noch höher stand als die des Angehörigen eines römischen Adelshauses, weil Menschen wie er keine Kompromisse zu machen bereit waren.
Bei all seiner hohen Ehrauffassung hatte er nicht vergessen, geschickt zu taktieren, um so schneller an sein Ziel zu kommen. Heute noch sehe ich seinen eindringlichen Blick vor mir, seine gewaltige Erscheinung, die Freund und Feind beeindrucken konnte, als er endlich zu der Sache kam, die ihm am Herzen lag: »Vielleicht weißt du, daß mein Sohn Priester beim Heiligtum der Ubier im Oppidum Ubiorum* ist.«
Ich wußte aus Gesprächen mit Asprenas, daß die römische Führung geplant hatte, den Hauptort der Ubier zum Mittelpunkt einer links- und rechtsrheinischen Großprovinz Germania zu machen. Und ähnlich, wie Lugdunum** mit dem Altar des Augustus zum Kultzentrum ganz Galliens geworden war, sollte die ubische Siedlung am linken Rheinufer politisches und strategisches Zentrum eines Großgermanien werden. Segimundus, der Sohn des Segestes, war, wenn auch noch in sehr jungen Jahren, zum ersten Priester des neuen Heiligtums, der Ara Ubiorum, erkoren worden, und jedermann sollte daran erkennen, daß sein Vater Segestes einen hohen Rang in den politischen Überlegungen des Kaisers in einem zukünftigen Germanien ausüben würde.
»Vielleicht weißt du auch«, fuhr er fort, »daß Segimundus den Ort verlassen und sich den Scharen des Arminius angeschlossen hat.«
Erstaunt nahm ich diese Mitteilung zur Kenntnis: »Nein, davon wußte ich nichts.«
»Es ist aber so. Segimundus befindet sich beim Stab des Arminius, wie so viele junge Leute, geblendet vom Glanz des Siegers . . .«
Jetzt ahnte ich, was er im Sinn hatte: »Du möchtest, daß ich Kontakt zu ihm aufnehme, habe ich recht?«

* *Oppidum Ubiorum* ist Köln. Das Heiligtum wurde noch nicht gefunden.

** *Lugdunum* ist Lyon.

»Ja. Ich selbst kann es nicht unter den gegebenen Umständen. Ich glaube, du verstehst mich.«
Er sah mich durchdringend und bittend an, und ich nickte.
»Du wirst deine bisherige Rolle als griechischer Forschungsreisender weiterspielen. Ich werde dir einen Mann nennen, bei dem du dich melden kannst. Es ist mein Bruder Segimerus. Wir sind zwar, was den Kampf gegen Rom angeht, nicht immer der gleichen Meinung gewesen, aber ich bin überzeugt, daß er die Entführung Thusneldas nicht gutheißen wird, da er selbst es war, der mit mir zusammen eine andere Eheschließung meiner Tochter ins Auge gefaßt und die Vorgespräche in meinem Namen geführt hat. Ich kann mir nicht vorstellen, daß er sich mit Haut und Haaren dem Arminius verschrieben hat. Wie ich ihn kenne, wird er zwei Eisen im Feuer halten. Ich werde dir einen Brief an ihn mitgeben. Er wird auch der Mann sein, der dir helfen kann, Arminius selbst kennenzulernen – falls du Wert darauf legst. Aber ich warne dich, sei auf der Hut! Sollten die Dinge einen anderen Weg nehmen, wirst du das Schreiben vernichten. Es wird im übrigen nur den Satz enthalten, daß du in meinem Auftrag zu ihm kommst und daß du mein volles Vertrauen besitzt. Alles weitere ist deinem eigenen Geschick überlassen.«

XXVII

Er nannte mir noch weitere Namen von Freunden und Verwandten, an die ich mich notfalls wenden könnte, falls ich Segimerus nicht antreffen würde. Mein Auftrag war, in einem geheimen Gespräch mit Segimundus zu versuchen, ihn zur Umkehr zu bringen und sich dem Vater bei der Wiederherstellung der Familienehre zur Verfügung zu stellen.
»Du solltest schon morgen aufbrechen. Jeder Tag ist kostbar.«
Nach kurzem Überlegen ging ich auf seinen Vorschlag ein. Gleich anschlie-

ßend informierte ich Macarius Macco. Er grinste und meinte: »Also läuft ja alles bestens. Aber was ist mit unserem markomannischen Freund?«
»Was meinst du: Sollen wir ihn zurücklassen, oder sollen wir ihn in die Sache einbeziehen?«
»Hm. Wenn wir ihn vor den Kopf stoßen, könnte er sehr schnell die Front wechseln und unser Kommen bei Arminius ankündigen. Bitte ihn, doch weiterhin den ›Führer‹ zu spielen. Einzelheiten braucht er nicht zu kennen. Sollte es gefährlich werden, können wir uns immer noch absetzen.«
Er hatte recht. Also teilten wir Aistimodius beiläufig mit, daß wir morgen weiterzuziehen gedächten. Ich sah, wie Mißtrauen in ihm hochkam, aber es blieb ihm nichts anderes übrig, als entweder seine bisherige Rolle weiterzuspielen – oder umzukehren. Da aber sein Auftrag lautete, soviel wie möglich über die künftigen Absichten und Pläne der cheruskischen Führung zu erfahren, erklärte er sich mit der Fortsetzung der Exkursion einverstanden.
Segestes und ich verblieben so, daß ich nach erfolgreichem Abschluß des gesamten Unternehmens – mein eigenes inbegriffen – auf seine Burg zurückkehren würde, wenn die Lage es erlaubte. Wir waren uns in den letzten Stunden sehr nahe gekommen, und ich gestand ihm, daß ich seiner Einladung gern folgen würde.
Beim Abschied umarmte er mich. Ich übergab ihm ein Säckchen mit Heilkräutern und schärfte ihm nochmals ein, wie er sich in Zukunft verhalten sollte, um eine Wiederkehr der schmerzhaften Knoten zu vermeiden.
»Vielleicht sehen wir uns in Rom wieder . . .«
»Wer weiß?«
»Du brauchst nur nach Menandros-Antonius zu fragen, dem Arzt des Drusus! Man wird dich zu mir führen.«
Damals konnte ich nicht ahnen, unter welchen Umständen wir uns acht Jahre später tatsächlich in Rom wiedersehen würden . . .
Segestes hatte mir zwar den Weg genau beschrieben, doch nahm ich sein Angebot an, uns von einem seiner Männer auf einem besonderen Weg

abseits der Haupthandelsstraße führen zu lassen, auf dem wir am wenigsten Gefahr liefen, einer Streife von Arminius' Leuten zu begegnen. Der Mann sollte uns bis in Sichtweite des Hofes von Segimerus führen und uns auch gegebenenfalls selbst bei dem Bruder melden.
»Was ist, wenn ich Thusnelda begegne?« hatte ich noch gefragt; doch er versicherte mir glaubhaft, sie habe vom Inhalt unserer Gespräche keine Kenntnis; für sie sei ich nach wie vor der griechische Arzt Menandros, der aus den bekannten Gründen in Germanien unterwegs sei; ich könne ihr also unvoreingenommen entgegentreten. Wahrscheinlich befinde sich Arminius in der Feste bei den Quellen der Aa, über einem Talkessel, der von dreizehn Bergen umgeben sei und eine der fruchtbarsten Landschaften im Gebiet des Stammes sei.* Wir würden den Ort in etwa sechs Stunden erreichen.
Der Weg folgte in zahlreichen Windungen dem Lauf des Baches, und von der Fruchtbarkeit des Gebietes konnten wir uns insofern überzeugen, als wir immer wieder einzelne Höfe oder kleinere Ansammlungen von Gütern passierten, deren gepflegtes Äußere auf den Wohlstand der Bewohner schließen ließ.
Seine Voraussage, daß wir ungestört reisen würden, traf zu unserer Erleichterung ein, und wir kamen zügig voran, zumal unsere Zugtiere in den vergangenen Tagen im Stall gestanden und sich bestens erholt hatten. Als wir, von Osten kommend, den Talkessel erreichten, erkannte ich sogleich, wie hervorragend sich dieser Berg für eine Festung eignete. Die östliche Flanke des Berges, dessen Höhe ich auf zwölfhundert Fuß schätzte,* erstreckte sich weit in die große Talmulde, so daß von der Festung aus im Umkreis von fünfzig und mehr Stadien** jedes Herannahen größerer Trecks oder bewaffneter Einheiten bemerkt werden konnte. Wie bei der Burg des Segestes war auch hier das nahe Umfeld gerodet, um einen freien Blick zu ermöglichen. Von der Burg stieg Rauch auf.
Unser Führer verließ den Weg, auf dem wir gekommen waren, und folgte nun einem kleineren durch ein Stück Hochwald, bis wir oberhalb einer

* Es könnte sich hier um die Iburg handeln, einen Ort, der schon in der Urzeit befestigt war, oberhalb des heutigen Bad Driburg.

* 380 Meter.

** Ein *Stadion* = 178 Meter.

Mulde aus den Bäumen heraustraten. Vor uns, umstanden von alten Eichen, der Hof des Segimerus. Im Sommer hätten wir von den Gebäuden wenig gesehen, weil sie dann ganz hinter den Baumriesen versteckt gewesen wären. Nun hatte sich ihr Laub schon sehr gelichtet.

Als wir den Hof erreichten, begannen zwei große, wolfähnliche Hunde anzuschlagen. Sie waren nicht angekettet, und wir zögerten, uns dem Haus zu nähern, als auch schon eine Tür geöffnet wurde und eine Frau von vielleicht fünfzig Jahren heraustrat, um nach der Ursache der Störung zu schauen.

Unser Führer ritt auf sie zu und sprach leise mit ihr. Dabei sah die Frau neugierig und abweisend zugleich zu uns herüber. Dann stieg der Reiter ab, warf den Zügel über die Stange vor dem Haus und folgte der Bäuerin ins Innere. Schon wenige Augenblicke später kam er wieder heraus, gefolgt von einem Mann, dem man auf den ersten Blick die Ähnlichkeit mit Segestes ansah.

Das war also Segimerus! Er brachte die Hunde zum Schweigen, die nun nervös um uns herumstrichen und uns beschnupperten.

Mit prüfenden Blicken betrachtete Segimerus uns eine Weile; dann näherte er sich mit ruhigen Schritten und wandte sich an mich: »Willkommen! Ein weiter Weg für einen griechischen Arzt, um die Gebrechen meines Bruders zu behandeln!«

Er grinste, und ich wußte, daß unser Mann ihm kurz von meinem Eingriff am Gesäß seines Bruders berichtet hatte.

Ich reichte ihm das Schreiben von Segestes. Er nahm die kleine Rolle, öffnete sie, warf einen Blick hinein, dann gab er mir die Hand und sagte mit fester, wohltönender Stimme: »Nochmals willkommen! Die Freunde meines Bruders sind auch meine Freunde. Tretet ein!«

Er rief einen Knecht und trug ihm auf, sich um die Tiere zu kümmern. Es entging mir nicht, wie er mit mißtrauischem Blick die drei Fremden, besonders aber mich musterte, bevor wir der Aufforderung Segimerus' folgten und hineingingen.

Das Empfehlungsschreiben des Segestes hatte seinen Zweck erfüllt. Ich mußte nicht erst das Vertrauen des Hausherrn gewinnen. Er erkundigte sich nach dem Erfolg meiner Behandlung, sparte nicht mit derben, scherzhaften Kommentaren und war – so der erste Eindruck – umgänglicher, lockerer und gesprächiger als Segestes. Dennoch spürte ich schon nach wenigen Augenblicken, daß dies nicht unbedingt das wahre Gesicht von Segimerus sein mußte; wie ja überhaupt Menschen, die sich einem Fremden gegenüber scheinbar spontan öffnen und eine außerordentliche Freundlichkeit an den Tag legen, oft ihr wahres Gesicht dahinter zu verbergen pflegen. Ich war auf der Hut. Und ein schneller Blick zu Macarius bestätigte mir, daß er ähnlich dachte.

Während des sehr reichhaltigen und deftigen Essens, das Segimerus auftischen ließ, blieb das Gespräch sehr allgemein. Er fragte nach den Beschwernissen der Reise, meinte, der erst zögernd einsetzende Winter könne sehr plötzlich in große Kälte mit viel Schnee umschlagen, und da sei es doch wohl besser, wenn wir in der kalten Jahreszeit an einem Ort blieben. Seltsamerweise stellte er keine Frage nach unserem eigentlichen Reiseziel, was mich zunächst erleichterte, mir aber ebenso zu denken gab: Wußte er, daß wir es erreicht hatten?

Doch dann brachte er die Sprache sehr geschickt auf Segestes, indem er vorgab, die Entführung der Tochter sei ein schwerer Schlag für ihn. Auch hierbei redete er mir etwas zuviel, wurde geradezu geschwätzig.

»Frauenraub ist ja an sich nichts Ungewöhnliches.« Er lachte laut auf und zwinkerte mir zu. »Aber stets handelt es sich dabei sozusagen um eine verabredete Sache. Segestes hat das vor vielen Jahren selbst so gehalten. Ja, und ich natürlich auch!« Wieder lachte er, und er sah einen Augenblick lang recht jungenhaft aus, als ob er über einen gelungenen Streich berichte.

»Aber in diesem Fall . . .«

Plötzlich wurde sein Gesicht ernst. »Sie war ja einem anderen versprochen, und ich selbst hatte den Brautwerber gemacht. Ich weiß nicht, ob das bei euch auch üblich ist?«

Ich bejahte diese Frage und erzählte ihm kurz die Sage vom Raub der Sabinerinnen.

»Dann verstehst du, daß es sich in diesem Fall um einen Verstoß gegen die guten Sitten handelt. Es gibt viele, die nun befürchten, daß sich Segestes rächen wird.«
»Du auch?«
»Ja, ich auch.«
»Dabei wärst du einer gütlichen Einigung nicht abgeneigt . . .«
»Eine gütliche Einigung ist ausgeschlossen!«
»Du könntest den Vermittler machen!«
»Ich?« rief er. »Dann kennst du Segestes nicht!«
»Und Arminius?«
Sein Gesicht verfinsterte sich. »Wie könnte ich es wagen, Arminius Vorschläge zu machen? Als er noch Sigurd hieß – vielleicht . . .«
»Sigurd?« fragte ich erstaunt.
»Ah, du kennst nur den Namen, den ihm die Römer gegeben haben. Seit er diesen Namen trägt, ist er ein anderer.«
»Das verstehe ich nicht«, sagte ich, und er erklärte:
»Die Männer, die mit ihm die Schlacht schlugen, nennen ihn Arminius.«
»Wie können sie ihn mit dem römischen Namen nennen, wenn er gegen Rom Krieg führt?«
»Weil es der Ehrenname ist, den er sich durch Tapferkeit, großen Einsatz und Umsichtigkeit erworben hat – mit ihnen zusammen. Er trägt ja außerdem den Namen des Kaisers: Iulius.* Ich weiß, das ist für einen Griechen, der mit diesen Dingen nichts zu tun hat, verwirrend. Doch nicht zuletzt diese ehrenvolle Namensgebung war es, die ihn dem Varus empfohlen hat als einen Mann, dem man unbedingt vertrauen konnte. Ist es doch die höchste Auszeichnung, die ein Germane bei den Römern erringen kann. In enger Beziehung dazu mußt du auch seine Erhebung in den Stand eines Römischen Ritters sehen.«
Er ließ mich, während er dies erklärte, nicht aus den Augen, und ich wurde das Gefühl nicht los, daß er irgendein Spiel mit uns trieb. Trotz seiner Leutseligkeit war Vorsicht geboten.

* Die Deutung des Namens *Arminius* ist bis heute umstritten. Siehe dazu den Anhang auf Seite 278.

Wie sein Bruder kannte er sich in den römischen Verhältnissen offensichtlich bestens aus, und die romfreundliche Haltung schien bei beiden Brüdern schon in jungen Jahren angelegt worden zu sein. Sein Latein war zwar nicht so glatt und perfekt wie das des Segestes, doch hatte er genügend Kenntnisse, um sich sehr genau ausdrücken zu können. Fehlte ihm ein Begriff, umschrieb er ihn mit Wörtern seiner eigenen Sprache, und es war erstaunlich zu sehen und zu hören, wie schnell der zivilisatorische Samen Roms in dieser Familie aufgegangen war.
Ich machte ihm ein Kompliment dieser Art und sah, wie er sich, darin anders als der verschlossenere Bruder, geschmeichelt fühlte.
»Dennoch bin und bleibe ich Germane. Mein Bruder und ich sind längst nicht in allen Dingen einer Meinung, ich lehne sowohl die völlige Unterwerfung als auch die totale Auflehnung ab. Ich bin überzeugt davon, daß die Wahrheit in der Mitte liegt.«
Diese Äußerung paßte zu dem Bild, das ich mir in den wenigen Augenblicken meines Hierseins von ihm gemacht hatte, und ich lernte, daß es zwischen den extremen Fronten noch diese dritte Möglichkeit gab, die Dinge zu sehen. Also wagte ich die Frage: »Aus dem, was du soeben sagtest, schließe ich, daß du, anders als dein Bruder, nicht alles ablehnst, was Arminius denkt und tut.«
»So ist es. Arminius pocht auf seine Stärke, fordert Eigenständigkeit, will Rom in seine Grenzen weisen . . .«
»Wir Griechen nennen dies Autonomie, das Recht zur Selbstbestimmung.«
»Wir nennen es Freiheit! Freiheit – ja! Das aber heißt, den Vorteil unserer Grenzlage nutzen!«
»Dasselbe sagt Segestes!«
»Oh, nicht ganz. Da ist ein kleiner, aber wichtiger Unterschied: Segestes glaubt, dieses Ziel ohne Waffen erreichen zu können. Ich nicht.«
»Und Arminius?«
»Arminius? Ja, ich muß dir gestehen, so recht weiß niemand, was er im Innersten denkt. Noch sonnt er sich im Glanz seines Sieges. Aber der Lorbeer wird bald welken. Die Gefahr von der anderen Seite des Stromes

wird bleiben, der Druck wird stärker werden. Augustus ist ein alter Mann. Er wird nicht mehr lange leben. Wer wird sein Nachfolger werden? Wird es Tiberius sein? Wird es in Rom Bürgerkrieg geben? Wird sich vielleicht ein hoher Armeeführer den Purpurmantel umhängen? Das alles wissen nur die Götter. Und – warum soll ich es dir verheimlichen: Arminius hat Gegner in der eigenen Familie. Neid ist ein altes Übel der Menschen. Schon in den Geschichten von den Göttern ist davon die Rede. Und Neid ist ein schlechter Ratgeber. Ich sehe sorgenvoll in die nahe Zukunft.«
Er hatte den Satz kaum beendet, als draußen Unruhe entstand. Kurze militärische Kommandos drangen durch die Tür. Schon wurde sie aufgerissen, und eine große, schlanke Gestalt, nur schemenhaft im Dämmer der Halle auszumachen, rief: »Wo ist er?«
Ich schrak zusammen, denn ich wußte plötzlich, wer das war: Arminius! Er blieb im Türrahmen stehen, nur kurz, um sich zu orientieren, dann eilte er mit großen, festen Schritten durch die Halle auf uns zu, blieb vor dem Tisch stehen und maß mich mit einem harten Blick, dem man nicht ausweichen konnte.
Er mußte etwa achtundzwanzig Jahre alt sein, doch sein Gesicht wirkte älter, erfahrener, war gezeichnet von Strapazen, Unruhe, Überlastung, vielleicht auch Hetze. Und für den Bruchteil eines Augenblicks schoß mir durch den Sinn, daß so die Gesichter von Männern aussehen, die ihre Macht nicht durch Herkunft, sondern durch den eigenen Willen errungen haben: Spartacus, Vercingetorix, Hannibal, Pyrrhus – alle besessen davon, die römische Wölfin zu bezwingen.
Doch nur einem war es gelungen, diesem jungen Mann vor mir, der drei römische Legionen vollkommen vernichtet und den Feldherrn in den Selbstmord getrieben hatte. Wie kein anderer hatte er Roms Strategie durcheinandergewirbelt. Was niemand für möglich gehalten, hatte er ertrotzt: Die zerstrittenen Völker eines riesigen Raumes zwang er unter seinen Willen, überzeugte sie von der Notwendigkeit des Zusammenschlusses und behielt während der sehr komplizierten militärischen Operation die Zügel in der Hand.

Ich war hin und her gerissen zwischen dem erhebenden Bewußtsein, dem größten und meistgehaßten Feind Roms gegenüberzustehen – und der verzweifelten Erkenntnis, ihm von einem Augenblick auf den anderen mit Leib und Leben ausgeliefert zu sein.
Sein herrisches »Wo ist er?« höre ich heute noch und kann mir jene Szene immer wieder in Erinnerung rufen. Doch dann geschah etwas, womit weder ich noch er selbst gerechnet hatten. Es war Segimerus, der sich ihm in großer Ruhe zuwandte und scheinbar naiv die Frage stellte: »Wen meinst du?«
Und Arminius, sehr schroff und abweisend: »Was soll das? Ich bin nicht in der Laune, mit dir Scheingefechte auszutragen.«
»Ich auch nicht«, gab Segimerus zurück, und ich sah, wie Arminius sich einen Ruck gab, als ob er seinen Zorn bändigen müsse, ehe er fortfuhr: »Du kennst meine Anordnung. Jeder Fremde, der zu dieser Zeit unser Gebiet betritt, gilt als Spion und ist festzunehmen.«
Ein feines Lächeln, nicht ohne Ironie, glitt über das Gesicht von Segimerus, es zuckte geradezu belustigt um seine Mundwinkel, und als er dann sprach, wirkte der leise und fast beiläufige Tonfall um so herausfordernder. Schlagartig wurde mir bewußt, daß ich Zeuge einer jener Auseinandersetzungen wurde, wie sie zwischen den Angehörigen der verschiedenen Lager wohl öfter stattfanden.
»Menandros ist mein Gast, wie er auch Gast im Hause meines Bruders war. Niemand wird es wagen, unter diesem Dach Hand an ihn zu legen. Der Mann ist Arzt, und der Ruf seines Könnens eilt ihm schon seit Tagen voraus. Wer da behauptet, er sei ein Spion, der soll mir auch erklären, in wessen Auftrag er hier ist. Ich habe mich längst bei Gewährsleuten erkundigt. Menandros kommt aus dem Süden. Er war einige Zeit Hausgenosse des Marobodus, und Marobodus hat ihm einen seiner besten Leute als Führer mitgegeben.«
Arminius hörte sich das an, ohne ihn zu unterbrechen. Blitzschnell arbeitete sein Verstand. Es war nicht zu erkennen, ob er Segimerus glaubte, denn keine Regung verriet seine Gedanken. Die Folgerung, die er dann

zog, bewies mir, daß er nicht gewillt war, sich demütigen oder für dumm verkaufen zu lassen.
»Gut denn«, hieß es im gleichen Tonfall wie zu Anfang. »Mir wurde zwar anderes hinterbracht; aber das Wort eines Segimerus hat Gewicht und ist mir Gewähr für die Unbescholtenheit dieses Mannes.«
Dann wandte er sich direkt an mich: »Wo hast du dein Handwerk gelernt?«
Er sprach ein vollkommen reines Latein, und mit dem Begriff »Handwerk« gab er zu erkennen, daß er sehr wohl darüber informiert war, daß die Tätigkeit eines Chirurgen nach römischen Vorstellungen als Handwerk betrachtet wurde.
Ich nannte ihm Namen einiger meiner Lehrmeister im griechischen Raum, und er ließ mich dabei nicht aus den Augen.
»Wie stehst du zur hippokratischen Schule?«
»Nun, sie hat große Ärzte hervorgebracht, doch die Zeit ist nicht stehengeblieben. Es gibt neue Erkenntnisse und bessere Methoden, um bestimmte Krankheiten behandeln zu können.«
»Also hältst du nicht viel von der Säftelehre?«
»Darauf kann ich dir nicht mit einem einzigen Satz antworten.« Erstaunt nahm ich zur Kenntnis, wie groß sein Wissen war, das er sich während der Jahre seines Aufenthaltes jenseits des Rheins erworben hatte. Ich spürte, daß dieser kurze Gedankenaustausch von seiner Seite einer Prüfung meiner Fähigkeiten gleichkam. Wollte er sich vergewissern, daß ich wirklich Arzt war?
»Versuche es!« drängte er.
Diese Aufforderung war ein Befehl, und ich wußte, von der Antwort würde mein Schicksal abhängen. Also scheute ich mich nicht, den Fachmann herauszukehren: »Alkmaion* erklärt, die Gesundheit werde zusammengehalten durch das Gleichgewicht der Kräfte: des Feuchten und Trockenen, des Kalten und Warmen, des Bitteren und Süßen und so weiter. Ein Übermaß des einen oder anderen Prinzips errege Krankheiten. Ausgelöst werden sie durch ein Übermaß oder den Mangel an Speisen. Was nun die Säfte betrifft . . .«

* *Alkmaion* lebte ungefähr um 500 v.Chr.

»Genug!« kam es herrisch. »Wo, glaubst du, ist der Sitz der Seele?«
»Auch hierin folge ich Alkmaion. Nach ihm hängen alle Sinneswahrnehmungen in irgendeiner Weise mit dem Gehirn zusammen. Daher leiden sie Schaden, wenn das Gehirn erschüttert und aus der richtigen Lage gebracht wird. Alkmaion gibt viele Beobachtungen wieder, die er bei Sektionen des Kopfes gemacht hat, und er . . .«
»Er hat die Köpfe von Menschen seziert?«
»Ja, gewiß.«
»Kennst du seine Folgerungen?«
»Aber ja! Sie gehörten mit zum Pensum dessen, was ich studierte.«
»Das interessiert mich. Du wirst mir bei Gelegenheit darüber berichten.« Und zu Segimerus, der staunend diesem seltsamen Verhör gefolgt war: »Wenn du erlaubst, ist Menandros ab heute mein Gast. Es sei denn, du hättest ihm gegenüber irgendwelche Verpflichtungen.«
»Nein, ich . . .« Segimerus war geradezu überrumpelt. Arminius nahm dies mit einem kühlen Lächeln zur Kenntnis und wandte sich gleich wieder an mich: »Es kann sein, daß ich deine Dienste in Anspruch nehmen muß. Bist du bereit?«
»Ein Arzt hat immer bereit zu sein!«
»Gut. Du wirst von mir hören. – Segimundus wird dich auf die Burg begleiten.«
Der Angesprochene hatte die ganze Zeit über etwas abseits gestanden. Nun trat er vor und machte eine leichte Verbeugung, die ich erwiderte. Währenddessen hatte Arminius das Haus bereits verlassen, und ich hörte, wie sich ein Trupp Berittener entfernte.
Beim Hinausgehen sagte Segimerus: »Du mußt ihn sehr beeindruckt haben.« Und leise fügte er hinzu: »Sei auf der Hut!«

XXVIII

Mit gemischten Gefühlen machte ich mich zusammen mit Segimundus, dem Sohn des Segestes, auf den Weg. Macarius und Aistimodius entschieden sich nach kurzer Beratung, uns mit dem Wagen zu folgen.
Du kannst dir denken, mein Plinius, wie verblüfft ich über die überraschende Wendung der Dinge war. Noch vor wenigen Augenblicken hatte ich um mein Leben gefürchtet! Wieder einmal mehr fand ich bestätigt, daß der Arzt, ganz gleich unter welchen Menschen, zunächst einen Vorschuß an Vertrauen genießt. Daß es aber ausgerechnet Arminius war, der eine hohe Meinung von meiner Profession zu erkennen gegeben hatte, hätte ich mir niemals träumen lassen. Dennoch blieb das Mißtrauen in mir, und immer wieder rief ich mir in Erinnerung, in welch ungewöhnlicher und nach wie vor lebensgefährlicher Situation ich mich befand. Woher wußte er, daß ich im Hause des Segimerus abgestiegen war? Waren wir, ohne es zu bemerken, auf der ganzen Strecke beschattet worden? Hatten am Wege wohnende Bauern ihre Beobachtungen weitergegeben? Oder war es jener Knecht des Segimerus, der unsere Anwesenheit gemeldet hatte? Wie auch immer – Arminius verfügte ganz offensichtlich über einen hervorragend arbeitenden Spitzeldienst. Ich hätte es wissen müssen. Zugleich machte ich mir bewußt, daß sein Interesse an meinem Fach noch längst nicht bedeutete, daß er mir vertraute. Jemand, der einen Varus tolldreist hinters Licht geführt hatte, war einem Fremden gegenüber, dessen Auftauchen in der kalten Jahreszeit höchst ungewöhnlich war, zu jeder Täuschung fähig.
Verglichen mit anderen Gegenden, durch die wir gekommen waren, zeigte der weite Talkessel eine dichtere Besiedlung, und es war wohl die hoch über der Ebene gelegene Fluchtburg, die die Menschen bewogen hatte, sich hier in größerer Zahl niederzulassen.
In mehreren Serpentinen stieg der Weg steil nach oben, von Kehre zu Kehre weitete sich der Blick über das friedliche Becken, so daß ich bisweilen an italische Landschaften erinnert wurde. Adler kreisten in großer Höhe, auf der Suche nach gefallenem Wild; der scharfe Frost der letzten

Tage setzte dem Rehwild arg zu. Wiederholt hatten wir am Wege angefressene Kadaver liegen sehen.
Zwischen der eigentlichen Burg auf der vorgelagerten Höhe und dem etwas zurückliegenden Gebirge befand sich eine kleine Senke, der wir uns von Westen näherten. Dieser Sattel, der vielleicht eine Breite von fünfhundert Fuß hatte, war an seiner höchsten Stelle durchbrochen worden; ein schluchtartiger Graben trennte die Burg vom anschließenden Berg. Ich schätzte seine Tiefe an der engsten Stelle auf fünfzig Fuß. In mühseliger Arbeit hatte man das Gestein abgetragen. Jenseits der fast senkrechten Felswand ragte die mindestens fünfzehn Fuß hohe Wehrmauer der Burg machtvoll in die Höhe. Hier, im Westen der Anlage, befand sich die gefährdetste Stelle, während die Festung sonst, bedingt durch die natürliche Topographie des Ortes, nach allen übrigen Seiten von steilen Abhängen geschützt wurde, die nach Norden und Süden fast senkrecht in die Tiefe stürzten. Obwohl kein Fachmann in diesen Dingen, erkannte ich mit einem Blick, daß es schier unmöglich sein mußte, diese Mauern im offenen Kampf zu bezwingen; man konnte die Verteidiger allenfalls aushungern. Aber auch das mußte schwierig sein, denn im Innern gab es einen tiefen, ergiebigen Brunnen, und wenn die Vorratshäuser gefüllt waren, konnte man monatelang ausharren.
An dieser westlichen und höchsten Stelle des ummauerten Areals erhob sich ein mächtiger Turm, der seinen Schatten auf die schmale Zugbrücke warf, die zum einzigen Tor der Festung führte. Hatte man die erste Pforte passiert, befand man sich in einem engen Zwinger, gerahmt von hohen kyklopischen Mauern, und nach zehn Schritt erreichte man ein zweites Tor. Die eichenen Balken der Tore und der Brücke machten den Eindruck, als ob sie erst kürzlich errichtet oder erneuert worden wären. Und lebhaft wurde ich an ähnliche Festungsbauten römischer Städte erinnert, die ebenfalls nach dem Prinzip der doppelten Sicherung angelegt werden. Ich bekam den ersten Anschauungsunterricht darüber, wie konsequent Arminius alles, was er jenseits des Stromes kennengelernt hatte, in die heimische Praxis umsetzte.

Von diesem höchsten Punkt der Burg hatten wir einen unglaublich schönen Blick über das Tal und die Höhen und weit darüber hinaus nach Norden, Osten und Süden, und ich muß gestehen, daß es nur wenige Orte auf dem Erdkreis gibt, die diesem hier an Schönheit gleichkommen.
Segimundus, den ich auf Anfang zwanzig schätzte, hatte sich während des halbstündigen Ritts durchaus als gesprächiger Begleiter erwiesen, der bereitwillig auf alle meine Fragen zu seiner Heimat einging. Er war mir sehr sympathisch, da er, darin seinem Onkel Segimerus ähnlich, sich nicht abweisend gab, sondern offensichtlich bestrebt war, sich selbst als einen jungen Mann darzustellen, der schon einiges von der Welt gesehen hatte. Und für hiesige Vorstellungen war er weit herumgekommen, denn sein Aufenthalt jenseits des Rheins im Oppidum Ubiorum ging über das hinaus, was ein Angehöriger seines Stammes gemeinhin erwarten durfte. Arminius und sein Bruder Flavus waren durchaus die Ausnahme, und der Grund dafür lag zwingend in ihrer Abkunft aus der Führungsschicht der Cherusker. Bei Segimundus war es ähnlich.
Ich hatte das Leben auf der Burg des Marobodus und des Segestes kennengelernt, doch staunte ich über das, was ich nun sah und hörte! Schon nach wenigen Augenblicken erkannte ich, daß vieles hier anders war. Es wurde weniger gesprochen. Ein kaum in Worte zu fassender Ernst ging von den Menschen aus, seien es nun die Krieger, die Knechte oder die Mägde; man hatte den Eindruck, als ob sie alle jederzeit bereit waren loszuschlagen. Das mag übertrieben klingen, doch erinnere ich dich, mein Plinius, an die Stimmung in einer Legion, die weiß, daß sie stündlich mit einem feindlichen Angriff rechnen muß. Da ist eine seltsam grimmige Entschlossenheit in den Gesichtern, und jeder führt unaufgefordert notwendige Tätigkeiten aus, da er weiß, es kommt auf jeden, also auch auf ihn an, und sei seine Aufgabe noch so gering.
Etwas anderes fiel mir ins Auge: die Menge der römischen Waffen! Darunter besonders die Schwerter, Schilde und Kettenpanzer. Aber das schien mir ganz natürlich zu sein, denn ein Arminius, selbst perfekt ausgebildet als römischer Truppenführer, übernahm alles, was er zur Vernichtung des

Feindes gebrauchen konnte. Römische Sklaven sah ich nicht. Wo waren die Überlebenden? Es mußte eine große Zahl von Legionären in Gefangenschaft geraten sein. Ich schätzte die Menge der Krieger innerhalb der Mauern auf einige hundert. Die übrigen hatte er wohl anderswo stationiert, in steter Verbindung durch berittene Boten, so daß er in kürzester Zeit seine Armee zusammenrufen konnte.
Segimundus führte mich zu einem Wohntrakt, etwa auf mittlerer Höhe des leicht nach Osten abfallenden Geländes, hart an der südlich abstürzenden Bergflanke, wo die Behausungen in die Mauer integriert waren. Das Innere der Gebäude war in Anlage und Einrichtung der Burg des Marobodus ähnlich, alles war auf Zweck und Funktion hin ausgerichtet. Freilich fehlte jede künstlerische Ausgestaltung, es gab weder Wandbilder noch Mosaiken. Die Wände und Böden bestanden aus nacktem Gestein, und es war die Dicke der Mauern, die ein großes Gefühl von Sicherheit vermittelte – oder auch des Eingesperrtseins, das kam ganz darauf an.
Gespannt und neugierig wartete ich auf das, was der Tag bringen würde. Daß man sich auch hier zuallererst um das leibliche Wohl des »Gastes« kümmerte, erstaunte mich nach meinen bisherigen Erfahrungen mit den Barbaren nicht weiter, und ich vermutete, daß sich Arminius und Segimundus bereits vor ihrem Erscheinen bei Segimerus entschieden hatten, mich gastfreundlich zu behandeln. Wenn dem so war, dann wußte er durch seine Spitzel und Zuträger, daß ich Arzt war, und es mußte ihm durchaus gelegen kommen, Verletzte, Kranke und Leidende von einem Fachmann behandeln zu lassen, der an Kenntnissen und Erfahrungen den einheimischen Heilkundigen überlegen war. Sollte er mehr über meine wahren Absichten wissen oder vermuten, schien es ihm angebracht, mich in seiner Nähe zu haben, mich beobachten zu lassen und irgendwann daraus seine Schlüsse zu ziehen. Er hatte Zeit. Sollte sich herausstellen, daß ich nicht der war, für den ich mich ausgab, lag es bei ihm, mir den Kopf vor die Füße zu legen oder zu versuchen, alle möglichen militärischen und politischen Informationen aus mir herauszupressen. Auf Milde und humanitäre Behandlung durfte ich nicht hoffen. Wer war ich denn? Und

während mir diese verschiedenen Möglichkeiten durch den Kopf gingen, kam zum erstenmal aus der Tiefe meiner Seele Todesangst hoch, und ich schalt mich einen Narren, mich auf dieses Abenteuer eingelassen zu haben. Wo blieb Macarius? Trennte man uns bewußt, um uns einzeln beobachten und verhören zu können? Doch dann erschien mein Begleiter und Freund – denn Freunde waren wir in den vergangenen Wochen geworden, die sich absolut aufeinander verlassen konnten.

»Der Wagen ist im Innern der Anlage. Er wird von mehreren Kriegern scharf bewacht.«

Ich nickte dazu nur und gab ihm auf diese Weise zu verstehen, daß man diesmal nichts Verdächtiges finden würde. Die Erfahrung mit dem Luftschacht bei Marobodus hatte uns klug gemacht. Im übrigen hatten wir auf der Fahrt jeden Winkel, jedes Gefäß, jeden Papyrus daraufhin untersucht, ob nicht irgendeine verdächtige Notiz vorhanden war, die einem Kenner etwas über die wahre Herkunft der Reisenden verraten konnte.

Wir untersuchten den Raum, den man uns zugewiesen hatte, gründlich, um sicherzugehen, daß wir nicht belauscht werden konnten. Macarius teilte meine Ansicht, daß es zwei Möglichkeiten gab, wie man uns behandeln würde; doch wie immer war er guter Dinge und sah der nächsten Zukunft gelassen entgegen. Auffällig war nur, daß man Aistimodius von uns getrennt hatte. Wollte man sich zunächst an ihn halten? Was wußte er an Einzelheiten? Würde er doppeltes Spiel treiben? Oder hatte ihm Marobodus lediglich das mitgeteilt, was er zur Erledigung seines Auftrages zu wissen hatte?

Etwa um die neunte Stunde* kam Segimundus wieder, grüßte freundlich und erklärte, Arminius bitte uns, uns einige Verletzte anzusehen.

* 15 Uhr.

Ich warf Macarius einen schnellen Blick zu: Das war unsere praktische Prüfung! Also wollte er sichergehen.

Die Krankenstuben – wenn ich die verliesähnlichen Räume in einem Gebäudetrakt an der Nordseite einmal so nennen will – waren in tadellos sauberem Zustand, zwei überwölbte Kammern, deren Fenster nach Süden, zum Innenhof der Burg gingen. Auch hierbei hatte er sich offensichtlich nach den Gepflogenheiten römischer Militärärzte in festen Lagern gerichtet, da die südlichen Winde dem Kranken bekömmlicher sind als ein kalter Luftzug aus Norden, besonders während des grausamen Winters in diesen Gegenden.

Wir hatten den ersten Raum kaum betreten, als er mit schnellem Schritt hereinkam, vor der ersten Lagerstatt stehenblieb und den sechs Männern erklärte: »Der Zufall will es, daß ein griechischer Arzt zu uns gekommen ist. Er wird euch untersuchen und gegebenenfalls Erleichterung verschaffen. Er handelt in meinem Auftrag. Tut alles, was er von euch verlangt! Bitte, Menandros, fang an!«

Er hatte sich meinen Namen gemerkt. Oder kannte er ihn bereits vor unserem Zusammentreffen bei Segimerus?

Ich fragte jeden Kranken, woher er die Verletzung habe, und Arminius selbst übersetzte: »Frigurd wurde von einem römischen Pilum getroffen, aber er streckte dafür drei Feinde zu Boden. Sigard setzte zwei Centurionen außer Gefecht, leider konnte der eine fliehen, doch dürfte er nicht weit gekommen sein. – Das hier ist mein tapferer Hermundurus. Er ist erst siebzehn und kämpfte wie ein Löwe. Ein Hieb traf ihn am rechten Oberschenkel. Die Wunde will nicht heilen, und ich befürchte das Schlimmste für sein Bein . . .«

Es entging mir nicht, wie die Leidenden an seinen Lippen hingen, wie von ihm eine Herzlichkeit und Anteilnahme ausging, die ich nach meinem ersten Kennenlernen nicht in ihm vermutet hatte. Sein Gesicht hatte die Härte abgelegt. Er lächelte jedem aufmunternd zu, und sie schauten voll Vertrauen zu ihm auf.

Mit höchster Konzentration begann ich die Untersuchungen, wobei mir Macarius assistierte, löste behutsam die Binden, bemüht, den Verwundeten so wenig Schmerzen wie möglich zu bereiten. Bei allen handelte es sich um schwerste Verletzungen, die bei einigen eiterten. Am schlimmsten aber war das Bein von Hermundurus.

Ich gab Macarius meine knappen Anweisungen auf griechisch und schrak

zusammen, als Arminius mich in meiner Muttersprache anredete: »Wird er das Bein verlieren – oder sogar das Leben?«
Ich fuhr herum: »Oh, du sprichst Griechisch!«
»Ja, leidlich«, sagte er, und ein sympathisches Lächeln war einen Augenblick um seine Lippen. »Er soll nicht verstehen, was wir reden. Sag mir also die Wahrheit! Er darf nicht sterben.«
»Sein Zustand ist sehr schlimm. Ich werde die Wunde öffnen müssen – bis auf die Knochen. Die schädlichen Stoffe müssen ausbluten. Es ist keine Zeit zu verlieren. Die übrigen werden in zehn Tagen wieder auf den Beinen sein.«
Ich sah ihn an und war fasziniert von der Wachheit seines Blicks, von den leuchtenden hellen Augen, dem energischen Mund und der hohen Stirn. Ohne eine Regung nahm er meine Antwort entgegen und fragte sachlich: »Was brauchst du?«
»Ich habe alles im Wagen. Laß heißes Wasser und ausgekochte Tücher bringen! Und viel Licht! Der Tag neigt sich dem Ende zu, und es dunkelt früh. Die Operation wird bis in den Abend dauern.«
»Wirst du ihm die Schmerzen lindern können?«
»Ja. Wir haben entsprechende Drogen mit. Ich werde sie ihm gleich eingeben. Sie wirken nach etwa einer halben Stunde.«
»Ich möchte dabeisein.«
»Bitte . . .«
Damit war für mich endgültig klar, daß er mich auf die Probe stellte. Es war mir nur recht. Ich würde mein Bestes geben. Doch bestand ich darauf, daß man den Verletzten in einen anderen Raum bringe, damit wir nicht durch die übrigen gestört und sie nicht durch den Anblick der geöffneten Wunde und die möglichen Reaktionen des Leidenden in Panik gerieten.
Alles geschah nach meinen Wünschen, und bald waren mehrere Frauen mit Schüsseln, Eimern, heißem und lauwarmem Wasser zur Stelle, während Macarius und ich mehrmals zwischen Wagen und Operationsraum unterwegs waren, um alles Nötige zu holen.
Ich setzte die Dosis des Betäubungsmittels so hoch an, wie ich es bei der

Jugend und dem relativ guten Allgemeinzustand des Kranken verantworten zu können glaubte, ohne Gefahr zu laufen, er werde ins Koma abgleiten und daraus nicht mehr erwachen.
Arminius verfolgte alles, was ich tat, mit größtem Interesse und legte bisweilen, wenn vier Arme nicht ausreichten, selbst mit Hand an, wobei er sich genau an meine Anweisungen hielt.
Ich will hier nicht den Verlauf der äußerst komplizierten Operation in allen Einzelheiten schildern, es würde dich langweilen.
Obwohl der Junge nicht ganz bei Sinnen war, mußte er im entscheidenden Augenblick des Schnittes von Macarius und Arminius an Händen, Füßen und Kopf gehalten werden. Zwar hatten wir ihn mit Lederriemen ans Lager gefesselt, dennoch bäumte er sich schreiend auf und entwickelte die Kraft eines Riesen, wie man es in solchen Situationen immer wieder erlebt.
Dann war das Schlimmste vorbei. Ich versorgte die Wunde, setzte feine Klammern, legte entzündungshemmende Baumschwämme an und umwickelte das Bein sorgfältig.
Längst war mir der Schweiß auf die Stirn getreten; und als ich kurz zu Arminius blickte, sah ich auch auf seiner Stirn Perlen. Ich erhob mich und sagte: »Es muß jemand während der Nacht bei ihm bleiben, damit er still liegen bleibt. Das Bein darf nicht bewegt werden. Die erste Wache übernehme ich.«
Ich schickte Macarius schlafen, und er entfernte sich völlig erschöpft.
»Wird er durchkommen?« fragte Arminius. Und obwohl er die Frage sachlich stellte, meinte ich mehr als die allgemeine Sorge eines Feldherrn für einen seiner Krieger herauszuhören.
»Das«, sagte ich, »liegt von nun an außerhalb aller Kunst. Nun muß die Natur das Ihre tun.«
»Ich werde morgen früh nach ihm sehen.« Er ging zur Tür, zögerte, drehte sich um und sagte: »Gute Nacht!«

XXIX

Ich wußte, die Krise würde im Laufe des nächsten Tages kommen, und ich ahnte ebenso, daß ihr Ausgang auch über mein Schicksal entscheiden würde. Beim Schein dreier Öllampen, die in den Wandnischen des kleinen überwölbten Raumes still vor sich hin brannten, saß ich auf einem Hocker neben der Liege des Todkranken. Es war nicht zum erstenmal, daß ich nach einem schweren Eingriff über Nacht Wache hielt; aber noch nie waren die Umstände mit den jetzigen vergleichbar gewesen. Ich war in jenem überwachen Zustand, wie er nach größten Anstrengungen über uns kommt: Der Körper ist von bleierner Müdigkeit wie vollgesogen, doch der Geist kommt nicht zur Ruhe.

Als ich vor vielen Wochen aufgebrochen war, konnte ich nicht wissen, was mich im einzelnen erwarten würde, doch hatte ich von Anbeginn an das sichere Empfinden, ich würde es gut hinter mich bringen, mehr noch, ich würde alle Gefahren meistern. Mir fiel, während ich in der stillen Kammer neben dem Todkranken saß, ein, was man von Caesar berichtete: Wenn er sich in größte Gefahr für Leib und Leben begab, dann tat er dies in der Überzeugung, ihn könne nichts von seiner Bahn abbringen. Und noch heute, mein Plinius, kann ich dir keine Erklärung dafür bringen, woher diese Sicherheit kam, da sie aller vernünftigen Weltbetrachtung zuwiderlief. Und doch war es so. Es scheint Augenblicke zu geben, in denen wir etwas erahnen vom geheimnisvollen Ineinandergreifen des göttlichen Willens und unseres Tuns, und noch in der fernsten Erinnerung an diese Momente spüren wir etwas von, ja, ich muß schon sagen, von der heiligen Einheit des Ichs und der Welt. Ich denke, du verstehst, was ich meine.

Bald aber kehrten meine Gedanken zu dem zurück, was mich veranlaßt hatte, das gefahrvolle Unternehmen zu wagen. Bisher hatte ich von allen, die ich angesprochen hatte, nicht viel mehr über das Problem Varus erfahren, als ich mir selbst schon zurechtgelegt hatte. Freilich hatte mir Segestes berichtet, daß Varus sehr wohl den würdevollen Umgang mit ihm gesucht hatte, daß er vollkommen davon durchdrungen war, das Rechte

zu tun, wenn er den riesigen Raum zwischen Rhein und Weser in gewisser Hinsicht als romanisiert betrachtete. Das Fundament zumindest schien für ihn gelegt zu sein. Er mochte des festen Glaubens gewesen sein, seine Aufgabe sei es nun, die Mauern hochzuziehen und ein Haus zu errichten, in dem beide Seiten miteinander leben könnten – freilich nach seinen und somit des Kaisers Vorstellungen.
Einen Augenblick lang stellte ich mir lebhaft vor, wie denn Augustus selber sich an Varus' Stelle verhalten hätte. Hätte er genügend Skepsis besessen, einem Arminius zu mißtrauen? Hätte er den Warnungen eines Segestes Glauben geschenkt? Oder wäre auch er dem Wahn verfallen, alles entwickle sich in seinem Sinne? Wäre er, der erhabene Augustus, fähig gewesen, das anzuerkennen, was mich in den letzten Wochen so oft anrührte: die Würde dieser Menschen? Ihr Verwurzeltsein in uralten Wertvorstellungen, mehr als die mediterranen Menschen in einem stetigen Kampf mit einer von Klima und Landschaft ausgehenden Feindschaft gegen den Menschen? Oder maß er alles nur mit der Elle des römischen Machtpolitikers, unfähig zu erkennen oder nur zu erahnen, daß es andere Menschen gab, die die Gesetze Roms verachteten?
Und was war mit Tiberius? Er, der doch selbst litt an dem, was Geburt und Erziehung ihm aufgetragen, müßte er nicht ein besonderes Gespür für das Anderssein und die Würde dieser Menschen besitzen? Lebhaft wuchs in jenen Augenblicken der Wunsch in mir, mich mit Tiberius auszusprechen; doch ich wußte, dazu würde es nie kommen. Zwischen seiner und meiner Welt, seinem und meinem Denken lagen unüberbrückbare Gräben. So meinte ich jedenfalls damals. Aber wurde nicht gerade von ihm berichtet, er habe eine besonders glückliche Hand im Umgang mit diesen Menschen, die wir ebenso hochmütig wie gedankenlos Barbaren nennen?
Immer wieder wurden meine schweifenden Gedanken unterbrochen, wenn der Kranke versuchte, sich herumzuwerfen, was ihm freilich wegen der Fesselung nicht gelingen konnte; doch bestand immer die Gefahr, daß er die Klammern abstreifte, und ich beugte mich dann lange zu seinem Ohr hinunter, redete beruhigend auf ihn ein, sagte, es werde alles gut werden,

er dürfe sich nur nicht bewegen. Dies wiederholte ich immer wieder, und so kehrte für einige Zeit Ruhe in ihn ein.
Es mochte gegen Mitternacht sein – meine Wache neigte sich dem Ende zu –, als jemand leise den Raum betrat. Ich vermutete Macarius und sagte, es sei noch zu früh.
»Ich bin's.«
Beinahe auf Zehenspitzen näherte sich Arminius, trat zum Lager und beugte sich über den Kranken.
»Und?«
»Er schläft. Die Drogen haben eine lange Wirkung.«
Er nickte und ließ sich auf dem zweiten Hocker nieder. Sein Gesicht, wenn auch übermüdet, wirkte entspannter als am Vortag. Er lehnte sich mit dem Rücken gegen die Wand und blickte auf den Schlafenden, und ohne daß ich ihn danach gefragt hatte, sagte er leise: »Sein Vater fiel in der Schlacht. Ich habe ihm kurz vor seinem Tod versprochen, mich um den Sohn zu kümmern. Es war sein einziger. Die Mutter starb bei seiner Geburt.«
Ich nickte nur. So saßen wir eine Weile stumm nebeneinander und betrachteten die bleichen Züge des Jungen. Dann erhob er sich und verließ so leise und wortlos, wie er gekommen war, den Raum. Kurze Zeit danach erschien Macarius, um mich abzulösen.

XXX

Ich hatte erwartet, Arminius würde im Laufe des nächsten Tages nach dem Kranken schauen, aber er ließ sich nicht sehen. Wahrscheinlich war er in der Region unterwegs. Ich kümmerte mich tagsüber um die anderen Verletzten, erneuerte die Binden, behandelte auch einige geringere Fälle, wenn dieser und jener, der von meiner Anwesenheit und der Operation erfahren hatte, sich scheu näherte und mich bat, nach einem gequetschten

Finger, einer Prellung oder auch nur einem faulen Zahn zu sehen. Da dies im Freien stattfand, waren wir stets von einer Gruppe Neugieriger umgeben, was zur Folge hatte, daß der Andrang immer größer wurde und ich sie auf später vertrösten mußte. Schließlich meldeten sich sogar Leute von den Höfen und aus der Siedlung im Tal; einige baten mich, in ihr Haus zu kommen, um nach einer kranken Alten, einem Kind oder einem Knecht zu schauen. Das brachte mich in Verlegenheit, denn ich wollte die Burg nicht ohne die Erlaubnis des Arminius verlassen.

Gegen Abend kam er mit einem Trupp in den Hof geritten, saß ab, übergab das Pferd einem der Begleiter und näherte sich meiner »Praxis«. Ich hatte einen Tisch, eine Liege und mehrere Hocker aufstellen lassen, damit ich meine Gerätschaften griffbereit um mich herum aufbauen konnte. Der Zufall wollte es, daß der Mann, dem ich gerade ein Geschwür im Nacken geöffnet, gesäubert und verbunden hatte, mich bat, nach einem Verwandten zu schauen; Arminius mußte seine Bitte gehört haben, denn er erklärte freundlich: »Der Medicus wird an einem der nächsten Tage ins Tal kommen und euch aufsuchen. Geht jetzt nach Hause. Menandros hat die halbe Nacht am Lager des Hermundurus gesessen. Er braucht Ruhe.«

Mit einem anerkennenden Murmeln zogen sie sich zurück, und ich machte mich mit Macarius daran, die Utensilien wieder in den Taschen und Behältnissen zu verstauen. Arminius wünschte einen guten Abend und ging ebenfalls.

Auch am nächsten und übernächsten Tag bekam ich ihn nur gegen Abend kurz zu Gesicht. Er erkundigte sich nach Hermundurus, und ich konnte ihm endlich versichern, er sei über dem Berg. Ich sah, wie er dies mit Erleichterung zur Kenntnis nahm.

»Was bin ich dir schuldig?«

»Nichts«, sagte ich. »Deine Gastfreundschaft ist Lohn genug.«

Wir sahen uns einen Augenblick lang an, und wieder meinte ich zu spüren, daß er mir mißtraute. Doch dann sagte er, fast beiläufig: »Da du ja Land und Leute kennenlernen willst . . . Es steht nichts im Wege, die Burg zu verlassen. Ich werde dir eine Begleitung mitgeben.«

Und er fügte lächelnd hinzu: »Nicht als Aufpasser! Als Hilfe, falls du sie benötigst.«
Ohne ein weiteres Wort entfernte er sich, und ich blickte ihm nach. Er blieb mir rätselhaft.
Die nächsten Tage waren ausgefüllt mit Krankenbesuchen, und ich sah dabei ganz abscheuliche Dinge: falsch gerichtete Brüche, oberflächlich behandelte Wunden, eitrige Zähne, doch ebenso Fälle, wie sie bei allen Völkern des Erdkreises verbreitet sind, Gicht in Händen und Füßen, die jede Bewegung der Gelenke zur Tortur machte, Rheuma in weit fortgeschrittenem Stadium, Rückgratverkrümmungen bei alten Frauen, und schließlich auch jene unheilbaren Geschwülste, die Geißel der Menschheit, wogegen es kein Mittel gab außer dem tröstenden Zuspruch.
Es mochte der vierte Tag sein, seit wir diese Krankenbesuche machten, Macarius und ich ritten übermüdet durch das Tor in den Burghof, in Gedanken ganz mit der Vorstellung eines guten Essens und der anschließenden Nachtruhe beschäftigt, als ein Bursche zu uns trat und mir mitteilte, ich möge ihm folgen.
Schlagartig war alle Müdigkeit verflogen, denn ich ahnte, nun war die Stunde gekommen, in der er das Wort an mich richtete, nicht irgendwelcher Kranken wegen, sondern um sich letzte Klarheit über meine Person zu verschaffen. Macarius warf mir einen langen Blick zu und sagte leise: »Mögen die Götter uns beschützen!«
Ich wurde in den oberen Teil der Burg geführt, der sich unmittelbar in der Nähe des Bergfrieds befand. Ich würde nun allein einem Mann gegenübertreten, der seine einzige Freude in strategischen Planungen, in der Führung von Menschen gegen den selbsterklärten Feind fand: gegen Rom! Ich hatte Angst und war dennoch neugierig, wie er das Gespräch eröffnen würde. Während der mehr oder weniger zufälligen Treffen in den vergangenen Tagen hatten wir uns nur mit kargen Worten verständigt, was zu tun war. Eine Art gegenseitigen Belauerns war geblieben. Nun war die Stunde der Wahrheit gekommen.
Der Raum, in den man mich führte, war fast leer. An einer Wand eine

schwere eichene Truhe, mit Schlössern gesichert. Vielleicht seine Geldkiste. Wen wollte er damit bezahlen? – Gegenüber ein Wandregal, gefüllt mit Papyrusrollen. Etwa zwei Schritt von dem kleinen Fenster entfernt – es war wegen der Kälte verschlossen – ein derber Tisch. Dahinter ein sesselartiges Möbel mit gekreuzten Beinen, Sitzfläche und Rücken mit dunkelrotem Leder bespannt. Bei seinem Anblick begann mein Herz wild zu schlagen: Der Stuhl des Varus!, schoß es mir durch den Kopf. Daß es sich um einen römischen Stuhl handelte, war nicht zu übersehen, und die Kostbarkeit des Holzes, mehr noch die luxuriöse Bespannung mit gefärbtem Leder, das ganz offensichtlich mit silbernen Nägeln gehalten wurde, ließ meine Gedanken ins Kraut schießen: Ich sah, wie germanische Krieger des Varus Zelt betraten, wie sie das Geld aus den Truhen raubten, wie sie alles zusammenrafften und wild schreiend aberwitzige Freudentänze aufführten; wie sie schließlich die wertvollsten Dinge Arminius vor die Füße legten.
Warum kam er nicht? Wollte er, daß ich den römischen Ursprung des Möbelstücks erkannte? Sollte ich so schon vor dem Gespräch verunsichert werden? Ich atmete tief durch, sagte mir, daß ich in jedem Fall vermeiden mußte, in Panik zu geraten. Ich trat zu dem Regal und warf einen Blick auf die Rollen. Das Licht der beiden Öllampen, die rechts und links davon an eisernen Wandhaken hingen, reichte gerade aus, die Buchstaben auf den herunterhängenden Papyrusstreifen zu erkennen, auf denen die Titel der dort liegenden Schriften notiert waren – und ich traute meinen Augen nicht: C. IULII CAESARIS COMMENTARII DE BELLO GALLICO – Caesars Schriften über den Gallischen Krieg! Die Rollen waren nach den acht Büchern geordnet, und sie sahen so aus, als ob sie oft benutzt, mehr noch, als ob sie sogar unter widrigen Umständen gelesen worden wären, denn es zeigten sich nicht nur Spuren des stetigen Gebrauchs in Form von Flecken und Knicken, sondern an einigen Stellen, besonders beim siebten Buch, waren Spuren von Schmutz nicht zu übersehen. Das siebte Buch aber enthält Caesars Bericht über den Krieg mit Vercingetorix! Ich selbst hatte es vor Jahren mit großem Interesse gelesen und hatte darüber mit Drusus ausgie-

bige Gespräche geführt. Also hatte Arminius es ebenso studiert, wahrscheinlich immer wieder und wieder, als ob er bei Caesar die Lösung all seiner Probleme im Kampf gegen Rom finden könnte.
»Seit wann interessiert sich ein Arzt für militärische Fragen?«
Ich fuhr herum. Da die Tür nur angelehnt war, hatte ich ihn nicht eintreten hören. Ich fühlte mich geradezu ertappt, behielt aber die Fassung: »Oh, auch ich habe den Caesar vor meinem Aufbruch in den Norden studiert, denn das Werk enthält, wie du ja weißt, einen bedeutenden Exkurs über Germanien und das, was er die Unterschiede zwischen seinen Bewohnern und den Kelten westlich des Rheins nennt.«
»Du sagst das leicht ironisch, als ob du mit seinen Darlegungen nicht einverstanden bist!«
»Nun, gewiß hat er einige Dinge aus eigenem Anschauen und Erleben festgehalten, doch stammt das meiste aus den Werken älterer Autoren, von Poseidonius* etwa, aber auch von früheren Weltreisenden.«
»Griechen, nicht wahr?«
»Ja, Griechen. Und es scheint so, als ob die Neugier meiner Landsleute auf die entfernteren Teile des Erdkreises größer ist als die eines Römers.«
»Vor allem ist sie nicht darauf aus, alles mit der militärischen Elle zu messen. Ein sehr sympathischer Zug! Ich kann mir nicht leicht vorstellen, daß ein Römer den beschwerlichen Weg in diese Gegenden unternimmt, nur um festzustellen, ob das, was der große Caesar notiert hat, mit der Wirklichkeit übereinstimmt.«
Da war er wieder, der lauernde Blick! Doch ruhig entgegnete ich: »Das war auch nicht unbedingt meine Absicht.«
»Ach ja?«
»Caesars Ausführungen berühren meine Interessen nur am Rande. Ich wußte bereits vor meinem Aufbruch, daß er trotz allem Anschein, den seine Darstellung erweckt, diese Welt hier mit den Augen des Strategen betrachtete.«
»Woher? Woher wußtest du es?«

* *Poseidonius*, ein griechischer Philosoph. Lebte von ca. 135 - 51 v.Chr.

»Weil ich das Werk mit großer Skepsis gelesen habe.«
»Und welchen Eindruck hattest du?«
Ich betrachtete die Rollen und antwortete erst nach einer Weile: »Für mich ist – wie schon für Cicero, den kritischen Zeitgenossen Caesars – dieses Werk gewiß einmalig in seiner knappen Sprache, der schier unglaublichen Treffsicherheit seiner durchweg sehr einfachen Sätze wie auch in der Kunst, äußerst komplizierte Geschehensabläufe so zu beschreiben, daß man hingerissen ist von der Dramatik der Handlung. Doch ebenso weiß ich, daß der Autor bestrebt war, seine Taten so darzustellen, daß sich gleichsam eine zwingende Notwendigkeit für seinen Einmarsch in Gallien ergibt. Mittlerweile ist bei kritischen Geistern längst bekannt, daß Caesar die ihm vorgegebenen Provinzgrenzen unter Verletzung gültiger Abmachungen überschritten hat.«
Ich unterbrach meine Ausführungen in Erwartung einer zustimmenden oder auch kritischen Äußerung, doch Arminius schwieg, während er mich im Auge behielt, so daß ich fortfuhr: »Ich gehe noch einen Schritt weiter und behaupte: Wenn man alle Eroberungen Roms außerhalb Italiens in den letzten Jahrzehnten, wenn nicht Jahrhunderten auf die Waage legt, dann ist der Balken immer in einem höchst labilen Gleichgewicht, da die Verantwortlichen es immer verstanden haben, ihr Ausgreifen auf fremde Räume so darzustellen, als handele es sich dabei um eine rechtmäßige Angelegenheit. Ich erinnere nur an die permanente Äußerung des alten Cato, jenen perfiden Satz, den er stets gegen Ende einer Rede vor Senat oder Volk von Rom anhängte: *Ceterum censeo Carthaginem esse delendam!«* *
Er bot mir mit einer freundlichen Geste einen Stuhl an und nahm mir gegenüber hinter dem Tisch Platz.
Daraufhin schwiegen wir beide, und ich wußte, er grübelte darüber nach, ob meine Äußerung am Ende eine Finte oder meine Überzeugung war. Also fügte ich, um die Weiterführung unseres Gedankenaustauschs bemüht, hinzu: »Dies ist freilich ein Thema, das nicht nur für Rom, sondern für alle Reiche der Geschichte von Bedeutung ist. Und manchmal denke ich, daß es gleichsam ein natürliches

* »Im übrigen bin ich der Meinung, daß Carthago zerstört werden muß.«

Gesetz ist, das die großen, mächtigen Zentren veranlaßt, so zu handeln, so wie auch ein ins Wasser geworfener Stein konzentrische Kreise bildet, die sich immer weiter fortsetzen.«
Es mußte Tollkühnheit sein, die mich so reden ließ; mußte ich doch wissen, daß ich mit solchen Gedanken seinen innersten Nerv traf, denn er war ja angetreten, eben diesem Anspruch der Großmacht die Stirn zu bieten. Doch statt mir hart zu entgegnen, zog ein unvermutetes Lächeln über sein strenges Gesicht: »Du hättest Geschichtsschreiber werden sollen! Wenn du mir nicht bewiesen hättest, daß du Arzt, und zwar ein sehr geschickter Arzt bist, würde ich dich für einen Wolf im Schafspelz halten.«
Er ließ mich nicht aus den Augen.
»Nun, ich weiß, daß ihr Griechen zwar viel über den Umgang mit der Macht nachgedacht habt, aber in der praktischen Durchführung euch nicht gerade als ihr Meister erwiesen habt.«
»Damit läßt sich durchaus leben!« rief ich, und er lachte kurz auf.
»Gewiß«, erklärte er, »besonders wenn man sich aufgrund seiner beruflichen Kenntnisse bei den Mächtigen unentbehrlich macht.«
Ich muß ihn erschrocken angestarrt haben, denn ich erwartete nun den entscheidenden Hieb: daß er mir auf den Kopf zusagte, ich sei ein römischer Spion. Geistesgegenwärtig parierte ich: »Das liegt nun einmal in der Natur der Sache, denn der Arzt ist durch seinen Eid gehalten, ohne Ansehen der Person zu heilen und zu helfen.«
Ich hatte das mit einigem Ernst vorgebracht, und erst im nachhinein ging mir auf, daß er es durchaus auf seine Person beziehen konnte. Ich war nicht gewillt, mich von ihm in die Enge treiben zu lassen, wenn ich auch jeden Augenblick erwartete, daß er meine Maskerade beim Namen nannte. Doch er hielt sich zurück und schwieg, wechselte das Thema und kam auf das zu sprechen, was er schon bei unserem ersten Zusammentreffen im Hause des Segimerus andeutete, sein Interesse für die großen Fragen der griechischen Philosophie, nach dem Urgrund der Welt und des Kosmos, und ich nahm wiederum erstaunt zur Kenntnis, daß er mehr als nur ein oberflächliches Wissen etwa von den Weltmodellen eines Thales, Demokritos oder

Pythagoras besaß, so daß ich ihn ganz offen fragte, woher er denn seine Kenntnisse habe. Seine Antwort war karg: »Ich hatte in meinen frühen Jahren einige gute Lehrer.«
»Doch nicht hier!« rief ich.
»Nein, nein, weiter im Westen . . .«
Mehr teilte er nicht mit, und ich drang nicht weiter in ihn. Ich spürte, daß er das Gespräch beenden wollte, und erhob mich. Er schien in Gedanken bereits mit anderen Problemen beschäftigt, stand ebenfalls auf und verabschiedete mich sehr freundlich: »Vielleicht können wir unser Gespräch morgen abend fortsetzen.«

XXXI

Nachdem ich Macarius leise alles Wesentliche des Gesprächs mitgeteilt hatte, meinte er: »Du hast ihn sehr beeindruckt. Das dürfte sich für die Zukunft als sehr günstig erweisen.«
»Hoffentlich hast du recht.«
Nach dem Essen hing jeder seinen eigenen Gedanken nach, die immer wieder um dieselben Fragen kreisten: die Niederlage, den gescheiterten Feldherrn, die Pläne des Arminius!
Ich rätselte darüber, ob sich der Ort der Schlacht in der Nähe befinden könnte, und wenn ja, wie wir es anstellen müßten, um dorthin zu gelangen. Es ging freilich nicht an, vor Arminius hinzutreten und ihn einfach zu bitten, uns von einem Einheimischen an den Ort führen zu lassen. Unsere Bewegungsfreiheit war sehr begrenzt. Der Radius unserer ärztlichen Tätigkeit beschränkte sich bisher auf den Talkessel zu Füßen der Festung. Vielleicht könnten wir versuchen, das Interesse der umwohnenden Siedler an einer Behandlung zu nutzen; längst hatten wir von Patienten erfahren, daß sich unser Ruf als erfolgreiche Ärzte auch jenseits der Berge verbreitet

hatte. Es müßte möglich sein, von Einheimischen etwas über die Lage des Schlachtortes zu erfahren. Segimundus! Ihn könnten wir in ein Gespräch verwickeln und vorsichtig das Thema ansprechen. Es blieb ebenso die zweite Möglichkeit, offen vor Arminius unser Interesse zu erkennen zu geben. Hatten wir doch überall auf unserer Exkursion verbreitet, daß wir Land und Leute kennenlernen wollten. Nach intensivem Nachdenken kam ich zu dem Entschluß, daß dies am Ende der bessere Weg sei, denn wenn wir uns heimlich entfernten, würden wir größtes Mißtrauen erregen und uns erst recht dem Verdacht aussetzen, römische Spitzel zu sein.
Ich teilte Macarius meine Überlegungen kurz vor dem Einschlafen mit, und auch er hielt den zweiten Weg für den besseren. Vielleicht ergab sich beim nächsten Gespräch mit Arminius eine Gelegenheit, darüber zu sprechen.
Er war den ganzen Tag über wieder unterwegs und kam, wie Macarius und ich, erst gegen Abend in die Burg zurück. Er war in Begleitung mehrerer Männer, und an der Art und Weise, wie die Krieger und Knechte sich diesen gegenüber verhielten, erkannten wir, daß es sich offensichtlich um adlige Führer anderer Familien und Sippen handelte.
An diesem Abend wartete ich vergeblich darauf, von Arminius gerufen zu werden, und es war klar, daß er und die übrigen Fürsten zu einer Beratung zusammengekommen waren. Plante man eine Wiederaufnahme des Krieges? Wollte man noch vor Ende des Winters losschlagen? Die Wetterverhältnisse waren günstig.
Als wir uns zum Schlafen niederlegten, hörten wir aus dem oberen Teil der Burg bis spät in die Nacht ausgelassene Rufe, Gesang und Gelächter. Arminius feierte mit den Besuchern ein Fest. Ich überlegte, ob Arminius an der Fröhlichkeit teilhatte, neigte aber eher dazu, er lasse es notgedrungen über sich ergehen, denn ich vermochte mir einfach nicht vorzustellen, daß ein Skeptiker wie er, der entscheidende Jahre seines jungen Lebens in römischen Kreisen verbracht hatte, Vergnügen an den derben Sauforgien der heimischen Führung finden könnte.
Vieles ging mir durch den Kopf, als ich Stunde um Stunde wach lag,

während Macarius, schon längst in tiefem Schlaf, sich von den Anstrengungen des Tages erholte. Ich schlug in Gedanken einen großen Bogen über die Welt, die ich kannte; während man hier feierte, wurden in Rom Pläne geschmiedet, wie man mit diesen Barbaren in nächster Zukunft zu verfahren hätte. Wie mußte um diese Stunde dem alten Kaiser zumute sein? Sah er sein Werk in Gefahr? Gestand er sich ein, die Lage an der immer wieder gefährdeten Nordostgrenze des Imperiums falsch eingeschätzt zu haben? Wenn ja, würde er es nie zugeben, auch gegenüber Tiberius nicht. Ebenso zweifelte ich daran, daß Tiberius, in der Zwischenzeit gewiß wieder in Rom, es wagen würde, Augustus Vorwürfe zu machen. Er wartete ab, wie der Kaiser entschied. So beherzt er in militärischen Operationen durchgreifen konnte, so vorsichtig verhielt er sich in allem, was mit der Reichspolitik zu tun hatte. Niemand hatte je ein offenes Wort von ihm dazu gehört. Längst wußte er, daß Augustus in ihm den letzten seiner möglichen Nachfolger und Erben, immerhin den fähigsten General des Reiches sah, dessen Führungsqualität von allen militärischen Amtsträgern gelobt und geschätzt wurde.

Ich sah die prächtige Villa des Varus vor mir, nun ein stilles, zu großes, leeres Haus im Tal des Anius, nahe Tibur.* Darin eine früh gealterte Frau, verängstigt, in dauernder Sorge, man werde sie vertreiben, werde ihren Sohn, ihre Töchter wegen Nichtigkeiten belangen. Die Angst vor der Ächtung hing wie ein Damoklesschwert über ihnen.

Asprenas! Auch er nun im düsteren, gefährlichen, tödlichen Schatten des Onkels; wenn auch persönlich ohne Schuld, machte man ihm hinter der Hand den Vorwurf, eben Neffe des Versagers und Verräters zu sein. Varus – ein Verräter! Die Dinge wurden auf den Kopf gestellt. Da man sich an Arminius nicht rächen konnte, weil er ihrer spottete, hielt man sich an die Familie des Opfers, machte den Toten zum Täter, das Opfer zum Verantwortlichen. Wie absurd das alles war!

Und ich lag hier, mitten in Feindesland, keine fünfzig Schritt entfernt von dem, der alles zu verantworten hatte, sah sein strenges, diszipliniertes,

* Man hat dort mehrere Grabungen durchgeführt und Reste der Villa gefunden.

schönes Gesicht vor mir, rief mir den würdevollen Ernst seines Auftretens in Erinnerung – und konnte ihn nicht verdammen. Ich wußte, die offizielle Geschichtsschreibung des Jahrhunderts und auch der kommenden Zeiten würde es völlig anders sehen als ich. Und großer Zorn stieg in mir auf über die verlogene Sehweise der Verantwortlichen. Und ich nahm mir vor, bei meinem nächsten Treffen mit dem Fürsten unbeirrt auf Varus zu sprechen zu kommen. Ich war es mir und Asprenas, doch ebenso seiner Witwe und den Kindern schuldig. Endlich, als der Festlärm allmählich verebbte, schlief ich ein.

Als wir am nächsten Morgen auf den Burghof traten, saßen die Männer, die mit Arminius getafelt und gebechert hatten, schon auf ihren Pferden. Eine Begleitmannschaft von etwa hundert Kriegern befand sich ebenfalls schon im Sattel. Der Zug setzte sich in Bewegung und verließ in geordneter Formation den Burghof. Wir sahen, wie Arminius neben einem seiner Truppenführer stand und eine Weile ernst mit ihm redete. Beide hoben grüßend die Rechte, und Arminius rief: »Haltet euch an die Abmachung! Bis später!«

Der Reiter nickte, gab dem Pferd die Zügel und trabte hinter dem Zug her, der bereits das Tor passierte.

Als Arminius sich umdrehte, sah er uns, hielt in der Bewegung inne, als ob er einen Entschluß fassen müßte, und kam dann mit straffen Schritten näher.

»Es tut mir leid, daß wir gestern nicht miteinander reden konnten. Aber das können wir unterwegs nachholen.«

»Unterwegs?« fragte ich, und er, sehr freundlich: »Du möchtest doch nicht ewig auf diesem Berg sitzen bleiben. Ich lade dich ein, mich zu begleiten.«

»Als Arzt?«

»Nein, als Privatmann. Darum solltest du den Wagen hier stehenlassen. Dein Famulus kann selbst entscheiden, ob er mitkommt.«

Ich mußte mir wieder einmal bewußt machen, daß er ein gebürtiger Cherusker war. Zu elegant war seine Wortwahl, wenn er den Unterschied zwischen »medicus« und »privatus« machte. Oder auch die korrekte

Bezeichnung des Macarius als »famulus«, womit er deutlich auf den Rangunterschied zwischen mir und meinem Gehilfen anspielte. Ob ich daraus freilich ableiten konnte, daß er mich und Macarius tatsächlich für Herrn und Diener hielt, wagte ich immer noch nicht zu entscheiden. Zu groß blieb das Mißtrauen gegenüber dem Mann, der es verstanden hatte, die gesamte Führung der kaiserlichen Rheinarmee zu täuschen.
Im übrigen meinte ich in seinem Gesicht an diesem Morgen etwas wie Vertrauen zu mir aufleuchten zu sehen, und einen Augenblick lang ging mir durch den Kopf, daß er vielleicht meine Freundschaft suchte. War ich doch absolut sicher, daß er während seiner Zeit auf der anderen Seite der Grenze durchaus den Umgang mit gebildeten Männern gesucht und offensichtlich auch gefunden hatte. Glaubte er, in mir weit ab von der römischen Zivilisation einen gleichrangigen Gesprächspartner gefunden zu haben? Doch welche Pläne verbanden ihn mit denen, die bereits vorausgeritten waren?
Mit Spannung erwartete ich den Aufbruch.

Mit einem kleinen Begleittrupp verließen wir die Burg durch das Westtor. Segimundus war bei uns, dazu acht Berittene und zwei Saumtiere, die das zum Leben Notwendige in den großen Satteltaschen trugen.
Es herrschte klirrende Kälte, gegen die wir uns mit dicken Pelzmänteln schützten. Schweigend ritten wir über einen schmalen Waldweg in Richtung Westen. Bald schon hatten wir den Kamm des Gebirgszuges erreicht und trafen auf einen Höhenweg, der in nördliche Richtung verlief. Vorneweg ritten zwei schwerbewaffnete Krieger, dahinter Arminius und Segimundus, dann Macarius und ich, den Schluß bildeten die übrigen.
Mehrmals kreuzten wir Wege, die in Ost-West-Richtung das Gebirge in tiefen Senken durchquerten. Niemand begegnete uns. Nach einem vielleicht zweistündigen Ritt erreichten wir ein kleines Bachtal. Das Gewässer, glasklar und an seinen Rändern von glitzernden Eisrändern gefaßt, purzelte gegen Osten über sein steiniges Bett, und wir folgten eine Weile seinem Lauf. Mir fiel auf, daß dieser Weg häufig benutzt wurde, obwohl

die Gegend völlig menschenleer und ohne Gehöfte war. Doch schon bald folgte dem Verwundern die Überraschung – und ich muß schon gestehen, daß das, was ich zu Gesicht bekam, einer der nachhaltigsten Eindrücke der gesamten Reise war. Wir waren dem Weg in einer Kehre zu Tal gefolgt, als plötzlich vor uns ein riesiger grauer Schatten aufragte. Die vor uns Reitenden hielten inne, und der Fürst wartete, bis ich ihn erreicht hatte. Schweigend, mit einem sehr ernsten, ja feierlichen Gesichtsausdruck, wies er mit der Hand nach vorne. Vor uns ragte eine gewaltige Felswand senkrecht in die Höhe; eigentlich keine Wand, sondern ein dunkles Gebilde aus mehreren Steinsäulen, zwischen denen senkrechte Spalten vom Scheitel bis zum Boden klafften.

Ich sah kurz zu ihm hin, und ein feines, beinahe wissendes Lächeln zog über sein Gesicht; doch er sagte nichts, sondern überließ mich dem Staunen.

Noch ehe er eine Erklärung abgab, wußte ich, daß dies ein heiliger Ort war, und ich deutete es als einen großen Vertrauensbeweis, daß er uns hierhergeführt hatte. Mir fiel ein, was ich unterwegs hier und da erfahren hatte von geheimnisvollen Orten, die »im Norden« in den unzugänglichen Wäldern und Gebirgen versteckt lägen, und daß die Germanen sich keine Götterbilder anfertigten, sondern das Göttliche in außergewöhnlichen Steinen, Bäumen, Quellen und anderen natürlichen Erscheinungen verehrten. Und ich muß dir gestehen, mein Plinius, daß ich nie einen Ort gesehen oder betreten habe, der dem Anspruch des Heiligen so gerecht wurde wie diese gewaltigen Quader, Säulen, Pfeiler, die bis zu fünfzig Fuß aus dem Tal in die Höhe ragen. Sind die Felsformationen an sich schon überwältigend in ihrem monumentalen Pathos, so wird die Wirkung noch gesteigert, wenn man sich sonderbaren Details zuwendet. Geht man langsam um die riesigen Massen herum, so meint man, in den verschiedenen Schichten, Lagen und Abspaltungen sonderbare Wesen zu entdecken, Gesichter und Gestalten von urtümlichen Tieren, von Drachen und Echsen, doch ebenso Fratzen, menschenähnlich oder auch chimärenhaft. Ich konnte mir lebhaft vorstellen, wie diese steinerne Theaterwand auf die

unbedarften Geister der Barbaren, die ihre Geschichte und Taten nur mündlich von Generation zu Generation weitergeben, bedrohlich, unheilvoll und in jedem Fall magisch wirken mußte. Selbst ich, der ich mich aufgrund meiner Herkunft, Erziehung und Bildung für einen aufgeklärten Geist halten darf, war im Innersten ergriffen von der nicht in Worte zu fassenden mystischen Atmosphäre dieses Ortes.
»Du stehst vor dem heiligsten Denkmal meines Volkes.«
Er sagte es mit einer Stimme, die etwas von seiner eigenen Ergriffenheit wiedergab. Ich hatte viele Fragen auf der Zunge, doch wartete ich, bis sich die Gelegenheit dazu ergeben würde. Nach einer Weile stiegen wir von den Pferden, Arminius befahl den Männern, sich auszuruhen, während er uns mit einer freundlichen Geste einlud, ihm zu folgen. Nur Segimundus begleitete uns. Langsam schritten wir um das ungeheure Steingebilde herum, und ich erkannte an einigen von Menschenhand vorgenommenen Veränderungen, daß hier ein größerer Versammlungsplatz angelegt war, denn am Fuße der Wand befand sich ein in den Stein gehauener Altar mit Vertiefungen und Rinnen, in denen offensichtlich das Blut der geopferten Wesen aufgefangen wurde. Mein eigenes Blut schoß mir zu Kopf, denn im gleichen Augenblick sah ich eine schreckliche Szene vor mir: Ein Priester oder eine Priesterin hob das heilige Schwert, um einen Gefangenen zu töten, der mit auf den Rücken gebundenen Händen, bleich, die schreckensweit aufgerissenen Augen auf seinen Henker richtet. Die römischen Gefangenen!, schoß es mir durch den Kopf.
Sachlich erläuterte Arminius: »Ein uralter Opferstein. Schon seit Generationen werden hier lebendige Wesen den Göttern geweiht.«
»Auch Menschen?«
»Auch Menschen!«
Konnte er meine Gedanken lesen?
»Vor jedem Kriegszug werden hier Opfer dargebracht. Meist jene Tiere, die den Göttern besonders heilig sind.«
»Und wann werden Menschen geopfert?«
»Wenn es erforderlich ist.«

Mehr führte er dazu nicht aus. War es Rücksichtnahme mir gegenüber, dem Fremden aus dem fernen Süden, oder war er gehalten, nicht darüber zu reden?

Als ich an der riesigen Wand langsam aufwärtsblickte, fuhr ich erneut zusammen. Einige Fuß über dem Altar erkannte ich einen römischen Legionsadler. Ich brauchte nicht viel Phantasie, um mir vorzustellen, daß man ihn hier als Symbol des besiegten Feindes der heimischen Gottheit zum Geschenk gemacht hatte. Auch bei uns ist es Brauch, erbeutete Waffen oder Feldzeichen in den Tempeln aufzuhängen; doch viel bedrückender war die Vorstellung, daß man hier, unter dem Bild des Adlers, gefangene römische Legionäre zu Tode gebracht hatte, vielleicht unter grausamen Qualen.

Ich nahm meinen ganzen Mut zusammen, wies mit der Hand nach oben und fragte mit der scheinbar sachlichen Neugier des unbeteiligten Fremden: »Ist das nicht . . .?« Ich kniff die Augen zusammen, als ob ich so besser sehen könnte: »Ist das nicht ein römischer Legionsadler?«

»So ist es«, stellte er fest, und seine Stimme bekam einen harten Klang: »Der Adler der Neunzehnten Legion!«

Er hielt den Blick eine Weile auf dem Beutestück, ehe er leise fortfuhr: »Und es hat viel Blut und Mühe gekostet, bis er dort hing.«

Wenn er mich schon an diesen Ort gebracht hatte, so dachte ich, wäre die Gelegenheit günstig, ihn nach Einzelheiten der Schlacht zu fragen, doch ich kam nicht mehr dazu, denn er machte Anstalten aufzubrechen. Wir kehrten zu den übrigen zurück. Unterwegs sagte er nur: »Wenn du wieder in deiner Heimat bist, vergiß nicht, in deinem Werk, das du über deine Reise schreiben willst, diesen Ort und seine Bedeutung zu erwähnen.«

»Ich werde es nicht versäumen«, sagte ich, und mir lief bei dieser Antwort ein Schauder über den Rücken.

XXXII

Über das eigentliche Ziel unserer Exkursion machte Arminius keinerlei Angaben. Wir ritten nach Westen, das kleine Bachtal wieder aufwärts, erreichten den Kamm des Gebirges und folgten dem Weg, der, dem Sonnenstand nach, in südwestlicher Richtung allmählich wieder zu Tal führte.

Was hatte er vor? Wollte er mir die Schönheiten seiner Heimat zeigen?

Gegen Mittag erreichten wir eine einsam gelegene, unbewohnte Hütte.

Wir traten ein, und seine Leute machten es sich sofort bequem, zwei entfachten auf dem Herd ein Feuer und bereiteten ein warmes Essen vor. Geschirr war reichlich vorhanden. Gleich in der Nähe sorgte ein Bach für frisches Wasser. Ganz unvermittelt fragte er mich: »Hast du Lust, dir die Füße zu vertreten?« Er reckte sich, und auch mein Rücken war steif von dem langen Ritt, so daß ich die Einladung gern annahm. Wir verließen die Hütte, und beim Hinausgehen warf mir Macarius einen bedeutungsvollen Blick zu, der soviel sagte wie: Sei auf der Hut!

Hinter dem hölzernen Haus ging es steil aufwärts, und man mußte aufpassen, nicht auf dem gefrorenen Boden, der hier und da mit Schneeresten bedeckt war, auszurutschen. Er bewegte sich sicher und schnell, und ich schloß daraus, daß er das Gelände gut kannte. So erreichten wir schließlich den höchsten Punkt des Berges, eine kahle felsige Stelle, von der aus man weit nach Westen über die Hügel und die grenzenlose Ebene schauen konnte.

»Als Kind war ich oft hier oben«, sagte er. »Dort drüben befindet sich die Quelle der Lupia.* Hier ist die Grenze unseres Stammesgebietes. Südlich der Lupia siedeln die Marser, vor uns, in der Ebene, bis zum Rhein, die Bructerer.«

Ich folgte mit den Augen seinem ausgestreckten Arm.

»Du warst mit deinem Vater hier?«

»Ja.«

»Das war aber, bevor du jenseits des Rheins . . .«

* *Lupia* ist die Lippe.

»Ja. Und es war die glücklichste Zeit meines Lebens.«
»Ich verstehe dich sehr gut, denn nie mehr später betrachten wir die Welt mit den Augen des staunenden Kindes.«
»Aber das Staunen wird uns sehr schnell ausgetrieben. Das Gewaltige, was uns später begegnet, fordert unseren Respekt, sofern es Menschenwerk ist, doch nie mehr kehrt dieses innige Gefühl zurück, das wir als Kind von sechs, acht Jahren hatten, wenn wir meinten, die Natur spräche selbst mit uns.«
Was war geschehen, daß er mir solch subtile, persönliche Gedanken offenbarte? Ich konnte mir nicht vorstellen, daß dies derselbe Mensch sein sollte, der Varus das Haupt vom Rumpf hatte trennen lassen, um es Marobodus als Siegestrophäe zu schicken.
»Aber«, fuhr ich vorsichtig fort, »deine Stellung und dein Rang wurden doch, soviel ich vernommen habe, auch drüben gewürdigt. Man hat deine – wie soll ich sagen? – deine Fähigkeiten sehr schnell erkannt und dafür gesorgt, daß du entsprechend deiner Herkunft gefördert wurdest. Du hattest immerhin das völlige Vertrauen des Quinctilius Varus, des kaiserlichen Statthalters!«
Ich hatte es ausgesprochen. Der Augenblick war da, auf den hin ich all die Gefahren und Strapazen der vergangenen Wochen auf mich genommen hatte. Würde er darauf eingehen? Oder hatte ich mich zu weit vorgewagt?
»Ja, ich hatte sein Vertrauen«, antwortete er.
»Hattest du damals schon den Entschluß gefaßt, ihn und somit den Kaiser in seine Grenzen zu verweisen?«
»Nein.«
Mehr sagte er nicht dazu. Er ging zu einem umgestürzten Baumstamm, ließ sich darauf nieder und lud mich mit der Hand ein, neben ihm Platz zu nehmen. Ich tat es, in dem bewegenden Bewußtsein, vielleicht der einzige Mensch vom jenseitigen Ufer des Rheins zu sein, dem er erlaubte, einen Blick in seine Seele zu tun; doch zugleich kam ich mir auf seltsame, ja vielleicht absurde Weise wie ein Verräter vor. Meine Sympathie für ihn war in den letzten Tagen gewachsen, und in mir selbst öffnete sich ein

Zwiespalt, der dem seinen verwandt sein mußte. Ich war und bin kein Römer, ich hatte mir eine innere Selbständigkeit des Urteilens bewahrt, die mir bislang immer von Vorteil gewesen war; doch damals, wie auch heute noch in der Erinnerung, wurde ich hin und her gerissen zwischen meiner Bewunderung für die großen zivilisatorischen Leistungen Roms, der Weite seines die Welt befriedenden Rechts, seiner Toleranz gegenüber fremden Religionen und Denkweisen, seinen technischen Leistungen – und der schrecklichen Kehrseite: daß dies alles an den Grenzen des Reiches auf Menschen stieß, die es radikal ablehnten und unter Einsatz ihres Lebens dagegen ankämpften.

Ich begann, sehr vorsichtig die Worte wägend, meine Gedanken vor ihm auszubreiten, und er unterbrach mich nicht, sondern hörte schweigend zu.

»Nur«, schloß ich, »ist es etwas anderes, wie ich als Arzt und Naturforscher mich gleichsam auf mich selbst zurückzuziehen oder wie du zur Tat zu schreiten.«

»Bei den Göttern! Es ist mir nicht leichtgefallen.«

»Du hattest Bedenken?«

»Natürlich!«

»War es mehr die militärische Stärke Roms – du kanntest sie wie kein anderer aus eigener Erfahrung – oder die Zwietracht der einheimischen Führer, die dich zögern ließ?«

»Weder das eine noch das andere. Auch wenn man es mir drüben nicht abnehmen würde: Es war mein Gewissen.«

Wir sprachen, wenn wir allein waren, Latein, und er hatte den Begriff *conscientia* benutzt, ein Wort, das schillernd ist, weil es ebenso *Gewissen* als auch *Mitwissen, Mitwisserschaft, Kenntnis,* ja auch *Einverständnis* umfaßt. Da ich mich längst von seiner vollkommenen Beherrschung der lateinischen Sprache überzeugt hatte, machte ich ihn darauf aufmerksam, und er ging näher darauf ein:

»Ja, genau so meine ich es auch. Ich hatte Freunde drüben. Ich habe Rom kennengelernt . . .«

»Warst du lange dort?«

»Nein, aber ich war sehr empfänglich für alles Römische. Du darfst nicht vergessen, wie jung ich damals war! Kennst du Rom?«
Eine Falle?
»Ja, ich kenne es gut, denn ich habe auch einige Jahre dort verbracht.«
»Dann weißt du, was ich meine. Bist du in Athen geboren?«
»Nein, in Rom.«
Ohne mir den Blick zuzuwenden, sagte er leise: »Ich dachte es mir. Aber du hast in Athen studiert?«
»Ja, sicher. Die römische Medizin kann es in Erfahrung und wissenschaftlicher Grundlegung nicht mit den griechischen Schulen aufnehmen.«
»Ich weiß. Aber in allen anderen Dingen ist das anders. Ich war fasziniert von der perfekten Organisation des städtischen Lebens, von der Würde und Gravität des Senats . . .«
»Du warst im Senat?«
»Ja, einmal. Als Gast. Es sollte eine Ehre für meinen Vater sein.«
»War es eine?«
»Fragst du das im Ernst?«
»Verzeih! Aber ich kenne deine damalige Lage nicht. Ich versuche nur, mich in sie zu versetzen.«
Er hob beschwichtigend die Hand. »Ich weiß sehr wohl um die Wendigkeit griechischer Geister. Ihr seid ja in einer völlig anderen Situation als wir hier im Norden. Eure Kultur ist älter als die römische. Ihr wart in vielem ihre Lehrmeister. Darum könnt ihr es euch erlauben, auf sie herabzusehen. Das ist eure Art der Rache. Und vielleicht ist sie wirksamer als meine.«
Wir hatten den Faden, den ich vorsichtig gesponnen hatte, verloren, doch glaubte ich nun zum Thema zurückkehren zu dürfen: »Lerntest du den Kaiser kennen?«
»Ich wurde ihm einmal vorgestellt.«
Ich sah die Szene vor mir, vielleicht in seiner Villa auf dem Palatin, wie er, freundlich lächelnd und mit seinem kühlen Charme dem jungen Cherusker, der in der Toga vor ihm stand, einige Fragen nach dem Befinden, nach seinem Vater und dem Stand der Ausbildung stellte und ihn am Ende der

kurzen Audienz ein Geschenk überreichen ließ. Im Hintergrund der Szene einige Höflinge, die sich hinter der Hand ironische Bemerkungen über den schüchternen Barbarenjüngling zuraunten.

»Er trug mir damals ein Kommando über eine Auxiliareinheit* an.«

»Warst du stolz darauf?«

»Natürlich! Besonders, weil es eine Reitereinheit war.«

»Ihr kamt zum Einsatz?«

»Später, ja. Aufgrund meiner Erfolge wurde ich sogar zum Römischen Ritter erhoben.«

»Hattest du auch Kontakt zu Tiberius?«

»Sicher, er wurde mein oberster Vorgesetzter in Pannonien. Ich habe ihn sehr geschätzt. Schon in Rom erfuhr ich von der Tragödie seines Lebens. Auch er ein Opfer seines kaiserlichen Stiefvaters!«

»Wurde darüber gesprochen?«

»Durchaus, ja.«

»Ich meine, waren unter deinen Gesprächspartnern römische Offiziere?«

»Ja, natürlich. Mit wem sonst hätte ich darüber reden sollen? Ich fühlte mich damals ganz der römischen Sache zugehörig. Alle Stabsoffiziere, Tribunen und Praefecten, fanden es nicht gut, wie der Kaiser mit Tiberius umgegangen war. Besonders einer war darunter, der es nicht duldete, daß man an Tiberius das Geringste aussetzte.«

»Wer war das?«

»Velleius Paterculus.* Er war wie ein Schatten des Tiberius. Doch seine Parteinahme wurde nicht von allen gutgeheißen. Ich hielt mich aus diesen Querelen heraus, weil ich der Meinung war, daß sie mich nichts angingen.«

Wir schauten eine Weile schweigend über die winterliche Ebene.

»Darf ich dir eine Frage stellen – ich meine, eine ganz persönliche?«

»Bitte.«

* *Auxiliareinheiten* sind die nichtrömischen Hilfstruppen, die gesondert geführt wurden.

* *Velleius Paterculus,* etwa 19 v.Chr. bis 31 n.Chr., hatte dem späteren Kaiser Tiberius auf seinen Kriegszügen in Germanien und Pannonien als Legat gedient und erhielt von ihm 15 n.Chr. die Praetur. Später schrieb er einen *Abriß der Weltgeschichte* in zwei Büchern. Er bewunderte Tiberius.

»Warum erzählst du mir das alles. Du kennst mich doch überhaupt nicht!«
Ein feines, ironisches Lächeln verjüngte einen Augenblick sein ernstes Gesicht, als er sich mir zuwandte und sagte: »Oh, ich kenne dich!«
Ich erschrak. Verwirrt suchte ich nach einer sinnvollen Entgegnung, doch er hatte sich erhoben und schlug die Hände gegeneinander: »Wir sollten hineingehen.«
Lange lag ich an diesem Abend wach auf dem einfachen Strohlager, lauschte dem Knacken der Holzscheite in der Glut und den Böen des Windes, der um die Hütte fuhr. Wölfe heulten in der Nähe. Sie witterten unsere Pferde, konnten ihnen jedoch nichts anhaben, da sie sicher im Stall standen.
›Oh, ich kenne dich!‹ Ich fand keine Antwort auf die vielen Fragen, die mich bedrängten.

XXXIII

Während des folgenden Tages ergab sich keine Gelegenheit, das unterbrochene Gespräch fortzusetzen. Er war wie immer, freundlich und wortkarg, in Gedanken mit anderen Dingen befaßt, über die zu reden er keinen Anlaß sah. Um so größer waren meine Skrupel, denn ich konnte mir nicht vorstellen, daß er ohne eine geheime Absicht den Gedankenaustausch mit mir gesucht hatte. Um so verwirrender war für mich sein indifferentes Verhalten. Doch er war ein Mann mit scharfem Verstand und unbedingtem Willen, der bei allem, was er tat oder nicht tat, ein Ziel verfolgte. Ich konnte mir nicht vorstellen, daß er mit mir ein launiges, böses Spiel trieb, denn dann hätte er geschwiegen. Da auch während der kurzen Rasten, die wir einlegten, stets seine Männer in unserer Nähe waren, ergab sich keine Gelegenheit, mich mit Macarius darüber auszutauschen. Wir konnten uns nur durch Blicke verständigen.

Im Laufe des folgenden Tages steuerten wir einige große Anwesen an. Jedesmal verschwand er für eine halbe Stunde im Innern, während wir draußen bei den Kriegern zu warten hatten und von der Dienerschaft mit Essen und warmen Getränken versorgt wurden.
Am Abend übernachteten wir auf einem dieser Höfe im Stall, und da die Krieger neben uns lagen, ergab sich wiederum keine Gelegenheit zu einem längeren Gespräch mit Macarius, außer daß wir uns auf griechisch kurz zu verstehen gaben, daß wir aus allem nicht schlau wurden.
Am nächsten Tag wandten wir uns wieder mehr nach Südwesten und erreichten einen langgezogenen Höhenzug, dem wir einige Zeit nach Westen folgten. Wir befanden uns nun mitten im Gebiet der Marser.
Ich bemerkte, wie sich Macarius, der neben mir ritt, immer wieder nach allen Seiten umblickte. Er schien erregt, schwieg aber.
Aus einem mir nicht ersichtlichen Grund verließen wir den sehr bequemen Weg über den flachen Höhenzug und wandten uns nach Süden. Allmählich stieg das Gelände an. Wieder fiel mir die zunehmende Unruhe von Macarius auf. Er schwieg, wich Arminius und mir aber nicht von der Seite. Auch Arminius fiel dieses merkwürdige Verhalten auf. Schließlich fragte er ihn mit einer Beiläufigkeit, die mir verriet, daß sie nicht echt war: »Gibt es irgend etwas Besonderes, wonach du Ausschau hältst?«
Ich sah, wie Macarius zusammenfuhr, ehe er, fast stotternd, erwiderte: »Nein, durchaus nicht. Ich möchte die Orientierung nicht verlieren.«
Mir fuhr der Schreck in die Glieder, denn Macarius hatte Latein gesprochen! Ein Blick in Arminius' Gesicht ließ mir das Blut in den Kopf schießen, denn da war es wieder, dieses ironische Lächeln, das so verunsichern konnte. Und dann kam sein Kommentar, leise und lauernd: »Oh, du sprichst Latein?«
»Natürlich!« fuhr ich dazwischen, gegen den Kloß in der Kehle ankämpfend. »Es ist schließlich die Verkehrssprache des Imperiums.«
»Aber doch nicht im Osten!« beharrte er und ließ mich nicht aus den Augen. Er hatte recht, wußte aus eigener Erfahrung, daß ein Grieche, ja sogar Syrer oder Perser sich des Griechischen bediente. Verzweifelt suchte

ich nach einer glaubhaften Erklärung. Es war zu erwarten, daß ein Mann, der sich als Grieche ausgab und im Dienst eines griechischen Arztes stand, eben griechisch und nicht lateinisch sprach! Plötzlich war mir aufgegangen, daß Macarius die Gegend, durch die wir ritten, als jene wiedererkannt haben mußte, durch die er selbst vor einem halben Jahr als römischer Legionär gekommen war. Konnte es am Ende sein, daß wir uns dem Ort des schrecklichen Geschehens der dreitägigen Schlacht näherten?
Endlich raffte ich mich zu dieser Erklärung auf: »Mein Begleiter und Famulus war mit mir eine Weile in Italien. Da wechselt man schon mal von einer Sprache in die andere. Du selbst beherrschst ja auch beide, und ein Fremder wüßte nicht zu entscheiden, ob du Germane oder Römer bist.«
»So, meinst du!«
Das saß. Ich konnte nur ein wenig überzeugendes »Ja, durchaus!« nachschicken und energisch nicken. Gab er sich mit solchen fadenscheinigen Argumenten zufrieden? Er brummte nur »Hm . . .«, sprengte nach vorn und gab dem Vortrupp einige Anweisungen, die wir nicht verstanden. Sogleich beschleunigten die Reiter das Tempo. Wir hatten die Anhöhe erreicht, und der Weg verlief nun wieder in der Waagerechten. Nach einer halben Meile erreichten wir dichten Wald. An den Spurrillen war zu erkennen, daß dieser Weg auch im Winter regelmäßig von Wagen befahren wurde.
Plötzlich hielt der Vortrupp an. Arminius wartete, bis wir herangekommen waren. Sein Gesicht hatte sich verändert. Jedes Lächeln, jede Liebenswürdigkeit war daraus gewichen.
»Ihr dürft gespannt sein, was ich euch gleich zeigen werde!«
Er blickte von mir zu Macarius, registrierte unsere Verblüffung, machte kehrt und ritt weiter. Wir folgten mit gemischten Gefühlen. Riesige Buchen und Eichen wechselten mit Gruppen von Tannen und Fichten, dazwischen dichtes, undurchdringliches Unterholz. Macarius ritt hinter mir her. Ich drehte mich zu ihm um, wagte aber keine Frage, sah nur an seinem entsetzten Gesicht, daß er das Gelände kannte.
Längst hatte ich begriffen, was Arminius im Sinn hatte: Hier hatte er

begonnen, Varus zu umzingeln! Doch was bezweckte er damit, uns hierherzuführen?
Es sollte nicht lange dauern, bis er mir selbst die Erklärung gab. Die Begründung dafür war so überraschend, daß ich sie niemals in Betracht gezogen hätte, wenn ich auch zugeben muß, daß sie einleuchtend war.
Nach einer Viertelstunde erreichten wir eine weite Lichtung. Wieder ließ er halten und wartete, bis wir herangekommen waren. Nach einem längeren, bedeutungsvollen Schweigen hob er die Hand und wies über das freie Gelände: »Wir befinden uns hier an der Stelle, an der ich einen ersten Angriff auf das Lager des Varus machte.«
Während er dies sagte, warf er Macarius einen durchdringenden Blick zu. Ich sah, wie dieser erblaßte und die Lippen fest aufeinanderpreßte. Und Arminius fügte mit einem kühlen Lächeln hinzu: »Aber das wird dir, Menandros, der Centurio Macarius Macco längst berichtet haben.«
Macarius starrte mich an; ihm war das Blut in den Kopf geschossen, und blitzartig erkannte ich, daß Arminius unser Spiel schon seit langem durchschaut hatte. Seltsam war, daß ich vollkommen ruhig blieb. Ich konnte mir nicht vorstellen, daß er uns an diesen Ort geführt hatte, um uns hinzurichten. Sein Verhalten in den letzten Tagen, die Gespräche, die wir unter vier Augen geführt hatten, ließen diese barbarische Möglichkeit nicht zu – so jedenfalls sagte es mir mein Verstand. Also erklärte ich ruhig: »Gut denn, du weißt also, wer wir sind – und du wirst deine Gründe haben, uns an diesen Ort zu führen. Ich gebe die Hoffnung nicht auf, daß du sie uns nennen wirst.«
»Es gibt Zeit zum Handeln, und es gibt Zeit zum Reden. Jetzt reden wir! Fragen wir also Macarius, wie es sich abspielte. Er brennt sicher darauf, zu Wort zu kommen.«
Macarius schluckte, einmal, zweimal, fuhr sich ohne Grund mit der Hand über den Mund und stotterte: »Das ... kommt alles sehr überraschend ...«
»So, wie damals!« rief Arminius, und seine hellblauen Augen blitzten. »Ihr wart schon etliche Stunden marschiert, auf dem gleichen Weg, auf dem wir auch geritten sind. Ihr wähntet euch absolut sicher, nicht wahr?«

»Ja, durchaus.« Macarius ließ den Blick über das Gelände schweifen. »Wir wußten, daß wir in Kürze diese Lichtung erreichen würden und freuten uns auf einen ruhigen Abend.«
»Sicher!« rief der Fürst. »Aber es sollte euer letzter sein.«
»Eine Frage . . .« mischte ich mich ein, ohne das geringste Erstaunen zu zeigen, daß er, der Urheber der Katastrophe, mit uns und aus uns uneinsichtigen Gründen den Verlauf der Schlacht in allen Einzelheiten rekonstruieren wollte.
Er ließ mich gewähren.
»Wie war es möglich, daß Varus dir Glauben schenkte, obwohl er von Segestes noch wenige Stunden vorher gewarnt worden war und die Namen der Verschwörer kannte?«
»Ganz einfach: Weil er mir bedingungslos vertraute!«
»Verzeih!« beharrte ich. »Aber das ist der Punkt, der für mich den Schlüssel des Geheimnisses enthält . . .«
»Was für ein Geheimnis?« Erstaunt blickte er mich an. »Ich habe dir vorgestern Andeutungen darüber gemacht, wie schwer es mir fiel, den letzten Schritt zu wagen, und darum . . .«
»Eben!« unterbrach ich ihn. »Es ist mir unmöglich nachzuvollziehen, daß du es fertigbrachtest, alle Bedenken zu zerstreuen, obwohl gewichtige Männer deines eigenen Volkes ihn gewarnt hatten. Ich stelle es mir so vor: Segestes spricht mit Varus. Er belastet dich. Andere sagen ähnliches aus! Danach wird der Feldherr sich an dich gewandt haben. In welcher Verfassung war er? Stellte er dich zur Rede?«
»Ich glaube, du gehst von falschen Voraussetzungen aus. So dramatisch, wie das Geschehen später seinen Lauf nahm, war es am Beginn gar nicht. Varus war seit langem davon in Kenntnis gesetzt, daß es zwischen den führenden Familien Differenzen gab. Im übrigen liegt es in der Natur der Sache, daß beim schwächeren Partner einer weltbeherrschenden Großmacht sehr unterschiedliche Auffassungen darüber kursieren, wie man sich dem Stärkeren gegenüber verhalten soll. Du warst bei Segestes und bei Segimerus und kennst also ihre Standpunkte. Aber du bist auch ein

Kenner der Schriften Caesars, und deshalb müßtest du wissen, daß es vor sechzig Jahren in Gallien nicht anders war.«
»Mit einem wichtigen Unterschied!« rief ich. »Hinter Vercingetorix standen fast alle Völker Galliens!«
Er überlegte, nickte und fuhr fort: »Das ist richtig. Und genau das ist der Punkt! Anders als der Arvernerfürst war ich gezwungen, den mangelnden Konsens in meine Überlegungen mit einzubeziehen. Ganz abgesehen davon, daß auch die militärische Ausgangslage eine völlig andere war: Caesar hatte sieben Jahre Krieg hinter sich und konnte annehmen, Gallien das Rückgrat gebrochen zu haben. Germanien aber war und ist aus römischer Sicht ein mehr oder weniger barbarisches Land, weithin von undurchdringlichen Wäldern und Sümpfen bedeckt und längst nicht so dicht besiedelt.«
»Dachte Varus genauso?«
»Aber selbstverständlich! Er fühlte sich geradezu berufen, wähnte sich von Göttern und Kaiser auserwählt, Schicksal zu spielen und die unermeßlichen Weiten des Nordens und Ostens der zivilisierten römischen Welt anzugliedern.«
Die Ironie des letzten Satzes war unüberhörbar.
»Ihr spracht öfter darüber?«
»Ja, sehr oft.«
»Und du? Wie reagiertest du dann?« Ich wandte mich ihm ganz offen zu: »Wenn du weißt, wer ich bin, dann ahnst du vielleicht, warum ich hier bin und diesen schrecklichen Dingen nachspüre.«
»Ja, ich glaube es zu wissen.«
»Woher?«
»Das tut nichts zur Sache. Vielleicht werde ich es dir später mitteilen.«
Warum ließ er uns im unklaren? Mit Bestimmtheit sagte ich: »Ich werde dich danach fragen!«
»Sicher. Es ist dein gutes Recht.«
Ohne eine weitere Erklärung brach er das Gespräch ab, und wir folgten ihm zum südlichen Rand der Lichtung.

XXXIV

Der Weg führte leicht abwärts, der Senke folgend, die der Bergrücken hier bildete. Wir überschritten das sumpfige Quellgebiet eines Baches und ritten auf der gegenüberliegenden Seite bergan. Längst schon hatte ich vor dem Waldrand die dunklen Reste eines militärischen Lagers ausgemacht. Doch dann kam der erste Schock. Zwischen den planlos herumliegenden Schanzpfählen entdeckten wir die Leichen römischer Soldaten. Fast alle als Skelett. Wölfe, Bären, Ameisen, Gewürm jeder Art, Krähen und Raubvögel hatten in den vergangenen Monaten ganze Arbeit geleistet. Alle waren ihrer Waffen beraubt, auch die Abzeichen und Orden hatte man ihnen genommen. Nur aufgequollene und geborstene Schilde lagen herum.

Ohne sich um den grauenvollen Anblick weiter zu kümmern, strebte Arminius dem höchsten Punkt des Areals zu. Dort hielt er an und schaute zurück. Nachdem ich meine Fassung einigermaßen wiedergewonnen hatte, fragte ich ihn in anklagendem Ton: »Ist es üblich, daß man den besiegten Feind unbestattet liegen läßt?«

Seine Antwort fiel kurz und bündig aus: »Es war ein gemeinsamer Beschluß der beteiligten Befehlshaber. Ich hatte mich danach zu richten.«

»Aber du warst damit nicht einverstanden?«

»Was tut das zur Sache? Geschehen ist geschehen.«

»Was ist das für ein Lager?« fragte ich Macarius, und er antwortete leise, bestürzt vom Schicksal seiner Kameraden: »Es ist eine der kleineren Befestigungen, die wir überall verstreut angelegt hatten. Als wir vorbeiritten, war sie unbehelligt.«

»Also hast du«, wandte ich mich an Arminius, »das Lager erst nach dem Vorbeizug der Legionen angegriffen.«

»Ja. Ich mußte dem Heer jede Möglichkeit des Rückzugs an einen sicheren Ort nehmen.«

»Gab es Überlebende?«

»Ja. Sie wurden unter den siegreichen Stämmen verteilt.«

»Als Sklaven?«

»Als Sklaven!«
»Wurden sie mißhandelt?«
»Nein. Einige wurden den Göttern geopfert.«
»Bei den großen Steinen?«
»Auch dort, ja.«
Er sah mich an, erkannte meine Betroffenheit, ja den Ekel, den ich angesichts der unbestattet herumliegenden toten Krieger empfand, deren Zahl ich auf einige hundert schätzte, und er kam einer erneuten anklagenden Entgegnung meinerseits zuvor: »Es besteht kein Grund dafür, daß du dich über Gebühr in große Erregung versetzt. Wärest du mit mir in Pannonien gewesen, hättest du gleiche Szenen sehen können, freilich mit dem Unterschied, daß sie von römischen Truppen an den Einheimischen begangen wurden. Und wieder muß ich dich an Caesar erinnern! Gibt er doch selbst zu, ein ganzes Volk, die Eburonen, in einer sogenannten Strafaktion vernichtet zu haben.«
Damit wendete er sein Pferd und verließ die Überreste des Lagers. Es blieb uns nichts anderes übrig, als zu folgen. Macarius und ich waren wie gelähmt, und obwohl mein Gefährte gewiß in der Lage war, mir einen detaillierten Bericht über die nächste Etappe des Heeres zu geben, unterließ ich das Fragen, so wie auch er schwieg, denn der Schauder vor dem, was hier geschah, und die Achtung vor der Würde der Toten beherrschten unsere Gedanken.
Nur Arminius schien es, unbeirrt vom Anblick des Schlachtfeldes, zu drängen, uns den Verlauf der Katastrophe in allen Einzelheiten vor Augen zu führen. War das am Ende das Ziel dieses Ritts? Sollten wir Zeugen werden, damit wir ...? – Jäh begriff ich, was er beabsichtigte. Nachdem er sicher war, daß wir nicht die Forschungsreisenden aus Griechenland waren, und nachdem er ebenso sicher war über unsere Herkunft, besonders die des Macarius, schien er sich dazu entschlossen zu haben, uns sozusagen als indirekte Botschafter zu benutzen, als Wissende, im Innersten Getroffene, damit wir drüben Zeugnis ablegten über alles, was wir gesehen und gehört hatten. Und obwohl er damit genau dem entsprach, was ich

mir als geheimstes Ziel gesetzt hatte, konnte ich im Augenblick der gnadenlosen Konfrontation nicht fassen, daß ich es war, der hier ungefährdet, geradezu unter dem persönlichen Schutz des Mannes unterwegs war, dem jeder Römer auf der Stelle einen Dolch zwischen die Rippen gestoßen hätte. Erwartete er am Ende, daß ich mich dazu hergeben würde, geheime Botschaften von ihm der Führung drüben zu überbringen? Wozu brauchte er dafür mich? Jeder durchreisende Händler konnte dies erledigen. Es mußte also etwas anderes sein, etwas, das mit meiner Person zu tun hatte, vielleicht damit, daß ich Grieche und eben nicht Römer war. Aber was?

Er riß mich aus meinen ebenso trüben wie schweifenden Gedanken und fuhr in seiner Beschreibung fort, als ob es sich dabei um den Bericht über ein erfolgreich abgeschlossenes Manöver handelte: »Ich kannte die Marsch- und Kampfesweise der Römer aus langer Erfahrung, hatte sie selbst in Pannonien perfekt praktiziert; es galt, die Schwachstellen auszunutzen. Varus, der sich ja auf dem Rückmarsch in die Winterquartiere in Vetera* befand, hatte einen gewaltigen Troß dabei, darunter Frauen und Kinder.** Das sollte sich für unseren Angriff später als sehr günstig erweisen.

Ein Heer, das aus drei marschierenden Legionen besteht, zieht sich, wie du weißt, auf einige Meilen auseinander. Auf einer baumlosen Höhe oder Hochebene war es unmöglich, einen solchen Truppenkörper mit Aussicht auf Erfolg anzugreifen. Die römische Reiterei hätte schnell einen punktuellen Angriff durcheinandergewirbelt, zumal unsere Krieger sich ungern einem einheitlichen Kommando unterordnen und jeder auf eigene Faust kämpft, wie und wo er gerade steht. Auf offenem Feld wäre es für die kampferprobten Legionäre ein Kinderspiel gewesen, uns in die Flucht zu schlagen.

Wir konnten nur dann mit der Aussicht auf Erfolg gegen sie antreten, wenn sie ihre gewohnte, in Übungen gedrillte und in zahlreichen Kämpfen erprobte Geschlossenheit aufgeben mußten. Das aber war nur in einem Gelände wie diesem, auf dem wir uns befinden, möglich.«

* *Castra Vetera* bedeutet nicht ›Altes Lager‹, sondern ist ein einheimischer nichtrömischer Name. Die ersten Anlagen entstanden zur Zeit des Augustus.

** Der römische Legionär durfte diese Lebensgefährtinnen, die in der Lagervorstadt mit ihren Kindern wohnten, erst nach Abschluß seiner Dienstzeit heiraten.

»Das aber bedeutete«, ergriff endlich Macarius das Wort, »daß drei grundsätzliche Vorbedingungen erfüllt sein mußten: Erstens, daß es dir gelang, die Führer der romfeindlichen Koalition unter deinen Landsleuten von deinem Plan zu überzeugen! Zweitens, einen komplizierten Aufmarschplan zu entwerfen, der im großen und ganzen bindend war und der dennoch Raum ließ für taktische Veränderungen vor Ort! Und schließlich hing drittens alles davon ab, daß Varus in die Falle, die du ihm zu stellen gedachtest, hineintappte!«
Arminius maß den Sprecher mit einem langen Blick, bevor er sagte: »Du hast das Zeug zum Analytiker und wirst sicherlich noch als Stratege Karriere machen! – Männer wie ihm . . .« – das ging wieder an mich – »verdanke ich einiges von meinen Kenntnissen. Vor allem aber dem . . .«
Er grinste, und ich vollendete den Satz: »Tiberius!«
»Ein glänzender Feldherr! Ein Mann, der nie aus dem Stand losschlägt wie diese Grünschnäbel des römischen Adels, die meinen, ein großer Name biete bereits die Gewähr für den militärischen Erfolg, die aber als erste den Kopf verlieren und das Weite suchen!«
Mir, der ich hellwach jedes seiner Worte beachtete, war nicht die Wendung entgangen, mit der er unbeabsichtigt zugab, daß uns nichts geschehen würde: ›du wirst sicherlich noch als Stratege Karriere machen!‹ Ein Blick zu Macarius, und ich wußte, er dachte das gleiche.
Ich kam nicht umhin, sein strategisches Genie zu bewundern. Um so drängender bestürmten mich die Fragen nach dem Versagen des Varus: »Von den drei Punkten, die Macarius nannte, ist der dritte für mich nach wie vor der unglaublichste. Wie konntest du ihn dazu bringen, den ebenso sicheren wie bequemen Hauptmarschweg über den Gebirgszug südlich der Lippe zu verlassen und sich mit dieser Armee, behindert durch einen schwerfälligen Troß aus Zivilisten, Frauen und Kindern, in diese unbekannten, unübersichtlichen und darum tödlich gefährlichen Waldgegenden zu begeben? Es will mir einfach nicht in den Kopf!«
Wir ritten mittlerweile im Schritt auf der Höhe des Kamms weiter gen Süden, und er antwortete: »Obwohl ich zu der Zeit ohne ein Kommando

in römischen Diensten war, sah er in mir nach wie vor den erfolgreichen Kommandeur einer großen Auxiliareinheit; man hatte ihm ja immer wieder von meinen Erfolgen in Pannonien berichtet. Zudem war ich römischer Bürger und besaß den Rang eines Römischen Ritters. Ihm lagen schriftliche Beurteilungen über meine soldatische Laufbahn vor, und dies alles zusammen machte mich für ihn glaubwürdig.«

»Aber du selbst ... Ich meine, hattest du nie Skrupel, dieses doppelte Spiel direkt unter seinen und den Augen seiner Generäle zu treiben?«

Die Antwort war knapp und eindeutig: »Nein, nicht mehr.«

»Gut, aber seit wann nicht mehr? Was hatte den Ausschlag hierfür gegeben?«

Er überlegte eine Weile, ehe er antwortete, und ich hatte das Gefühl, daß das, was er nun sagen würde, von größter Wichtigkeit war: »Ich deutete dir schon einmal an, daß ich Zeuge geworden bin, Zeuge von Greuelszenen, von Quälereien, Raub, Plünderung, von der Vernichtung ganzer Sippen und Stämme, von Einäscherung der Siedlungen, von Mord an Frauen, Kindern und Greisen. Und – ich glaube, dir als Griechen muß ich es nicht umständlich in Erinnerung rufen – die römische Verwaltungspraxis in den Ostprovinzen des Imperiums läuft letzten Endes darauf hinaus, daß sich einige hundert Adelsfamilien und Tausende von Rittern und Geschäftsleuten unter dem Deckmantel der *Pax Populi Romani** zu eiskalt operierenden Blutsaugern, Menschenverächtern, Mördern, Dieben und Plünderern entwickelten, die den Einheimischen die Luft zum Atmen nehmen, mit Schwert und Peitsche das Letzte aus ihnen herausholen, um sich mit dem vor Blut triefenden Gewinn in Rom und Italien ihre Villen, Bäder und prunkvollen Stadthäuser zu errichten, freilich nicht selbst, sondern wiederum durch die Arbeit von Millionen von Sklaven, erniedrigten Menschen, denen man Heimat, Familie und Freunde brutal genommen hat.

Und mir entging nicht, daß auch Varus von diesem Schlag war, wenn er

* *Pax Populi Romani*, der Friede des Römischen Volkes, war ein programmatischer Begriff, der allmählich gleichgesetzt wurde mit dem, was wir heute das friedliche Zusammenleben der Völker nennen. Er wurde auch mißbraucht, um damit aggressive Kriegszüge zu bemänteln.

es auch verbrämte mit großen Worten, etwa daß Rom von den Göttern berufen sei, dem Erdkreis die Errungenschaften des römischen Volkes zu bringen. Er fing ja schon an, die Schrauben seiner Rechtsprechung anzuziehen und hohe Strafen bei Delikten zu verhängen, die wir nach unserem Recht überhaupt nicht ahnden würden.

Ich beobachtete, wie viele junge Leute dieser Sicht der Dinge und der Welt auf den Leim gingen, wie sie sich von den Werten entfernten, die uns unsere Väter hinterlassen haben; wie sie sich anschickten, römische Kleidung in eitler Verblendung zu tragen, als ob sie sich allein dadurch schon den Mächtigen zugehörig machten.

Und ich hatte die Ereignisse der vergangenen Monate sehr genau registriert, das geschickte Taktieren des Marobodus, der es verstanden hatte, sich zwischen den Mühlsteinen zu halten, ohne zerrieben zu werden. Auch er ein Kenner Roms und der römischen Machthaber aus eigenem Erleben. Schließlich aber – und das war für mich und meine strategischen Überlegungen von entscheidender Bedeutung – wußte ich, daß, wenn nicht Varus, so doch einer seiner Nachfolger im Amt, mit aller Macht antreten würde, den Raum im Osten zu Rom zu schlagen. Zunächst würde man bis zur Weser vorstoßen, später darüber hinaus bis zur Elbe, um den alten Traum Caesars wahrzumachen, die riesigen Weiten zwischen Germanien und Griechenland, ein Gebiet, das sie mangels genauer Kenntnisse einfach die Hercynischen Wälder nennen, dem Imperium Romanum einzuverleiben. Ich wurde einmal Zeuge, als Tiberius mit hohen Offizieren während einer Lagebesprechung darauf zu sprechen kam. Als man mich bemerkte, wurde sofort das Thema gewechselt.«

»Das heißt also«, versuchte ich das soeben Gehörte zusammenzufassen, »du wolltest eine günstige Gelegenheit nutzen, um die von dir beschriebenen zukünftigen Gefahren für deine Landsleute abzuwenden, sozusagen schon im Keim zu ersticken.«

»Genau das! Und nun kannst du dir vorstellen, wie schwierig es für mich werden mußte, alle einflußreichen Männer der beteiligten Stämme auf meine Seite zu ziehen. Denn du mußt wissen, daß es nicht nur bei meinem

Volk Romfreunde gibt wie Segestes, du findest sie überall dort, wo Rom seinen mächtigen Schatten nach Osten wirft.«
»Glaubte man dir?«
»Ha!« rief er. »Zunächst war da nur Mißtrauen, denn man sah in mir den in römischen Diensten stehenden Germanen, der in der römischen Armee Karriere gemacht hatte. Immerhin hatte ich mich ausgezeichnet im Kampf gegen pannonische Kriegsscharen. So etwas spricht sich schnell herum. Man konnte sich nicht vorstellen, daß aus einem Führer römischer Truppen binnen kurzem ein Vorkämpfer der germanischen Unabhängigkeit und Freiheit werden sollte.«
»Aber es gelang dir!«
»Ja. Aber oft stand ich kurz davor, alles hinzuwerfen. Oft meinte ich, meine Kraft würde nicht ausreichen, dies doppelte Spiel – wie du es nennst – fortzuführen. Es bedurfte immer neuer Gespräche, um die in Ehren ergrauten Stammesführer zu überzeugen. Bis dann Hilfe von einer Seite kam, die ich zunächst nicht erwartet hatte . . .«
»Von Marobodus?«
»Nein. Marobodus ist ein Opportunist! Seine persönliche Macht ist ihm wichtiger als das Wohl seines Volkes. Mit ihm konnte ich nicht rechnen, wie ich auch jetzt nicht auf seine Unterstützung zählen kann. Nein, es war etwas anderes. Varus, der ja nach wie vor in mir den loyalen, romtreuen Praefecten und Ritter sah, trat an mich heran und teilte mir mit, er habe Befehl aus Rom erhalten, daß sämtliche Germanen, die schon in Pannonien unter meinem Kommando gekämpft hatten, erneut in Kämpfe abkommandiert werden sollten. Außerdem werde in Kürze der Befehl aus Rom kommen, daß alle jungen Cherusker, sozusagen als Erweis der Friedfertigkeit ihrer Väter, die Waffen abzugeben hätten, sofern sie nicht in römischen Diensten kämpfen wollten. – Du wirst wissen, daß dies ein alter Brauch Roms ist, um sich gerade unterworfene Völker bei der Stange zu halten.«
»Ich glaube zu verstehen«, sagte ich. »Diese Forderungen, die zunächst nur im Stab des Varus zur Sprache gekommen waren, sickerten sozusagen nach unten durch.«

»Ja.«
»Und du tatest ein übriges, um dies zu beschleunigen.«
»Natürlich!«
»Und irgendwann traten alte Freunde aus deiner pannonischen Zeit an dich heran und begannen zu murren.«
»So ist es.«
»Und binnen kurzem konntest du mit einer erheblichen Zahl kampferprobter junger Krieger rechnen, die eigentlich nur noch auf dein Signal zum Losschlagen warteten.«
»Ja. Dabei spielte es eine nicht unerhebliche Rolle, daß diese Männer sehr wohl den Unterschied am eigenen Leibe erfahren hatten, wenn es darum ging, ihre Kampfesleistungen zu würdigen, und wenn sie sahen, daß sie nach einem anderen Maßstab beurteilt und belohnt wurden als ihre römischen Kameraden! Ganz zu schweigen davon, daß sie stets als Krieger zweiter Klasse angesehen worden waren, die man auch im Lager getrennt von den kaiserlichen Truppen hielt. Aber du kennst ja all diese feinen Unterschiede; sie fangen beim Essen an, gehen über die Kleidung und Bewaffnung bis zum Lohn und den soldatischen Auszeichnungen und Abfindungen der Verwundeten und der Veteranen.«
»Das heißt also, du konntest gegenüber den Stammesführern, die an dir noch zweifelten, das wohl entscheidendste Argument auf die Waagschale legen: Kampferprobte germanische Krieger, erfahren wie keiner sonst in römischer Strategie und Taktik, würden sich unter deiner Führung gegen ihre ehemaligen Kriegsherren erheben!«
»Ja.«
»Und von da an hattest du sie auf deiner Seite!«
»Genau so war es!«

XXXV

Schweigend ritten wir weiter, während ich über das Gehörte nachdachte; damit war eine der Vorbedingungen, die Macarius angesprochen hatte, erfüllt: Wie es ihm gelungen war, den Stammesführern ihre Vorbehalte und Bedenken zu nehmen und sie für einen gemeinsamen Schlag und die Notwendigkeit einer großräumigen strategischen Planung zu gewinnen.
Ich fragte ihn nach Einzelheiten seines Aufmarschplanes, und er legte ihn detailliert dar.
Ich will mich trotzdem, mein Plinius, im folgenden auf das Wesentliche beschränken. Wenn du Wert auf die Einzelheiten legst, gebe ich dir eine Abschrift meiner Aufzeichnungen mit, die ich mir damals machte. Hier nur soviel:
Er hatte Varus eingegeben, daß sich, nicht weit entfernt vom Hauptmarschweg nach Westen, einige südliche Stämme gegen die römische Herrschaft erhoben hätten.
»Glaubte er das?« fragte ich ihn.
»Ja, denn es entsprach im übrigen der Wahrheit, und er fand es durch die Aussagen seiner im Süden tätigen Späher* bestätigt.«
»Waren das Germanen?«
»Ja, ortskundige Leute, die er schon seit langem in Diensten hatte.«
»Aber sie waren von dir über deine Pläne in Kenntnis gesetzt?«
»Ja. Also war es für ihn geradezu zwingend, Herr über diesen Unruheherd zu werden, da die Gefahr bestand, daß benachbarte Stämme angesteckt würden.«
»Trotzdem . . .« Ich schüttelte den Kopf, denn ich konnte es einfach nicht nachvollziehen, daß er sich mit dem gesamten Heerwurm in das ihm fremde, riesige Waldgebiet begab, das von tiefen Einschnitten und Schluchten durchzogen war. Auf eine entsprechende Bemerkung von mir

* Diese *Späher*, die *exspectatores*, waren Einheimische, die sich der römischen Armee zur Verfügung stellten. Sie wurden später oft mit der *civitas Romana*, dem römischen Bürgerrecht, ausgezeichnet.

erklärte Arminius kalt: »Ich hatte ihm angeboten, mit Teilen meiner alten Auxiliareinheit vorauszureiten, und so dem Heer den Weg zu bereiten.«
»Doch am gleichen Tag wurde er von Segestes gewarnt!«
»Ich weiß. Aber er glaubte mir und nicht ihm.«
So einfach dieser Satz klang, barg er das ganze Geheimnis. Ich sah Varus, wie er den guten Segestes beruhigte, wie er ihm freundlich und leutselig zulächelte, ihm auf die Schulter klopfte, wie er ihn seiner weiteren Freundschaft versicherte und ihn schließlich wohlwollend entließ. Zur gleichen Zeit aber führte Arminius seine Truppen schon in die Bereitstellungsräume.
Wir waren mittlerweile an der Stelle angekommen, an dem der erste Schlag geführt werden sollte. Der Wald war hier noch undurchdringlicher als zu Beginn, und Arminius fuhr mit seinem Bericht fort: »Mein Plan sah vor, die Armee im ersten Teil des Angriffs zu schwächen und zu verunsichern, um sie dann – im günstigsten Fall – aufzuspalten und Teile zu vernichten. Dieses Waldgebiet hier bildet ein großes Viereck von etwa siebenmal zwölf Meilen. Es wurde von allen Seiten eingeschlossen und abgesperrt, damit ein Entweichen von Fliehenden unmöglich war. In meinen Überlegungen spielte es eine Rolle, daß die Flüsse zu beiden Seiten* mit ihren versumpften Talgründen schon eine natürliche Sicherung bildeten, deren wenige Furten leicht zu kontrollieren waren. Der Weg selbst – es ist der, auf dem wir uns befinden – schlängelt sich über den Kamm des Höhenzuges auf einer Länge von etwa sechs, sieben Meilen** durch den Wald.«
»Aber du mußtest doch in deine Überlegungen einbeziehen«, warf ich ein, »daß ein Zug von drei Legionen mit Troß entschieden länger ist.«
»Das ist richtig. Aus Erfahrung wußte ich, daß er etwa ein Drittel länger sein mußte. Um also die Marschkolonne mit der gesamten Truppenmacht, also auch die Nachhut, ganz in den Wald marschieren zu lassen, mußte im vorderen Teil am südlichen Ende des Waldgebietes durch Hindernisse eine Verzögerung erzwungen werden; denn in der Enge des Weges, der zum Teil ganz von den mitgeführten Wagen eingenommen wurde, würde

* Es handelt sich wohl um die Flüsse Alme und Möhne.

** Etwa 11 km.

es nicht möglich sein, durch Reiter einen Befehl zum Halt so schnell nach hinten durchzugeben, ehe die Nachhut das freie Gelände verlassen hatte und ebenfalls im Wald war.«
»Hindernisse? Doch wohl keine Straßensperren!«
»Nein, die hätten uns nur verraten. Es wirkte sich günstig aus, daß schon in den letzten Tagen ein schwerer Sturm in den Bergen gewütet und zahlreiche Bäume entwurzelt hatte. Das nutzten wir aus, indem wir schon im mittleren Teil des Marschweges einige Stämme quer über den Weg legten, so daß es ganz natürlich wirken mußte, wenn im weiteren Verlauf die Route durch eine Häufung solcher natürlicher Hindernisse zunächst unpassierbar würde. Ganz am Ende hatten wir dann für alle Fälle regelrechte Barrikaden errichtet, hinter denen ich starke Kräfte in Bereitschaft gelegt hatte. Entscheidend war, daß sich niemand von den Unsrigen sehen lassen durfte, denn dann hätte die Vorhut auf der Stelle kehrtgemacht, und der größte Teil des Heers hätte den freien Raum beim Lager erreichen können. Aber die Täuschung gelang.«
Ich sah, wie Macarius grimmig nickte.
»Ich hatte vorgesehen, daß an dieser Stelle« – er wies nach links – »die konzentrierte Kraft meiner besten Truppen in die Flanke des Heeres fuhr. Hier erreicht der Weg seine engste Stelle. Wenn der Angriff mit Übermacht erfolgte, war für die Römer keine Möglichkeit zu Gegenaktionen gegeben, da wir ihnen auch an anderen Stellen aus dem Dunkel und Dickicht des Waldes zusetzten, so daß große Verwirrung entstand, weil sie nicht abschätzen konnten, welcher Teil der Front am gefährdetsten war.«
Ich schaute seitlich in die winterlich kahlen Büsche, und mir grauste, denn ich ahnte, daß auch hier überall im Unterholz verstreut die Leichen unbestatteter Legionäre lagen.
»Was geschah dann?«
»Inzwischen war ein heftiger Wind mit Regen aufgekommen, der die Legionäre noch mehr behinderte. Sie hatten ja mittlerweile den Weg verlassen und suchten im Wald den Feind, nicht wahr, Macarius?«
Ruhig und sachlich ging dieser darauf ein: »So war es. Ich befand mich in

der Nähe. Ein unglaubliches Chaos brach aus. Wir Centurionen schrien, nein brüllten unsere Befehle, die doch nicht befolgt wurden, weil der eine das Gegenteil des anderen forderte. Die zahlreichen Wagen und Lasttiere, die sich in der Mitte der Marschkolonne befanden, behinderten jede Ordnung. Die Frauen kreischten, die Kinder schrien und weinten, die Männer suchten sich so gut es ging gegen die feindlichen Attacken zu wehren. Doch immer, wenn wir in den Wald vorstießen, zog sich der Feind blitzartig zurück, denn er kannte das Gelände und seine Tücken, während wir uns gegenseitig in die Quere kamen. Regen und Wind hatten zugenommen, die Wurzeln der Baumriesen waren glatt und rutschig, umgestürzte Stämme behinderten sowohl die Sicht als auch die Möglichkeit, uns zu verteilen. Während wir, schon kopf- und führungslos geworden, in größten Schwierigkeiten steckten, umschlossen uns die Germanen von allen Seiten. Sie brachen durch dichtestes Dickicht, da sie mit den Pfaden vertraut waren und im übrigen ohne hindernden Schild agierten.
Wir rückten nicht mehr in regulärer Ordnung vor, sondern waren in dem allgemeinen Chaos mit den Wagen und den Unbewaffneten vermischt. Dazwischen aber immer wieder die gezielten Angriffe der Germanen. Sie brachten uns große Verluste bei. Von entscheidendem Nachteil wirkte sich jetzt aus, daß unsere Reiter nicht zum Einsatz kamen, denn es fehlte ihnen der Platz, um sich entfalten zu können.«
Ich will versuchen, mein Plinius, dir die hoffnungslose Lage der Armee vor Augen zu führen: Der Heereszug war angehalten. Wie sollten sie auf dem schmalen Weg, der vollgepfropft war mit Soldaten, Wagen und Pferden, Truppenverschiebungen vornehmen? Wie sollten Verstärkungen an bedrohte Stellen geschickt werden, wo alles feststeckte und jeder sich auf eigene Faust mit einem Gegner, der kaum sichtbar wurde, auseinanderzusetzen hatte? Wie sollten Befehle über größere Strecken weitergegeben werden?
Die gesamte Übersicht war verlorengegangen! Die Führung mußte sich zurückziehen, um Raum und Zeit für vernünftige Befehle zu gewinnen. Es mußte verzweifelt ein ruhiger Punkt gefunden werden, ein Ort, an dem

man sich einigermaßen sammeln konnte, um Maßnahmen zur Verteidigung ergreifen zu können.

Arminius bestätigte dies: »Ich konnte nicht verhindern, daß es Varus gelang, sich mit starken Truppenteilen auf den vor uns liegenden Berg* zurückzuziehen. Von dort aus hatte er alle noch kampffähigen Truppen gleichweit von sich entfernt und konnte seine Melder überall hinsenden. Ebenso gelang es ihm, die noch einsatzbereiten Teile der Reiterei in seiner Nähe zu halten.«

* Dieser Berg heißt heute Romberg.

Sie schlugen an der zu sichernden Stelle ihr Lager auf, soweit das in einem Waldgebirge möglich war. Danach verbrannten sie alles, was überflüssig war, damit es nicht dem Feind in die Hände fiel, darunter die meisten der Wagen.

XXXVI

Du kannst dir vielleicht vorstellen, mein Plinius, welche schauerlichen Gedanken mich am Ort des Geschehens überfielen. Ich bat Arminius, mich vom Weg entfernen zu dürfen, »um . . . nach dem Verbleib der Toten zu schauen . . .«

Lange sah er mich an, und es war weder Triumph noch Haß in seinem Blick. Dann sagte er: »Ich kann es dir nicht verbieten. Geh nur!«

Macarius und ich stiegen vom Pferd. Langsam schritten wir über das am Boden liegende Geäst, vorsichtig die Schritte setzend, als ob wir uns auf heiligem Boden bewegten. Der Anblick, der sich uns bot, war vielleicht noch erschütternder als der beim Lager. Ihre Körper, halb verfallen, von aasfressenden Tieren angenagt, von Wind und Wetter vergilbt oder getrocknet wie Mumien, lagen so, wie sie gefallen waren. Aus leeren Augenhöhlen starrte uns der Tod an. Viele zeigten noch in diesem fortgeschrittenen Verwesungszustand schreckliche Wunden. Wir sahen gespaltene

Schädel, vom Körper getrennte Glieder, Arme, Hände; aus manchen Körpern ragten die Schäfte von Pfeilen. Andere machten den Eindruck, als ob sie sich in letzter Verzweiflung in ihr eigenes Schwert gestürzt hatten. Und es waren nicht nur Offiziere, wie wir an den Resten, den Fetzen ihrer Uniformen erkannten. Manchmal identifizierte Macarius an bestimmten Einzelheiten einen Kameraden, einen Vorgesetzten, einen Untergebenen, einen Freund. Dann blieb er stehen, aschfahl, die blutleeren Lippen fest aufeinandergepreßt, und sprach ein kurzes Gebet.

Selbst ich, der ich als Arzt und Chirurg schon viele gräßliche Wunden und Verletzungen gesehen hatte, schauderte, denn ich meinte, den Hades betreten zu haben. Es war der größte Schock meines Lebens. Noch heute werde ich nachts von Alpträumen heimgesucht, in denen ich mich auf diesem schrecklichsten aller Totenäcker befinde. Die Toten stehen dann auf, schweigend kommen sie mir entgegen, schweigend umringen sie mich, aus ihren leeren Augenhöhlen starren sie mich an. Sie reden nicht, doch ihr schreckliches Schweigen ist beredter als jede Klage. Dann schreie ich auf und finde mich schweißgebadet auf meinem Lager. Von Macarius, dem ich ja später in Freundschaft verbunden blieb, weiß ich, daß es ihm ähnlich ergeht. Auch er konnte sich nie von jenem Bild des Grauens befreien, obwohl er noch in vielen Schlachten tapfer kämpfte; es verfolgte ihn, und er ist seit damals ein sehr ernster Mann geworden.

Hatten wir zunächst daran gedacht, uns von Arminius die Erlaubnis zu erbitten, einige der Toten notdürftig bestatten zu dürfen, so kamen wir sehr bald davon ab. Ihre Zahl war zu groß. Hunderte lagen zwischen den Stämmen der Buchen und Eichen verstreut. Man hätte eine ganze Armee als Totengräber einsetzen müssen, wie es dann ja auch später geschehen ist. Als wir zurück auf den Weg traten, war ich in einer Verfassung, von der ich wußte, daß ich den seelischen Druck nicht lange würde ertragen können. Ich war drauf und dran, Arminius ins Gesicht zu schreien, daß er ein zigtausendfacher Mörder, daß er ein Verräter, ein Menschenfeind, daß er ein unmenschlicher, eiskalt berechnender Barbar sei!

Doch als ich vor ihm stand und sah, wie er mich prüfend anschaute,

erkannte ich seine eigene Betroffenheit. Und dann sagte er leise: »Ich will, daß du alles siehst!«
Ich war unfähig, ihm in irgendeiner Weise vernünftig zu entgegnen. Wir saßen wieder auf und setzten den Ritt durch den Todeswald fort.

XXXVII

Der Weg zurück war für Varus versperrt, ebenso die Möglichkeit, seitwärts auszubrechen, da Arminius mit seinen, nun bereits sehr erfolgreichen Truppen das Gelände kannte und beherrschte.
Am nächsten Morgen rückten die Römer in einer neu gewonnenen Ordnung weiter nach Süden vor, wobei es gelang, die Barrieren und Barrikaden zu durchbrechen.
Sie erreichten offenes Land ohne Wald, mußten den Durchbruch aber mit erheblichen Verlusten bezahlen.
Auch wir hatten diese Stelle erreicht, und da wir anhielten, schien mir die Gelegenheit günstig, einige Fragen zu Varus und seiner Verfassung zu stellen.
»Hattest du mit diesem Durchbruch gerechnet?«
»Ja, ich hatte ihn in meine strategische Gesamtplanung einbezogen. Mein erstes Ziel war gewesen, das marschierende Heer so zu schwächen, daß es nicht mehr zu einem Gegenschlag in der Lage war. Und das war uns gelungen.«
»Hattest du Sichtkontakt zu Varus?«
»Nein. Aber man meldete mir seine Maßnahmen.«
»Hättest du in seiner Lage genauso gehandelt? – Ich meine damit die Tatsache, daß ihm der Rückweg abgeschnitten war.«
Seine Antwort kam klar und ohne Zögern: »Nein. Ich hätte auf jede Gefahr hin versucht, die Linien des Feindes zu durchbrechen und eines der beiden

Flußtäler zu erreichen. Richtig war die Entscheidung, alle Wagen und die behindernde Bagage zu vernichten.«
»Das sehe ich anders«, schaltete sich Macarius ein. »Der Durchbruch auf die waldfreie Hochfläche war unter den gegebenen Umständen die einzige Möglichkeit, das Heer dort zu sammeln, ein provisorisches Lager mit Schanzpfählen* zu errichten und in Ruhe zu überlegen, was zu tun war.«

* Während eines Kriegszuges mußte unter allen Umständen versucht werden, stets ein mit Palisaden (Schanzpfählen) gesichertes Lager zu errichten.

Arminius widersprach: »Er mußte doch erkennen, daß ich meine Truppen ebenfalls umdisponieren würde. Er hatte sich die einzige Gelegenheit entgehen lassen, sich – wenn auch unter großen Verlusten – wieder nach Norden durchschlagen zu können, um den alten Weg nach Westen südlich der Lupia wieder zu erreichen. Im übrigen hätte er dann versuchen können, Kontakt mit dem nächsten festen Lager, dem von Aliso* an der Lupia, aufzunehmen. Dies war in meinem Plan übrigens die schwächste Stelle. Als er sich entschied, auf dem freien Gelände südlich des Waldes ein Lager zu beziehen, wußte ich, daß er mir auf Leben und Tod preisgegeben war.«

* Bis heute steht nicht genau fest, an welcher Stelle das Lager von *Aliso* errichtet war.

Ich schwieg dazu, doch ich erkannte, daß dies der entscheidende Unterschied zwischen beiden Heerführern war: Varus reagierte nur noch, er war auf Sicherheit aus, übersah freilich die weiteren Folgen; Arminius setzte alles auf eine Karte, und seine Risikobereitschaft sollte sich auszahlen. Der Tag blieb zwar für die Legionen ohne Feindberührung, aber Arminius konnte seine Truppen in aller Ruhe neu ordnen. Als Varus sich entschloß, nun doch nach Westen abzubiegen, um später über einen der Höhenwege das Tal der Möhne im Norden vor ihrer Einmündung in die Ruhr zu erreichen und zu überqueren, war eine ähnliche Lage entstanden wie schon am Tag zuvor: Arminius, der mit einem sechsten Sinn voraussah, daß Varus sich so entscheiden würde, hatte seine Maßnahmen bereits getroffen, und der weitere Verlauf der Ereignisse gab ihm recht.
Ich will mich auch hier nicht in Einzelheiten verlieren, sondern nur das Wesentliche zusammenfassen. Am folgenden Morgen tauchte das Heer

wieder in die Wälder ein und folgte einem dort verlaufenden Höhenweg nach Westen. Es geschah das gleiche wie am Anfang. Wieder wurden sie auf beiden Seiten von starken germanischen Kräften angegriffen. Die Verluste waren noch größer als vor zwei Tagen. Diese Gefechte zogen sich bis in den Abend hin. Doch an Schlaf war nicht zu denken. Überall vermutete man den Feind. Mittlerweile hatte der Regen wieder zugenommen, ebenso der Sturm. Und als der Tag graute, ging ein furchtbarer Wolkenbruch hernieder. Nun entschloß sich Varus, quer durch den Wald nach Norden durchzubrechen. Doch das Dickicht hinderte sie, ihre Waffen erfolgreich einzusetzen, sie blockierten sich mit den Speeren, Bogen und Schwertern gegenseitig. Das Leder der Schilde hatte sich mit Wasser vollgesogen, wurde weich und schwer, sie selbst froren, waren hungrig und vollkommen übermüdet. Dazu die Todesangst, denn längst ahnten sie, daß sie hier nicht mehr lebend herauskommen sollten.
Ihre Gegner aber waren leicht bewaffnet und in der Lage, ungehindert vorzurücken und sich schnell auf die Einzelaktionen der Römer einzustellen. Von einer einheitlichen Führung konnte keine Rede mehr sein. Die römischen Reihen lichteten sich von Stunde zu Stunde. Da wußte Varus, daß alles verloren war. Längst war auch er im Kampf verwundet worden. Da er fürchtete, lebendig in die Hände des Feindes zu geraten, entschloß er sich, dem vorzubeugen, und tat, was furchtbar, aber scheinbar unvermeidlich war: Er stürzte sich in sein Schwert. Zahlreiche andere folgten ihm nach, auch einfache Soldaten.

In großer Niedergeschlagenheit und Trauer hatten wir den letzten Teil des Weges hinter uns gebracht. Der ganze Wald, hoch über dem Tal gelegen, war zum Grab geworden. Ich war unfähig, weiterhin im bisherigen Ton darüber mit Arminius zu reden, und er schwieg nun auch. Stumm ritten wir auf einem schmalen Pfad steil abwärts und erreichten auf halber Höhe einen befestigten Platz, eine jener sehr alten Wallburgen, welche die Germanen überall in diesem Gebiet angelegt haben.
Ich nahm alles, was sich dort abspielte, nur noch schemenhaft wahr. Längst

war es Abend geworden. Man gab uns Quartier in einem Fachwerkhaus. Niemand fragte uns nach dem Woher und Wohin, da Arminius selbst es war, der die Anweisungen gab. Er schickte uns Essen, doch es bedurfte erst des ernsten und eindringlichen Ermahnens durch Macarius, bis ich es über mich brachte, einige Bissen zu mir zu nehmen. Arminius überließ uns unserer Trauer.
Stundenlang lag ich wach, sah mich selbst in die Kämpfe verwickelt, und erst als ich ein starkes Beruhigungsmittel eingenommen hatte, fiel ich in einen unruhigen Schlaf, der immer wieder von schrecklichen Alpträumen unterbrochen wurde.

XXXVIII

Als ich bei Sonnenaufgang erwachte, war mir gleichgültig, was der Tag bringen würde. Ich war von unsäglicher Trauer erfüllt, und es war nicht nur der Schmerz über das grausame Schicksal der Männer, der von meinem ganzen Wesen, von Körper und Seele Besitz ergriffen hatte, sondern mir schien alles, was ich bisher für gut und richtig gehalten hatte, Lug und Trug zu sein.
Schweigend erhoben wir uns von unserem Lager, stumm nahmen wir die Mahlzeit ein, nicht beachtend, was wir aßen. Wir sahen uns nur wortlos an, und jeder erkannte die Verzweiflung im Gesicht des anderen; es schien, als seien wir über Nacht zu Greisen geworden. Wäre in diesem Augenblick einer von Arminius' Kriegern eingetreten, um uns zu töten, wir hätten es als Befreiung von der Qual des Weiterlebens empfunden und ihm den Nacken zum erlösenden Todeshieb geboten.
Aber die Götter lieben es, uns zu demütigen, und in der tiefsten Wunde der Seele verbergen sie schon den Keim zur Heilung. Einer aus der Begleitmannschaft des Fürsten trat ein und brachte uns in einen anderen Trakt

der Wallburg, wo uns Arminius erwartete. Er schickte den Krieger nach draußen und gab Befehl, nicht gestört zu werden, ganz gleich, wer Einlaß begehre. Dann bot er uns Plätze an, und wir setzten uns ihm gegenüber. Alles war von rustikaler Einfachheit und Derbheit, die Möbel aus heimischen Eichenplanken grob gezimmert, glänzend die Kanten des Tischs, der hundert und mehr Jahre alt sein mochte.

So saßen wir eine Weile schweigend, Macarius und ich bedrückt, still, passiv, er dagegen ausgeruht, munter, die Augen willensstark und klar, wie immer in den letzten Tagen. Da wir beharrlich schwiegen, begann er: »Ich hatte eigentlich erwartet, daß du eine Frage an mich richten würdest.« Er schaute mich prüfend an, und da ich schwieg, fuhr er fort: »Du hast sie nicht ausgesprochen, aber ich sah sie des öfteren in deinen Augen. Da du sie auch jetzt nicht aussprichst, werde ich es tun: Warum – so fragst du – treibe ich diesen Aufwand und verbringe mit euch Tage und Stunden in diesem vom Blut der Gefallenen getränkten Gelände? Warum – so fragst du weiter – lasse ich euch nicht festnehmen als Spione und nach den Regeln des Krieges aburteilen und töten? Woher – so willst du wissen – kenne ich eure Herkunft? Das ist es doch, was euch seit Tagen beschäftigt!«

Ich schwieg immer noch, denn ich war nicht in der Verfassung, auf sein dialektisches Spiel einzugehen. Also fuhr er fort: »Ihr seid betroffen, ja, erschüttert! Das, was ihr gesehen habt auf der Höhe, wird euch bis ans Ende eures Lebens verfolgen. Ihr werdet euch nie davon lösen können. Ihr sollt es auch nicht!«

Sein Ton hatte eine bittere, kompromißlose Färbung angenommen, und seine Gesichtszüge entsprachen dem Gesagten.

»Lange war ich im Zweifel, ob ihr diejenigen wäret, als die ihr mir beschrieben wurdet.«

»Wer . . .? Seit wann wußtest du, daß wir . . .?« Es ging nicht an, ihm weiterhin stumm gegenüberzusitzen; der animalische Wille zum Leben war ja noch vorhanden, und mein Verstand setzte sich über die Trauer der Seele hinweg. Er zögerte nicht mit der Antwort: »Lange schon, bevor ihr bei Segestes erschienen wart.«

»Also doch Marobodus!« sagte ich leise. Der Markomanne konnte es sich bei den gegenwärtigen politischen und militärischen Verhältnissen nicht leisten, den mächtigen Cheruskerfürsten vor den Kopf zu stoßen, wenn er auch nicht auf dessen offensive Linie eingeschwenkt war; mit kleinen Geschenken erhält man sich die Freundschaft, auch die der Mächtigen – und so unbedeutend waren wir nun eben nicht!
»Lassen wir Marobodus aus dem Spiel!« Arminius machte eine wegwerfende Handbewegung. »Er tanzt auf zu vielen Hochzeiten. Er hat die Gunst der Stunde nicht genutzt. Ein zweites Mal wird sie nicht kommen. – Nein!« Er hob die Stimme. »Ich wußte schon vorher von eurem Kommen.«
»Woher?«
»Das tut nichts zur Sache.«
»Dein Bruder Flavus!«
»Flavus?« Sein ironisches Lächeln kehrte einen Augenblick lang zurück. »Nein, nicht Flavus ... Ihr werdet ihm nichts anhängen können. Er ist mein Feind.«
»Ich verstehe nicht!« rief ich. »Wir sind in deiner Gewalt!«
»Nicht mehr lange.«
Er stand auf, trat zu der kleinen Fensterluke und winkte uns heran. Auf dem Hof stand unser Reisewagen mit den Maultieren.
»Heißt das etwa, du wirst uns ziehen lassen?«
Ich konnte nicht fassen, was ich sah, doch er nickte und erklärte: »Ihr werdet, von meinen Männern begleitet, an den Rhein zurückkehren.«
»Verzeih . . .« Verwirrt starrte ich ihn an. »Das geht über meinen Verstand!«
Doch er entgegnete sehr souverän: »Ich kenne dich gut genug, um zu wissen, daß gerade dies nicht der Fall ist.«
Er nahm wieder Platz, und auch wir setzten uns wieder. Nun war es an ihm, seine Absichten zu erklären.
»Vielleicht denkst du, ich lege Wert darauf, deine guten Verbindungen zum kaiserlichen Hof für meine Zwecke auszunutzen . . .«
»Ich habe keine Verbindungen, wie du es nennst, zum Hof.«

»Oh doch! Deine Reise stand und steht unter dem ganz persönlichen Schutz des Tiberius! Und was er tut oder nicht tut, entspricht dem, was der Kaiser im Auge hat. Du warst mit Drusus, dem Bruder des Prinzen, befreundet. Du wirst es doch nicht leugnen wollen! – Du warst in früheren Jahren einige Zeit lang Hausarzt des Varus! Und nun ist es Asprenas, dessen Neffe, dem sehr viel daran liegt, daß das Bild seines Onkels vor der Geschichte reingewaschen wird. Er weiß, daß man den Quinctilius Varus in Rom als Sündenbock vorschieben wird für ein Versagen, das eigentlich dem Kaiser und seinen militärischen und politischen Beratern angelastet werden muß. Mich aber wird man als den Verräter des Jahrhunderts hinstellen, und ich sehe schon ganze Generationen von römischen Historikern, die eifrig an diesem Bilde malen werden. Was mich betrifft, so berührt es mich nicht. Bei Varus ist das anders. Er und seine Familie haben mein Mitleid.«
»Das meinst du doch nicht im Ernst!« rief ich, und ich legte alle Entrüstung in die Worte, derer ich fähig war. »Du hast seinen Kopf vom Rumpf trennen lassen und ihn an Marobodus geschickt, damit er . . .«
»Lassen wir doch solche billigen Vorhaltungen, die uns nicht weiterhelfen.« Er ließ sich nicht aus der Ruhe bringen. Mir kam es so vor, als ob alle Trauer, alles Leid, auch der Zorn der Betroffenen an ihm abprallten.
»Wenn gewisse Dinge geschehen sind«, fuhr er fort, »sind sie geschehen, und kein Gott kann sie ungeschehen machen. Du wirst noch viel Zeit haben, über das, was ich dir vor Tagen in einer guten Stunde nahebrachte, nachzudenken. Später wirst du es begreifen. Die Zukunft ist offen. Ich werde das tun, wozu ich angetreten bin. Der erste Schritt ist getan. Ich habe Feinde, auch diesseits des Rheins. Doch ich werde nicht von der eingeschlagenen Bahn abweichen. Das alles kannst du, nein, sollst du deinen mächtigen Freunden berichten. Aber das wirst du ja ohnehin tun!«
Er machte eine Pause, und allmählich ahnte ich, daß er etwas ganz anderes im Sinn hatte, als darüber zu reden, was wir längst wußten. Und endlich sprach er es aus; es kam zögernd, vorsichtig, und noch heute bin ich, wenn ich mir diese Szene in Erinnerung rufe, tief berührt von der Stärke seines

Charakters, von den qualvollen Gedanken, die auch ihn heimsuchten, wie die folgenden Sätze bewiesen.

»Es gibt nur wenige Menschen«, fuhr er endlich fort, »die aufgrund ihrer Intelligenz wie auch ihrer tiefen Erfahrung aus dem Umgang mit den Sterblichen in der Lage sind, über die Ereignisse des Tages hinauszudenken. Ich habe die großen Denker der Griechen dafür immer bewundert. Du bist Grieche und Arzt, Menschenfreund und Naturforscher; du kennst alle Stärken und Schwächen derer, die zu dir kommen. Du kennst jene ganz oben, die sich erhaben dünken über die ganz unten; und du kennst die Darbenden, denen es unmöglich ist, die größeren Zusammenhänge der Geschäfte der Mächtigen oder derer, die sich dafür halten, zu begreifen. Ich habe mir erlaubt, einige deiner Schriften, die man in deinem Wagen fand, zu lesen . . .«

Ich errötete wie ein Knabe, der ertappt worden war, obwohl er es doch war, der eine ungeschriebene Grenze überschritten hatte.

» . . . und vieles von dem, was du schreibst, ist mir aus der Seele gesprochen. Wir beide sind ja durchaus in einer ähnlichen Lage: Wir sind Grenzgänger! Du in der Welt des Geistes, ich in der harten Realität von Politik und Machtkampf. Aber beide werfen wir ein kritisches Auge auf Rom. Ich achte deinen Standpunkt – achte du den meinen.«

Ich war tief berührt von dem, was er sagte, und ich kam ihm entgegen: »Ich glaube, ich werde es irgendwann können, doch noch ist es dafür zu früh . . .«

»Natürlich. Es wäre schlimm, wenn es anders wäre, denn Wunden müssen langsam heilen. Aber das weißt du besser als ich. Kehre also zurück in die Welt, aus der du kommst. Man wird dir Fragen stellen, und du wirst zu antworten haben. Und man wird auch zwischen den Zeilen deiner Ausführungen lesen, man wird jedes deiner Worte prüfen und neue Fragen stellen. Du sollst alles offen berichten, kannst alles beschreiben, was du gesehen und gehört hast. Aber die Dinge werden ihren Lauf nehmen, wie wir so schön sagen. Niemand weiß, welches Ziel sie dereinst erreichen. Auch ich nicht. Du aber wirst in kommenden Jahren, wenn ich nicht mehr

sein werde, über alles nachdenken und wirst es schriftlich festhalten. Dann ist deine Stunde gekommen! Du wirst sie nutzen. Du wirst dann gegen den Strom schwimmen, denn längst wird man in Rom die Richtung festgelegt haben: Nicht Rom hat versagt, nicht der Kaiser, sondern ein Barbarenfürst hat Verrat geübt an der heiligen *Pax Romana!* Und jener unglückliche Varus war ein Versager und Feigling! Sie werden es von Generation zu Generation weitererzählen, man wird es den Knaben in den Schulen mit dem Stock einprügeln! Und die Rhetoren werden elegante Reden darüber aufsetzen, so eloquent, daß man sie auswendig lernt. Doch irgendwann, vielleicht in ferner Zukunft, wenn andere Herrscher über andere Völker die Hand halten, wird man eine Schrift finden, die das scheinbar Sichere in Frage stellt. Dann ist deine Stunde gekommen, Menandros!«
Er war aufgestanden, und auch wir erhoben uns.
»Was bedarf es noch mehr der leeren Worte? Wir sollten in Freundschaft scheiden.«
Er reichte mir die Hand, wir sahen uns an, und es war einen Augenblick lang jene Eintracht und Harmonie zwischen uns, die alles andere aufwiegt. Und er fügte noch hinzu: »Du wirst immer ein gern gesehener Gast in meinem Hause sein. Doch nun solltet ihr aufbrechen. Der Tag geht schon in die dritte Stunde.«
Ohne ein weiteres Wort gingen wir nach draußen, wo bereits das Begleitkommando wartete. Es waren die gleichen Krieger, die uns in den letzten Tagen eskortiert hatten – nun zu unserem Schutz, nicht zur Bewachung. Beim Abschied umarmte er mich und sagte: »Wenn es nicht zu gefährlich für dich ist, können wir gerne miteinander korrespondieren.«
Ich nickte: »Gerne, ja. Leb wohl! Mögen die Götter dich beschützen!«
Kurz darauf befanden wir uns auf dem Weg nach Westen.

Offene Fragen

Es war am Morgen des siebten Tages, gegen die vierte Stunde,* als Menandros am Ende seines Berichtes angekommen war. Sie saßen im Garten in einer Nische unter dem Dach des schattenspendenden Säulengangs. Timon, der in den vergangenen Tagen mit ganzer Konzentration jedes Wort des alten Mannes mitstenographiert hatte, spürte, dies war der Schlußpunkt der langen Erzählung, und zögernd nahm er den Silberstift vom hellen Papyrusblatt und legte ihn in die dafür vorgesehene Vertiefung des Reiseschreibbehälters. Mit einem erleichterten Atemzug lehnte er sich zurück gegen die Lehne des bequemen Korbsessels. Dies war das längste Diktat, das er bisher zu bewältigen hatte; und da er – ansonsten ein äußerst nüchterner, ja prosaischer Kopf – mehr und mehr am Inhalt des Geschriebenen Anteil genommen hatte, war auch er in gewisser Weise berührt von Menandros' Bericht, so daß er es fast bedauerte, das Ende erreicht zu haben. Weil er aber wachen Sinnes den zu notierenden Ereignissen gefolgt war, hatte er nicht übersehen, daß einige Fragen unbeantwortet geblieben waren. Doch war es nicht seine Sache, danach zu fragen; er kannte seinen Herrn und wußte, dieser würde nicht zögern, den Dingen auf den Grund zu gehen.

Und Plinius tat es, nach einer langen Pause schweigenden Besinnens. Doch zuvor hatte er dem alten Mann, der noch immer tief in den Bildern seiner Erinnerung versunken war, zu danken.

* 10 Uhr.

»Mein lieber, guter Menandros ...!« Er beugte sich vor und legte die Hand auf die leicht zitternde Rechte des Greises. »Ich bat dich um einige wichtige Nachrichten, doch das, was du in den vergangenen Tagen vor uns ausgebreitet hast, ist mehr, als ich in meinen kühnsten Erwartungen zu hoffen wagte. Du bist bis an die Grenze dessen vorgedrungen, was ein Mensch über einen anderen sagen kann. Ich danke dir!«
Menandros schaute auf, und es war, als ob er erst jetzt in die Gegenwart zurückkehrte: »Du dankst . . . aber wofür? Habe ich doch über weite Strecken ein Zwiegespräch mit mir selbst geführt. Nun bleibt es dir überlassen, das Bedeutende vom Unwichtigen, das Allgemeine vom Besonderen – kurz, das Wertvolle vom Minderwertigen zu scheiden und es deinen eigenen Zielen und Absichten unterzuordnen.«
Er nickte ein paarmal bedächtig vor sich hin und fuhr fort, leise und eindringlich: »Doch wenn ich an den Anfang unseres Gesprächs am ersten Abend zurückdenke, dann fürchte ich, daß gerade dies nicht leicht sein wird. – Wahrheit! Du willst Wahrheit! Haben wir sie gefunden?«
»Du ganz gewiß!« rief Plinius temperamentvoll. »Aber es ist eine Wahrheit, die jenseits der Tagespolitik liegt. Keine Sache des Ja-ja oder Nein-nein! Keine, wie soll ich sagen: keine Wirklichkeit, die sich auf meß- und überprüfbare Tatsachen stützt, sondern sie ist ein höchst kompliziertes Ding, das sich nicht mit letzter Gewißheit und eindeutig beschreiben läßt. Ich werde in der Tat viel darüber nachzudenken haben.«
»Ich aber«, bemerkte Menandros dazu, »sehe erfreut, du hast mich verstanden.«
»Ja, aber es bleiben Fragen offen.«
»Stelle sie, mein Junge, stelle sie!«
Es war der alte vertraute Ton zwischen ihnen wie vor vielen Jahren, und Plinius zögerte keinen Augenblick: »Du sagtest beim Abschied zu Segestes: ›Vielleicht sehen wir uns in Rom wieder.‹ Kam es dazu?«
»Nun, ich deutete es bereits an der entsprechenden Stelle meiner Erzählung an. Den Anlaß wirst du kennen, und da dieses Detail in einen größeren Rahmen gehört, will ich kurz davon berichten. Wie du ja weißt,

erreichte Germanicus* sechs Jahre später das Schlachtfeld und fand es immer noch so vor, wie ich es dir beschrieben habe. Allerdings können wir uns beide vorstellen, daß mittlerweile von den unbestattet liegenden Toten nur noch die Skelette übrig waren. Dennoch war der Anblick für die gesamte Armee ein schockierendes Erlebnis, das wahrscheinlich mit dazu beigetragen hat, ihre Tapferkeit in den kommenden Kämpfen gegen Arminius zu stärken. Jedenfalls fiel ihm, ich meine den Germanicus, Thusnelda in die Hände. Ihr Vater Segestes hatte sich die Tochter mit Gewalt zurückgeholt, und daraufhin belagerte Arminius ihn in seiner Burg. Und er konnte erst durch die römischen Waffen aus der Umklammerung durch Arminius befreit werden. Kurz, zusammen mit einer großen Schar von Clienten* und Verwandten wurde damals Segestes auf römisches Gebiet und schließlich nach Rom selbst gebracht. Darunter befand sich auch Thusnelda, die Gattin des Arminius, zu dem sie sich mehr hingezogen fühlte als zu ihrem Vater. Ihre würdige Haltung, wie sie in ihrem Kummer, in Erwartung eines Kindes und nur unter Zwnag sich den Römern ergebend, weder Tränen vergoß noch Klagen hören ließ, flößte Bewunderung ein. Sie gebar dann auch kurze Zeit später einen Knaben.«

* *Germanicus* machte in den Jahren 14-16 n.Chr. drei Feldzüge in Germanien.

* Menandros benutzt hier den typisch römischen Begriff *Clienten*. In Rom bezeichnete man damit die halbfreien Hintersassen eines patrizischen Herrn, deren Schutz er als *patronus* übernahm.

»Und wie begegnete man Segestes in Rom? Ich meine von seiten des Hofes!«
»Ausgesprochen freundlich.«
»Blieb er freiwillig?«
»Nein, jedenfalls zunächst nicht. Denn man zwang ihn zwei Jahre später, als Zuschauer am Rande der Heiligen Straße mitanzusehen, wie man seine Tochter im Triumphzug des Germanicus mitführte. Es war der schwärzeste Tag seines Lebens.«
»War es eigentlich Zufall, daß Germanicus den Segestes aus der Umklammerung durch Arminius befreite?«
»Nein. Segestes hatte Boten zu Germanicus geschickt mit der Bitte um

Hilfe, und Germanicus zögerte keinen Augenblick, dem Hilferuf zu entsprechen.«
»Was ist später aus ihm geworden?«
»Das habe ich nie in Erfahrung bringen können.«
»Und Thusnelda?«
»Sie blieb in Rom, widmete sich der Erziehung ihres Sohnes Thumelicus und ist recht betagt gestorben. Das Ende des Arminius kennst du ja selbst.«
»Ja. Er fiel Mördern aus der eigenen Sippe zum Opfer, weil man ihm vorwarf, er strebe nach der totalen Alleinherrschaft. – War es so?«
»Wer will das genau wissen? Aber denkbar . . . denkbar ist alles.«
»Hattest du später noch Kontakte zu Asprenas und zur Witwe des Varus?«
»Ja, zum ersteren als Freund. Er verbrachte einen ruhigen Lebensabend auf seinen Gütern, und man ließ ihn in Ruhe. Er hatte ja auch nichts verbrochen. Des Varus Witwe wurde unter Tiberius in einen Prozeß verwickelt, in dem man ihr vorwarf, sie arbeite im geheimen zusammen mit der älteren Agrippina, der Witwe des Germanicus, gegen den Kaiser. Doch selbst die Freundschaft mit der damals noch sehr einflußreichen Agrippina konnte das Schlimmste nicht verhindern.«
»Du meinst – Gift?«
»Ja.«
»Und der Sohn?«
»Er hatte, wie du dir denken kannst, kein einfaches Leben. Er wurde Jahre später wegen Majestätsbeleidigung belangt und hingerichtet. Nomen est omen! Der Name Varus war inzwischen zum Synonym für Verrat und Feigheit geworden. Darum, mein lieber Plinius, ist es so wichtig, daß du die Dinge richtigstellst in deinem Bericht. Berufe dich auf mich! Im übrigen wirst du eine wichtige Verbündete haben . . .«
Menandros lächelte vieldeutig.
»Wen meinst du?«
»Die Kaiserin!«
»Agrippina?«
»Ja, sie hat nie vergessen, wie übel Tiberius ihrer Mutter mitgespielt hat.

Und sie hat großen Einfluß auf Claudius. Man sagt, der Kaiser tut, was sie ihm vorschlägt. Und wenn sie Interesse an deiner Version hat, bist du ein gemachter Mann.«

Eine Viertelstunde später verabschiedeten sich Plinius und Timon von Menandros, und Plinius lud ihn zu einem Gegenbesuch ein, wenn es ihm nicht zu anstrengend werde. Menandros versprach zu kommen.
»Und halte mich bitte auf dem laufenden!« sagte er beim Abschied an der Tür. »Du weißt nun, wie sehr mich diese Dinge interessieren. Immerhin sind sie ein Teil meines Lebens.«
»Selbstverständlich!« sagte Plinius und verbeugte sich tief vor seinem alten Lehrer, der dies sehr wohl zu schätzen wußte, war doch der Stolz seines ehemaligen Schülers nur allzu bekannt.

Wie erstaunt aber war Plinius, als er, wieder im eigenen Hause, ein Schreiben mit dem kaiserlichen Siegel vorfand. Mit zitternder Hand öffnete er es und las:
»Agrippina grüßt den Gaius Plinius Secundus.
Ich würde mich freuen, wenn ich dich für den morgigen Nachmittag zu einem kleinen Gedankenaustausch einladen dürfte. Solltest du verhindert sein, laß es mich bitte wissen. Wir können es verschieben, da es nicht um eilige Dinge geht. «
Wir wissen nicht, was im einzelnen bei dieser Begegnung besprochen wurde, können es uns aber nach der Vorgeschichte denken. Leider war kein Timon dabei anwesend, der, wie im Falle unseres Menandros, jedes Wort in Tironischen Noten mitstenographierte. Das Gesicht jedenfalls, das Plinius beim Verlassen des kaiserlichen Palastes machte, ließ darauf schließen, daß die Dinge, um die es gegangen war, ihm durchaus angenehm erschienen sein müssen. Und auch Menandros, dem er noch am gleichen Abend davon berichtete, lächelte sein kluges Lächeln und sagte nur: »Habe ich es nicht prophezeit?«

Nachwort

»... liberator haud dubie Germaniae ...« – unbestritten der Befreier Germaniens – so lautet das Endurteil des großen römischen Historikers Tacitus über Arminius; und er fährt fort: »Er hat dem römischen Volk den Fehdehandschuh hingeworfen, und zwar nicht in der Zeit seiner schwachen Anfänge, sondern als es in der Blüte seiner weltbeherrschenden Macht stand. Seine Schlachtenerfolge waren zweifelhaft, aber er hat keinen Krieg verloren. 37 Jahre hat er gelebt, 12 Jahre geherrscht. Noch heute besingen ihn die Barbarenvölker.«
Ganz anders der Maßstab, mit dem Velleius Paterculus als Zeitgenosse der Ereignisse den gescheiterten Statthalter Publius Quinctilius Varus mißt: »Aber das Schicksal«, schreibt er in seinem »Abriß der römischen Geschichte«, »war schon stärker als die Entschlußkraft des Varus und hatte die Klarheit seines Verstandes völlig verdunkelt. Denn so geht es ja: Wenn ein Gott das Glück eines Menschen vernichten will, dann trübt er meist seinen Verstand und bewirkt damit – was ja das Beklagenswerte daran ist –, daß dieses Unglück auch noch scheinbar verdientermaßen eintrifft und sich das Schicksal in Schuld verwandelt.«
Varus – das Opfer – also der Schuldige?
Der unbeteiligte, aber wachsame Beobachter von heute wird, sofern er den Ablauf der Ereignisse kennt, bei den zeitgenössischen Kritikern eher das Gegenteil erwarten: mindestens ein Gespür für die außerordentliche Situa-

tion des Feldherrn am Rande der zivilisierten Welt, Verständnis für die Tragik seines Untergangs, Mitleid für den Getäuschten, Zorn über den heimtückischen Verrat und Abscheu vor dem Verräter Arminius. Doch die wenigen antiken Berichte, die auf uns gekommen sind, – man kann sie an einer Hand abzählen – entsprechen nicht unserer Erwartung. Und die Betroffenen? Was die wenigen Überlebenden der Katastrophe, die Angehörigen der Gefallenen oder der in Germanien versklavten Väter, Brüder und Söhne, was die erschrockenen Bürger von Rom, Massilia, Lugdunum empfanden, wissen wir nicht, denn darüber gibt es keine Aufzeichnungen. Wie so oft, wenn gewaltige kriegerische Ereignisse von wahrhaft historischen Ausmaßen eine scheinbar unerschütterliche Weltordnung bis in ihre Grundfesten ins Wanken brachten, wird die angeschlagene Zentralmacht bestrebt sein, die Verbreitung der Nachricht und ihr Einmünden in die historische Darstellung für die Nachwelt zu steuern; denn dann gilt es, dem Vorwurf des Versagens vorzubeugen und die Maßnahmen der politischen wie militärischen Führung als verantwortungsvoll, angemessen und somit richtig und gut darzustellen: Ein Herrscher vom Rang eines Augustus versagt nicht! Schon gar nicht, wenn er seit langem als »Vater des Vaterlandes« verehrt wird. Augustus ist zur Zeit der Katastrophe bereits zweiundsiebzig; das Volk von Rom, Italien und den Provinzen bewundert, liebt und achtet ihn als Friedensfürst wie die sprachgewaltigen Dichter Vergil und Horaz, ihn, der die schreckliche Zeit des Bürgerkriegs nach Caesars Ermordung (44 v.Chr.) mit staatsmännischer Klugheit in eine Epoche der Versöhnung, des Ausgleichs der Interessen und eines wachsenden Wohlstands übergeleitet hat. In einigen Provinzen verehrt man ihn schon als Gott. Dieses Bild des gerechten und guten Herrschers darf nicht befleckt werden.

Doch in diese zufriedene Ruhe bricht die Nachricht von der größten Katastrophe seit Hannibals Tagen! Im Volk erinnert man sich daran, daß dieser Quinctilius Varus mit einer Großnichte des Kaisers verheiratet war, daß er die besondere Gunst des Kaisers genoß, ihn auf einer Reise in Asien begleiten durfte, ja daß er schon vor 22 Jahren (13 v.Chr.) zusammen mit

dem kaiserlichen Prinzen Tiberius das Consulat innehatte, die höchste Auszeichnung, die der Herrscher in Rom zu vergeben hat! Auch die spätere Statthalterschaft in Syrien war eine ungewöhnliche Auszeichnung, denn Syrien rangierte gleich hinter der Provinz Asia als das geeignetste Betätigungsfeld für einen Angehörigen des römischen Adels.
Das ist mit einem Schlag vergessen. Es muß schon sehr bald zu einer »damnatio memoriae«, zu einer »Verfluchung des Andenkens«, wie die Römer es nannten, gekommen sein, denn die Verurteilung des Varus zum Urheber der Katastrophe schlägt sich in Sätzen wie diesem nieder: »Daß er kein Verächter des Geldes war, beweist seine Statthalterschaft in Syrien: Als armer Mann betrat er das reiche Syrien, und als reicher Mann verließ er das arme Syrien.«
Nun war Velleius Paterculus, der dies notierte, ein Mann, der unter Tiberius, dem Nachfolger des Augustus, eine steile militärische Karriere gemacht hatte. Als er seine Darstellung der Ereignisse zu Papier brachte, waren bereits fünfzehn Jahre seit der Schlacht vergangen. In diesen Jahren muß Varus zur Unperson erklärt worden sein, und regierungstreue Autoren wie Velleius spinnen die negative Fama gern weiter, um sich dem Hof gegenüber genehm zu machen. Leider besitzen wir außer dem parteiischen Bericht des Velleius keine weiteren zeitgenössischen Quellen von Belang. Die Darstellungen von Tacitus (55-120 n.Chr.) und Cassius Dio (3. Jahrhundert n.Chr.) gehören anderen Zeiten mit anderen Problemen an.
Aber dies wissen wir: Des Varus Witwe Claudia Pulchra wird um die Ehre ihres Gatten gekämpft haben, denn Tiberius ließ ihr und ihrem Sohn den Prozeß machen – wegen »Majestätsbeleidigung«, wie es offiziell hieß. Wer Varus verteidigte, machte sich verdächtig. Claudias Ende ist nicht überliefert, doch nimmt die Forschung an, daß es zur Verurteilung kam; und das bedeutete Verbannung oder Tod.

Bleibt die andere Frage: Warum fällen die römischen Historiker über den Urheber der Katastrophe, Arminius, ein vergleichsweise gemäßigtes Urteil? Schon Velleius hält sich mit seiner Kritik auffallend zurück: »Es gab damals einen jungen Mann aus vornehmem Geschlecht, der tüchtig im Kampf und rasch in seinem Denken war, ein beweglicherer Geist, als es die Barbaren gewöhnlich sind ... In seiner Miene und in seinen Augen spiegelte sich ein feuriger Geist. Im letzten Feldzug (des Tiberius) hatte er beständig auf unserer Seite gekämpft und hatte mit dem römischen Bürgerrecht auch den Rang eines Römischen Ritters erlangt. Nun machte er sich die Lässigkeit *(segnitia)* unseres Feldherrn (Varus) für ein Verbrechen zunutze.«

Der Begriff *segnitia* ist schillernd und bedeutet Lässigkeit, Langsamkeit, Trägheit, Gleichgültigkeit, Schlaffheit und Saumseligkeit. Nun war es schon immer eine Gepflogenheit römischer Autoren, dem Versagen der eigenen Feldherrn vor dem Feind das außerordentliche militärische Können des siegreichen Gegners gegenüberzustellen, um am Ende den eigenen Sieg oder doch das Standhalten am Abgrund in hellerem Licht leuchten zu lassen. So hatte es zuletzt Caesar im eigenen Kriegsbericht mit Vercingetorix, dem Führer des großen gallischen Aufstands (52 v.Chr), gehalten. Doch im Fall des Varus konnte nichts entschuldigt werden, weil der Sieg des Arminius nicht heimgezahlt worden war, so daß Tacitus schließlich Jahrzehnte später, aus dem Abstand dreier Generationen, einen Schlußstrich ziehen konnte: Rom hatte den rechtsrheinischen Raum nördlich des Mains endgültig aufgegeben. Der Fall Varus wurde zum Tabu. Niemand machte sich mehr die Mühe, über die Motive seiner Entscheidungen auf dem Rückmarsch ins linksrheinische Winterlager in Vetera nachzudenken. Dies sollte so bleiben bis in unsere Zeit.

Das Interesse der Forscher galt mehr der Lokalisierung des Ortes, an dem die Schlacht stattgefunden hat; andere suchten zu erklären, wie es dem Arminius gelungen sei, in auffallend kurzer Zeit ein Bündnis mehrerer Germanenstämme gegen die römische Besatzungsmacht zustande zu bringen. Aus all diesen Einzeluntersuchungen – sie gehen in die Hunderte – setzte sich allmählich ein mehr oder weniger klares Mosaikbild zusammen. Dennoch – liest man diese teils klugen, teils spekulativen oder überspannten Abhandlungen, stellt man bald fest, daß sie bei allem Bemü-

hen um die Kenntnis der Vorgänge kaum näher an den Menschen Varus heranführen.
Varus ist und bleibt das große Geheimnis, obwohl er im Zentrum der Ereignisse steht. Geheimnisse aber machen neugierig. Und die Kernfrage in diesem Zusammenhang lautet: Wo liegen die Gründe für sein Versagen? Aber auch dies: Können wir nach zweitausend Jahren und angesichts der dürftigen Quellen überhaupt noch Licht in dieses Dunkel bringen?
Uns steht heute eine Fülle von wissenschaftlich erarbeiteten Fakten zur Verfügung, die sogar Zusammenhänge erkennen lassen, die nicht einmal den damals Lebenden bewußt waren, denn weder konnten sie die folgenden Ablagerungen der Geschichte überschauen noch waren sie imstande, die seelische Beschaffenheit eines Menschen differenziert zu betrachten, denn sie dachten weithin in einfachen Begriffen und Vorstellungen. Als ich mich daranmachte, das vorhandene Material zu sichten, stieß ich auf eine winzige Nachricht, die mich aufhorchen ließ. Vater und Großvater des Varus, hieß es, hätten in auswegloser Situation Hand an sich gelegt. Ich ging der Sache nach, doch ließen sich keine Erklärungen finden, die das Ungeheuerliche des zweifachen Selbstmordes zu erhellen vermochten.
Aber, so sagte ich mir, könnte es nicht sein, daß Varus sein Leben lang unter diesem Trauma gelitten hat, Nachkomme eines gescheiterten Vaters und Großvaters zu sein? Mehr noch, mußte er sich nach dem Verrat und der Täuschung durch Arminius nicht gerade zwingend als Glied einer unglückseligen Kette sehen, als jemand, der unter dem Fluch der Götter stand wie seine Väter? Für uns Heutige, die sensibel geworden sind für solche Krankheiten der Seele, ist diese Frage von ganz entscheidender Bedeutung, wenn wir dem Versagen des Varus gerecht werden wollen. Dabei muß man wissen, daß es durchaus die Auffassung namhafter Historiker gibt, Varus hätte einen Teil der Armee durch beherzte, aber nicht kopflose Flucht retten können, zumal sich ja eine Reiterschwadron nach Aliso an der Lippe durchschlagen konnte.
Das sind freilich moderne Gedanken, die einem antiken Berichterstatter fremd waren – vielleicht Tacitus ausgenommen; aber er geht nicht darauf

ein – es sei denn, in den verlorengegangenen Kapiteln seines Werkes über die Schlacht. Indirekt freilich – und sicher in einem anderen Sinne – spricht ausgerechnet der hölzerne Velleius Paterculus das Problem an: »Aber das Schicksal war schon stärker als die Entschlußkraft des Varus und hatte die Klarheit seines Verstandes völlig verdunkelt. Denn so geht es ja: Wenn ein Gott das Glück eines Menschen vernichten will, dann trübt er meist seinen Verstand und bewirkt damit – was ja das Beklagenswerteste daran ist –, daß dieses Unglück auch noch scheinbar verdientermaßen eintrifft und sich das Schicksal in Schuld verwandelt.« Ganz sicherlich hatte er dabei nicht die Selbstmorde von Vater und Großvater im Sinn.

Ich habe lange darüber nachgedacht, ob es zulässig sei, solch subtile Gedanken von einem antiken Ich-Erzähler zur Sprache bringen zu lassen. Ich habe mich schließlich für den Arzt Menandros entschieden und ihm die Möglichkeit gegeben, darüber zu sinnieren. Wenn überhaupt, dann konnte es nur ein Kenner von Körper *und* Seele des Menschen sein, dem man es abnimmt, sich darüber zu äußern. Dennoch weiß ich, daß ich ihm meine eigenen Vorstellungen, Wertungen und Phantasien eingegeben habe. Aber so ist es nun einmal: Wir nähern uns denen, die vor uns gelebt und gelitten haben, immer nur mit den Maßstäben und Empfindungen unserer eigenen Zeit und Welt. Wie anders sollten wir es anstellen? Wie könnten wir von den Gedanken eines Cicero, Seneca, Tacitus und anderer angerührt, ja betroffen gemacht werden, wenn sie nicht jenen Nerv in uns träfen, der uns über die Jahrtausende hinweg mit ihnen und ihren Lesern verbindet? Es gibt etwas im Menschen, das über die Zeiten hinweg die Brücke schlägt: seine Ängste, sein Glück, seine Niederlagen und Erfolge, sein Streben nach Erkenntnis, seine Würde – gerade auch gegenüber einem übermächtigen Schicksal.

Anhang

Der Name Arminius

Bis heute ist nicht geklärt, ob der Name germanischen oder römischen Ursprungs ist.
Möglich ist, daß der Cherusker, als er das römische Bürgerrecht erhielt, zu seinem vorhandenen germanischen Namen einen römischen Vor- und Geschlechtsnamen angenommen hat – etwa C. Iulius nach Augustus –, dem der Beiname Arminius hinzugefügt wurde. Ob dieser Name aus dem Germanischen abgeleitet wurde, ist nicht zu klären; mit »Hermann« hat er nichts zu tun. (Dieser Name wurde dem Cherusker erst in der Lutherzeit verliehen.)
Ist der Name römischen Ursprungs, dann könnte Arminius ihn entweder als Geschlechtsnamen nach einem Angehörigen der Gens Arminia bei Erteilung des Bürgerrechts (was wenig wahrscheinlich ist) oder als Beinamen durch willkürliche Benennung in ähnlicher Weise erhalten haben, wie sein Bruder den Namen Flavus (der Blonde) und dessen Sohn den Namen Italicus.
Es wäre denkbar, daß sein uns nach wie vor unbekannter einheimischer Name wie der seines Vaters und anderer Verwandter mit »Sigi-« (Sieg) zusammengesetzt war. Daraus leiten einige Forscher die Möglichkeit ab, daß Arminius mit dem Siegfried der späteren Sage zu identifizieren sei.

Der Drache, den Siegfried erschlug, wäre dann – so die Spekulation – der römische »Heerwurm«, in dessen Blut Siegfried badete und unverwundbar wurde.

Der Stammbaum des Arminius

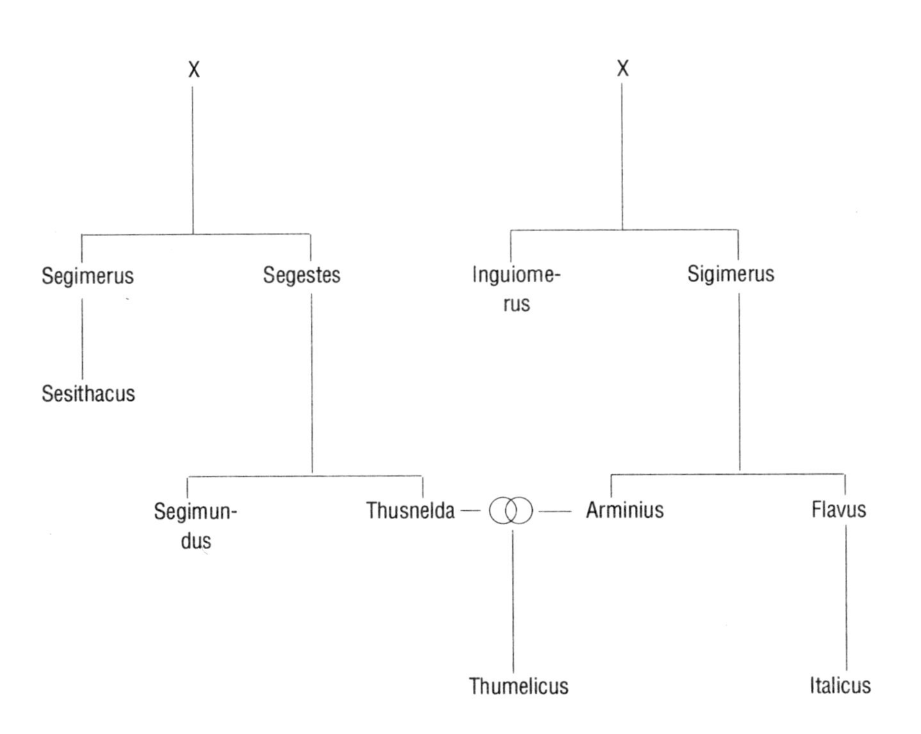

Die Familie des Varus (Gens Quinctilia)

Die Vorfahren des Varus stammen aus Alba Longa in den Albaner Bergen. Die Familie zählte zum Uradel, der der Legende nach bereits zum Gefolge des Romgründers Romulus gehörte. Sie stellte zu Beginn der Römischen Republik und auch später Praetoren und Consuln. Ihr Geschlechtsname (nomen gentile) Quinctilius leitet sich von dem frühen Vornamen (praenomen) Quintus (= der Fünfte) ab. Der Beiname (cognomen) Varus bedeutet der »Krumme« oder »Gebückte« und wurde wahrscheinlich von der entsprechenden körperlichen Besonderheit eines frühen Vorfahren übernommen.
Genauer faßbar wird die Genealogie erst wieder im 1. Jahrhundert v.Chr.

Sex. Quinctilius Varus
Praetor 57/56. Propraetor in Spanien. Endete dort durch Selbstmord.
Gründe unbekannt.

Sex. Quinctilius Varus
Quaestor 49. Endete 42 nach der Schlacht bei Philippi (Sieg des Octavianus und Marcus Antonius über die Caesar-Mörder) durch freiwilligen Tod (ausgeführt durch einen Freigelassenen).

Sex. Quinctilius Varus (?)
Vermuteter älterer Bruder des Publius, da der älteste Sohn stets den Vornamen Sextus trug.

Publius Quinctilius Varus ⚭ **Claudia Pulchra** (= Großnichte des Augustus)
***47/46 v.Chr.**
† 9 n.Chr.

(?) **Quinctilius Varus**
Wurde 27 n.Chr. wegen Majestätsbeleidigung belangt und trotz Einspruch des Senats später verurteilt und hingerichtet.

Quinctilia ⚭ **L. Nonius Asprenas** (Legat des Augustus)

L. Nonius Asprenas
Consul 6 n.Chr.

Zeittafel

a) P. Quinctilius Varus

47/46 v. Chr.	P. Quinctilius Varus geboren
22/21	Quaestor (Schatzmeister) des Augustus
21-19	Varus erfreut sich der besonderen Gunst des Augustus und begleitet ihn auf dessen Orientreise
15	Varus wird Legat im praetorischen Rang unter dem Proconsul der Provinz Asia (Westtürkei). Auch dies ein Zeichen der Wertschätzung durch Augustus
13	Consul, zusammen mit Tiberius, dem späteren Kaiser. Nach der Rückkehr des Augustus aus Gallien leitet er die Spiele zu Ehren des Kaisers
7/6	Varus verwaltet die Provinz Africa (das heutige Tunesien und Teile des heutigen Algerien)
6-4	Statthalter von Syrien, dem auch Palästina untersteht, als *Legatus Augusti pro praetore* (Legat des Augustus im praetorischen Rang, so der offizielle damalige Titel für Statthalter consularischen Ranges in kaiserlichen Provinzen). Er regelt die Nachfolgeprobleme nach dem Tod von Herodes d. Gr. (4 v.Chr.) und schlägt den Aufstand der Juden in Jerusalem nieder
7-9	Statthalter in Germanien. Auf dem Rückmarsch vom Sommerlager wird er in schwierigem Gelände von den Germanen unter der Führung des Arminius überfallen. Drei Legionen, drei Alen (Reitergeschwader) und sechs Auxiliarcohorten (nichtrömische Hilfstruppen) gehen zugrunde. Varus begeht während der Schlacht Selbstmord. Arminius schickt das Haupt des Varus an Marobodus, um

	ihn zur Teilnahme an dem Aufstand zu veranlassen, doch Marobodus verhält sich zunächst neutral und sendet Varus' Haupt nach Rom, wo es auf Anordnung des Augustus feierlich bestattet wird

b) Arminius

um 17 v.Chr.	Arminius geboren
um 8	Im Rahmen von Vereinbarungen mit der cheruskischen Führung vielleicht nach Rom gebracht und auf dem Palatin (Sitz des Kaisers) erzogen
4-6 n.Chr.	Arminius dient im Heer des Tiberius als Tribun (Stabsoffizier) und begleitet Tiberius auf dessen Feldzügen, auch in Germanien. Für seine Verdienste erhält er das römische Bürgerrecht (civitas Romana) und den Rang eines Römischen Ritters (Eques Romanus)
ab 7	Rückkehr in seine Heimat, vielleicht aus Anlaß des Todes seines Vaters Sigimerus, Tätigkeit unbekannt. Sein Bruder Flavus (der Blonde) dient weiter in der römischen Armee. Die von Varus in Germanien eingeschlagene Politik, der dort römisches Recht und römische Steuerverhältnisse einführen will, macht ihn zum Todfeind der Römer. Er mobilisiert einen Teil der Germanenfürsten zum Widerstand
9	Im September lockt er den Varus und seine Armee im »Saltus Teutoburgiensis« in einen Hinterhalt. Varus tappt in die Falle, obwohl der romfreundliche Fürst Segestes ihn in der Nacht vorher gewarnt hat. In einer mehrtägigen Schlacht wird das römische Heer vernichtet. Ein großer Teil der Führung begeht Selbstmord. Varus stürzt sich in sein Schwert. Das Haupt des Varus schickt Arminius an

	den Markomannenfürsten Marobodus, um ihn zum Angriff auf die Rheinarmee in Mogontiacum (Mainz) zu bewegen. Marobodus hält sich zurück und schickt das Haupt nach Rom
	Der Ort der Schlacht ist bis heute nicht sicher festzulegen
nach 9	Ein Teil der Germanenfürsten wünscht die Beibehaltung des Verständigungsfriedens mit den Römern. Gespanntes Verhältnis zu Segestes, dessen Tochter Arminius entführt hat. Den Krieg gegen Arminius führt Tiberius, dann Germanicus (Sohn des Drusus, Neffe des Tiberius) mit dem tatkräftigen Legaten Aulus Caecina Severus
15	Die Partei des Arminius bekommt die Oberhand und schließt Segestes in dessen Burg ein. Germanicus befreit ihn, wobei ihm die schwangere Thusnelda in die Hände fällt
15/16	Das führt zu einem erbitterten Kampf des Arminius gegen Germanicus und seinen Legaten
17	Nach Abberufung des Germanicus wendet sich Arminius gegen den römerfreundlichen Marobodus und zwingt ihn, sich nach Böhmen zurückzuziehen
19	Bei einem Aufstand der Cherusker fällt Arminius durch die Hinterlist seiner Verwandten
	Der römische Historiker Tacitus nennt Arminius in seinen Annalen Jahrzehnte später »liberator haud dubie Germaniae«, den unbestrittenen Befreier Germaniens
	In der Folge gibt Rom seinen Anspruch auf die rechtsrheinischen Gebiete Germaniens nördlich des Mains auf

Danksagung

Mag die Lokalisierung des Ortes der Schlacht auch weiterhin umstritten sein, so verdanke ich dem Buch von Wilhelm Leise »Wo Arminius die Römer schlug – Wege auf Wasserscheiden führen zum Ort der Varusschlacht« (Münster 1986) wichtige Impulse für den Gang der Handlung, die dadurch an dramaturgischer Geschlossenheit gewann. Im übrigen werden die Dinge, um die es im Bericht des Menandros geht, nicht von dem gelehrten Streit um die Lage des Schlachtplatzes berührt, weil mir das »Wie es war« wichtiger war als das »Wo«.
Vor allem aber danke ich Herrn Apotheker Bartels (Weilerswist), der wie schon so oft wichtige pharmaziehistorische Details beisteuerte, die zum Rüstzeug eines antiken Arztes gehörten.

Hans Dieter Stöver

Lageplan der Varusschlacht

Römisches Lager ■ Germanische Burg ●
Marschweg der Römer --- Angriffe der Germanen →
Orte der Kämpfe am 1., 2. und 3. Tag ① ② ③

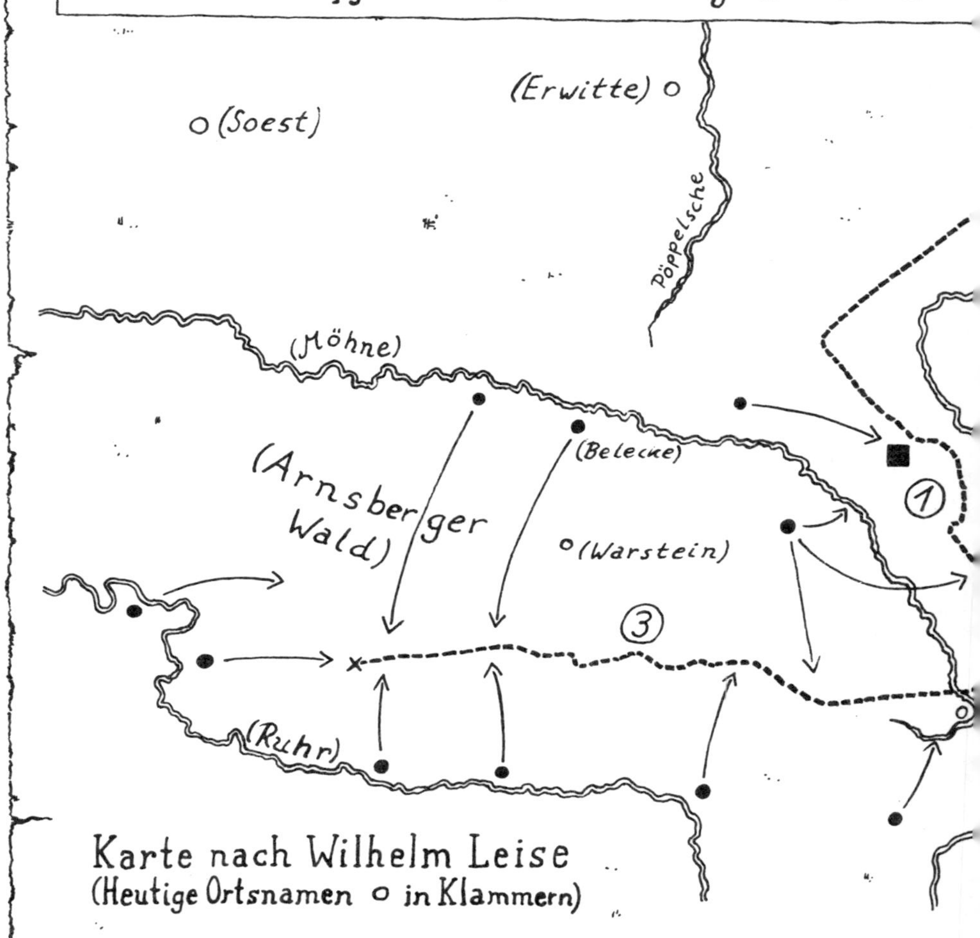

Karte nach Wilhelm Leise
(Heutige Ortsnamen ○ in Klammern)